CONVERSA COM BIAL
EM CASA

CONVERSA COM BIAL
EM CASA

Os 70 anos da TV brasileira em tempos de internet e isolamento social

Cobogó

SUMÁRIO

Em casa, no mundo – por Pedro Bial 7

Glória Maria – A glória de viver 11

Laura Carvalho e Armínio Fraga – Sobre desigualdade,
a concordância de opostos 23

Paulo Gustavo – A classe média sob a lente do humor 35

Xuxa Meneghel – X de multiplicação 49

Gilberto Gil – Orixá na Terra 65

Daniel Filho – O inventor da novela brasileira 81

Ary Fontoura – A reinvenção na quarentena 95

Lima Duarte – Ele estava lá 109

Betty Faria – A luz é toda dela 123

Glória Pires – A favorita das lentes 137

Alceu Valença – A sua valência 149

Ricardo Darín – O namorado de Sueli 161

Caetano Veloso – Ex-liberaloide 175

David Wilson, Eliane Dias e Silvio Almeida – Vidas negras
   importam 193

Luiza Brunet – Símbolo, do sexo ao gênero 207

Ruy Castro – Depois da espanhola 221

Bruno Mazzeo e Antonio Prata – Graça na desgraça 233

Luiza Trajano – Uma brasileira exemplar 249

William Bonner – Um desabafo 261

Paulinho da Viola e Zico – Um Maracanã de saudades 273

EM CASA, NO MUNDO
Pedro Bial

Acho que foi no início de fevereiro, talvez um pouco mais tarde. Ou terá sido depois do carnaval, quando se assentaram frias as cinzas pressagas da quarta-feira? Se bobear, estou totalmente enganado e foi antes, ainda em janeiro... Sei que, na redação, eu fui o primeiro a propor distanciamento social, nada de beijinhos e abraços, a esfregar álcool gel nas mãos e, mesmo quando a OMS dizia que não era para usar máscara, andar com uma no bolso.

Minha é a via das dúvidas, sempre foi. Tenho um lance que se chama no jargão "faro de notícia": em geral um cheirinho de merda inconfundível que não-jornalistas confundem com flatulências corriqueiras da vida – o repórter se espanta.

Desde as primeiras notícias chegadas de Wuhan, intuí. Alguma coisa me dizia que dessa vez era diferente. Não seria como o coronavírus da SARS de 2003, também oriundo de um mercado de bichos vivos na China, que assustou mais que matou (800 mortes em 8 mil casos), doença erradicada em 2004, o vírus não. Nem como o corona que veio do Oriente Médio e propagou a MERS em 2012, com 2220 casos até 2018, 790 mortes. Dessa vez ia ser grande, soprava em meu ouvido meu paranoico anjo da guarda.

Não há mérito nenhum na minha previsão, talvez apenas uma precipitação – que se revelaria nem tão precipitada.

★ ★ ★

Antes daquele 11 de março, grassava na equipe do *Conversa* o negacionismo, ainda com o apelido de esperança: "Por que não marcar nossas gravações? Talvez o máximo que aconteça seja fazer o programa sem plateia..." Assim eram nossas perguntas e respostas, "por que não?", "talvez..." Eu seguia me sentindo o Velho do Restelo, o símbolo do pessimismo n'*Os Lusíadas*. No início daquela segunda semana de março de 2020, muitos na Globo ainda consideravam ir a Austin, Texas, para o encontro anual de inovações da indústria audiovisual mundial, o SXSW. Eu tinha virado o chato, mandando neguim tirar o cavalo da chuva. Na sexta, dia 6, tinha havido um evento de preparação para quem ainda acreditava na viagem, em que tomei parte como apresentador, mãos besuntadas de álcool e a cabeça insistindo em negacear.

Para a sexta-feira, 13 de março, estava marcada nossa gravação com o lendário grupo de heavy metal Sepultura. Dois dias antes, minutos depois da declaração oficial de pandemia, eu disse para toda a equipe reunida que não podia imaginar quando estaríamos juntos de novo. Até agora, começo de novembro, não há como prever.

Depois de quase um mês de isolamento, cercado de lives por todos os lados, meti outra coisa na cabeça: tínhamos de voltar ao ar, o momento era propício, a hora pedia um programa como o *Conversa*. Que o fizéssemos em novas condições, que buscássemos uma linguagem que não se restringisse ao formato de live, que celebrássemos os 70 anos de TV brasileira nos braços, ou melhor, tentáculos, da internet.

Parece simples, como julgaram alguns comentaristas de televisão. Uma aparente volta ao básico, sem plateia, sem banda, fora do estúdio, no osso. Na prática, é osso. Trata-se de operação muito complexa, são tantos elementos quantas as chances de alguma coisa dar errado. E dão. Mais que o exercício de uma nova linguagem, nos esperava o exercício diário de paciência e perseverança.

Se correr atrás da forma foi uma façanha suada da produção, reconhecer as novas possibilidades do conteúdo foi uma revelação. Enfim, através da mediação eletrônica, a proposta inicial do programa se realizava de forma integral. Desde sempre, nossa intenção, adivinhada, perseguida, ambicionada, sempre fora não fazer entrevistas. Inspirados pelo célebre conselho que, a dias de estrear o próprio programa, Dick Cavett ouviu de seu primeiro chefe, o pioneiro do talk-show, Jack Parr:

"*Don't do interviews* [...] *Make it a conversation.*" "Não faça entrevistas [...] Converse."[1]

Uma entrevista tem interesses determinados, a boa conversa é sempre desinteressada, arte pela arte. E não é fácil conversar sem artifícios quando se está sob as luzes, num palco, diante da plateia, anunciando-se aos acordes de uma banda. Não que seja impossível, acontece, mas é uma exceção de sorte. Além de elementos externos, e talvez mais importante que eles, é a predisposição interna dos envolvidos na conversa, sendo primordial a de quem a propõe e conduz.

Com a nova configuração do programa, o convidado falava agora, na maioria absoluta dos casos, da própria casa, o que, desconfio, pode ter contribuído para que questões pessoais e visões mais íntimas surgissem de um jeito natural, espontâneo, sem forçação. Mas, principalmente, consegue-se, em vários encontros, prescindir da pauta.

Conversa não precisa ter pauta, pode ter, pode ajudar, mas não precisa. E olha que tenho uma equipe de excelência, a me abastecer de pesquisas e pautas primorosas.

Mais: qualquer encontro entre duas pessoas é o choque de dois universos culturais, pessoais, podendo ser mais distantes ou mais próximos. A pauta pode ser intrusa na mecânica espontânea de uma conversa, a pauta representa a imposição de um universo sobre outro, este a aquele se adapta e reage, numa palavra, a ele responde.

Não é sempre que a conversa flui, evidente que não. Técnicas jornalísticas e macetes que a experiência ensina seguem sendo úteis e necessários. Mesmo porque as condições de transmissão via internet são temperamentais, há dias em que se fazer ouvir e escutar o outro já é vitória suficiente.

Digo com orgulho: merecido ver este ano tão excepcional do *Conversa* perenizado nessas páginas. Carecia. Em 2020, todos nos encontramos em situação extrema, conformados a limites inéditos. Mas, repito: nos encontramos.

---

[1] Dick Cavett (1936-) é um apresentador de programa de entrevistas e comediante americano conhecido por tratar entrevistas como conversas e discussões aprofundadas. Se manteve no ar em rede nacional dos anos 1960 aos anos 2000. Jack Paar (1918-2004) foi um ator, radialista, comediante e apresentador do programa de entrevistas americano *The Tonight Show* de 1957 a 1962.

Não há só paradoxo na ambivalência da vida, há as chances que o destino nos dá, provas a que nos submete para que queiramos aprender o humano presente em todas as coisas. Assim, se avizinharam e se humanizaram nossas relações restritas, submetidas à distância e reduzidas a uma janela na tela do computador. Assim, o velho eletrodoméstico, lareira do século XX, a TV se reafirmou como fogo ritual, centro de uma ágora pulverizada em redes sociais e antissociais. Assim, o sentido da história da televisão brasileira se fez maior e mais claro em seu inesquecível aniversário de 70 anos, quando, para seguir cumprindo seu papel, usou os recursos de sua descendente digital, a internet.

Dedico este livro a nossa líder, Monica Almeida, e a Gian Carlo Belloti, avatar da equipe do *Conversa*, minha turma que conectou afetos isolados e deles fez televisão.

GLÓRIA MARIA
A glória de viver

PEDRO BIAL: É incrível a gente estar usando os recursos da internet, a linguagem da televisão, tudo se misturando, para poder se comunicar, se informar e se divertir. Tudo junto. Se, antes da pandemia, antes de o mundo parar por causa do coronavírus, a TV e a internet já estavam em relações íntimas e estreitas, agora entrelaçou tudo. O mundo digital abraçou aquela velha senhora do centro da sala: a televisão. E a televisão brasileira, que faz 70 anos em 2020 – e assim como as senhoras dessa idade deste ano de 2020, faz 70 anos com o corpinho saudável, bonito, jovem – está sedutora como nunca. Na real, o Brasil ainda não estava pronto para a televisão. O próprio Assis Chateaubriand,[1] um empresário visionário, mais conhecido como Chatô, que queria implantar a televisão no Brasil, chamou técnicos americanos para estudar as condições socioeconômicas do país e saber se a televisão daria certo. E eles foram definitivos, falaram: "Não, o Brasil não tem uma sociedade de consumo capaz de sustentar o negócio TV." O que o Chatô fez? Botou a televisão no ar mesmo assim. No dia 18 de setembro de 1950, inaugurou-se a TV Tupi de São Paulo, canal 3.

> [No vídeo de 18 de setembro de 1950, o apresentador Homero Silva, da TV Tupi, anuncia a chegada da televisão ao Brasil e afirma que ela será o maior sucesso popular dos próximos 25 anos.]

PB: A importância central que a televisão ganhou, e que ficou evidente nestes tempos de pandemia, só reforçou o nosso desejo de celebrar esse aniversário. Porque, hoje, mesmo quem é do contra precisa assistir à televisão para manifestar a sua opinião contrária. Não tem jeito. A referência, a base, o que nos mantém unidos neste momento é a boa e velha televisão. Viva a televisão brasileira! Viva seus heróis e pioneiros! E a nossa primeira convidada é testemunha e protagonista dessa grande aventura. Ela é uma das inventoras, criadoras do telejornalismo e da figura do repórter de TV. Ela tem nome composto, mas as pessoas sentem tamanha intimidade por ela que a chamam só pelo primeiro nome. Ela é Glória Maria, a nossa Glória. Ei, Glorinha, que ano esse, hein?

GLÓRIA MARIA: Que ano, Pedro. Um ano impensável.

PB: Esse seu suspiro já disse tudo.

GM: Pois é, um ano impensável. Meu Deus!

PB: Glória, em que momento da vida essa pandemia foi te pegar, hein?

GM: Pedro, ela me pegou de jeito. Na verdade, me pegou lá atrás, em novembro, quando fiz a minha cirurgia, quando descobri, de repente, que eu tinha um tumor no cérebro. Do nada, eu caí, desmaiei em casa depois do jantar, fui para o hospital costurar a cabeça, e quando vou ver o exame, me dão o resultado: "Olha, você está com um tumor no cérebro." E eu digo: "Como assim? Eu? Não, esse exame está trocado. Não é meu, não pode ser." "É, é você." E a imagem que me veio à cabeça na hora – não chorei, não me desesperei, nada – foi de uma entrevista que fiz com o Minotauro,[2] no Japão. Era a primeira vez que alguém no Brasil tinha descoberto que o Minotauro existia. Perguntei por que ele escolheu aquela coisa de luta, e ele contou que, quando era muito pequeno, foi atropelado por um caminhão [do tipo] jamanta, e que foi quase totalmente destruído pelo caminhão. Primeiro ele passou meses no hospital, depois anos fazendo fisioterapia, e usou o jiu-jitsu... E aquela imagem de uma criança atropelada por um caminhão nunca saiu da minha cabeça. Me senti assim, atropelada por um caminhão. Eu não sabia o que fazer, não tinha reação.

PB: Vem cá, vou mostrar aqui um videozinho que você gravou de um procedimento no seu tratamento. Vamos assistir, depois você explica o que é isso.

[Vídeo em que Glória Maria aparece deitada, saindo do interior de uma máquina de radioterapia.]

GM: Descobrindo um mundo totalmente desconhecido, e, desta vez, sem precisar carimbar passaporte. Esta é a minha vida.

PB: É uma viagem, hein? É uma outra viagem que você está fazendo, minha *globe-trotter*.

GM: Ô, Pedro, e não sei nem como gravei isso. Sei que tinha que fazer uma máscara, um capacete, para começar o tratamento, que é a radioterapia, para moldar o seu crânio e as ondas de rádio irem exatamente nos lugares que elas devem atingir. Eu não sabia de nada. Quando vi aquilo, falei: "Meu Deus, é ficção científica, não posso estar passando por isso." Era uma viagem, sim, e, como eu disse ali, sem passaporte. Os meus médicos olharam para mim e disseram assim: "Ô, Glória, da onde você tirou de gravar isso?" Porque pedi a eles: "Pega o telefone aí, pelo amor de Deus, e grava." Eu pensei: "Claro, tenho que registrar essa experiência, não sei se vou sobreviver a tudo isso." Nunca vi nada parecido na minha vida. Deve existir, outras pessoas devem conhecer, mas eu não tinha visto nada parecido, nem na mais remota imaginação. Fiz isso à noite, sem saber como ia terminar, se eu ia sobreviver àquilo, se ia escapar da rádio. Mas, graças a Deus, escapei mais uma vez e já estou terminando a imunoterapia. Como? Eu não sei. Só Deus sabe.

PB: Durante essa luta, você ainda perdeu a sua mãe. Em fevereiro. Dona Edna.

GM: É, Pedro, foi tudo de uma vez só. Como eu falei, foi um caminhão passando por cima de mim. Quando saí do hospital, por causa da infecção pulmonar, voltei para casa pensando: "Agora vou ter um momento para respirar." Quando imaginei que ia voltar a respirar, do nada, a minha mãe, que não sabia pelo que eu estava passando... Porque como ela já estava frágil, resolvi não contar para ela. Na véspera do carnaval, ela passou mal, também com uma insuficiência respiratória, que não sei se já foi o coronavírus. A gente foi levá-la para o [Hospital] Pró-Cardíaco, por causa dessa insuficiência respiratória, e, no meio do caminho, ela morreu. Aí eu disse: "Meu Deus do céu, não pode ser. Alguma coisa está acontecendo na minha vida que é muito mais do que a pandemia. Tudo ao mesmo tempo agora." Então pensei: "Bom, tenho que segurar. É o tumor no cérebro, a infecção pulmonar, a perda da minha mãe. Se eu não for agora, não vou nunca mais." Aquilo que o doutor Roberto[3] dizia: "Se eu morrer..." Então estou aqui, ainda fazendo o tratamento e tentando entender. Além de isso ser uma parte da minha vida, que é só minha, única e intransferível. Assim, não sei se vou ter força para mais alguma coisa, mas, até agora, estou legal, inteira, pronta para qualquer coisa. E não tive medo em nenhum momento. Não derramei uma lágrima. Não fiz uma única pergunta, tipo: "Por que comigo? Por que eu e agora?" Não. É minha vida, vamos levar, vamos viver. Achei que tudo isso, na verdade, foi uma bênção. Deus me concedeu a graça de ter mais um pedaço de vida para conhecer. Porque a gente só quer aquela coisa legal, né? O lado A. Nuvenzinha cor-de-rosa, tudo bonito, "vou viajar pelo mundo". Agora, o lado *B*, que é a barra pesada, mas é a vida, ninguém quer. E aí descobri que a gente tem que querer e tem que viver. E estou vivendo na boa. Mas, nesse turbilhão que venho vivendo, a única pessoa que realmente me emocionou e me fez chorar, e para o bem, de uma emoção boa, e de que eu desesperadamente precisava, foi você. Eu vim num movimento, desde a cirurgia até hoje, em que me isolei de tudo, me separei de tudo. Não conseguia experimentar uma emoção. Eu não tinha um medo, não tinha uma pergunta. Os médicos diziam: "Mas, vem cá, você não quer saber...?" Eu dizia: "Não. Eu não sei, não sou médica e não quero saber." E não chorava. Não conseguia chorar, não conseguia derramar uma lágrima. E acho que quando você tem uma dor tão desesperadora, não dá para a lágrima cair. Aí veio a minha mãe. E também me coloquei numa situação que, como ela não sabia o que estava acontecendo comigo, imaginei o seguinte: a minha mãe foi embora e, agora, no lugar onde está, ela pode me ver, sabe tudo o que está acontecendo e pode me proteger. Não tenho o direito de chorar. Tenho o direito de iluminá-la, energizá-la, para ela poder mandar energia para mim. Passei por tudo isso de maneira como [se eu pensasse]: "Não sou eu." Acho que talvez eu não estivesse em condições de suportar tanta dor ao mesmo tempo. E quando veio o seu livro que você me mandou, que li o título, falei: "*Elogio da sede*.[4] Na verdade, o que estou sentindo agora é sede de tudo." E quando li a sua dedicatória, a sede passou, na hora. Veio uma onda dentro de mim. Eu estava na copa, e minhas filhas disseram: "Mamãe, o que houve?" Elas entraram num desespero, achando que era alguma coisa. E eu abracei elas duas e falei: "Não, agora finalmente está tudo bem, mamãe está bem." De lá para cá, chorei umas duas ou três vezes, coisas boas. E eu tinha que te dizer isso, tinha que te agradecer, porque você me deu o que eu precisava, você matou a minha sede no momento em que eu precisava de um pouco d'água.

PB: Ô, meu amor, você que mata a sede de milhões e milhões, e que inspira, e que faz tão bem a todos só por ser quem você é.

GM: Estou pensando o seguinte: quando voltar, tenho um mundo novo a desvendar, né, Pedro? Aquilo tudo que eu fiz... É o que você me falou, quase 200 países, e eles não existem mais. Mudaram todos os protocolos. Para onde eu for, vai ser diferente.

PB: É.

GM: Tenho que ter mais pelo menos uns 30 aninhos pela frente para desvendar este mundo que eu não sei qual é, cara.

PB: Acho que você tem em casa algo que dá força para você. Também tenho uma Maria e uma Laura, e sei a diferença que faz. Como estão as suas meninas? Estão te ajudando? Como elas estão participando disso tudo? Elas são muito pequenas, mas estão vendo você e a sua luta, né?

GM: Pedro, se não fosse pelas minhas filhas, Laura e Maria, a história teria sido outra. As minhas filhas são fundamentais na minha recuperação. Porque a Laura é a rainha do palco, quer fazer show, quer cantar o tempo todo. Ela me dá alegria, me dá energia. E a Maria é a certinha, a intelectual, aquela que estuda, que me orienta em tudo. "Mamãe, você está bem? Você está precisando de alguma coisa?" Cumpre horário, não atrasa nunca. [Risos] Ela vive de segundos. Então tenho duas bênçãos. Sem essas meninas, eu realmente não teria aguentado esse tranco, não. De jeito nenhum.

PB: Vou aproveitar essa deixa – principalmente porque você disse que Maria é pontual –, para explicar de uma vez por todas, parar com esse boato: as meninas não são minhas filhas [Glória Maria gargalha]. Só porque fui casado durante 10 anos com a Glória? Aliás, o casamento perfeito. Tinha briga, quebrava o pau. Olha, e a lua de mel foi em Paris, onde a gente começou a apresentar o *Fantástico* junto, Copa de 98, olha aí.

[Mostra imagem do programa *Fantástico*. Aparecem Pedro Bial e Glória Maria em estúdio. Ao fundo, entre os dois, há uma imagem da Torre Eiffel.]

PB: Boa noite! Bonsoir! O Fantástico está em Paris, acompanhando os preparativos da França para sediar a maior Copa do nosso século. Mas, enquanto a bola não rola, Paris oferece aos visitantes muitas, muitas atrações.

GM: É, e eu fui conhecer uma delas, o rio Sena, que corta toda essa cidade. Quem navega por ele pode se deslumbrar com a beleza e a magia dos principais monumentos e prédios aqui da França.

PB: Olha só. O tempo não passou para você, Glória. Você está ótima. Faz o quê? Vinte e dois anos.

GM: É um esforço insano. É aquele negócio, né? Você tem que dormir. Ainda mais agora, na pandemia, que você não tem nada, nenhum recurso. Por exemplo, hoje, a gente está conversando, estou zero a zero. Não tenho cabeleireiro, não tenho maquiador. Tive que me reinventar para poder ficar mais bonitinha no ar. Porque, você imagina, estou largada há sete meses. Sem fazer a sobrancelha, sem fazer nada. Só fiz uma coisa, porque também não sou de ferro. Mais ou menos um mês atrás, quando não estava no auge dessa pandemia, pedi para o meu cabelereiro vir aqui me dar um toquezinho. Eu tinha uma roupa de proteção aqui em casa, que pedi a um médico meu emprestada, e meu cabelereiro vestiu. Porque eu já estava me sentindo a bruxa Memeia. Não estava dando mais. E, aí, eu falei: "Não, vem aqui." E ele veio todo paramentado, com aquela roupa, deu um cortezinho no cabelo. Porque, espera aí, sete meses? Não dá.

PB: Você foi a primeira pessoa a evocar a Lei Afonso Arinos,[5] lá atrás. Lá atrás mesmo, porque, naquela época, o racismo não era nem crime, era só uma contravenção. Você acha que, agora, o Brasil mudou, melhorou, está menos racista?

GM: Não, o Brasil está racista igual. A única diferença é que, hoje, as coisas ganham uma proporção maior, você tem outros meios. Nada mudou. A discriminação continua igualzinha. As pessoas acham que hoje é pior. Não, não, não. Quem não gosta de preto não gosta. Quem é racista é racista. Não adianta a Glória Maria apresentar o *Jornal Nacional*, o *Globo Repórter*, o *Fantástico*. Não. Ela é negra? Então tem que ser discriminada. Ou diminuída. Porque as pessoas têm maneiras de exercitar esse racismo. E dizem assim: "Ah, elas não percebem." Percebem, sim. Elas sabem que estão sendo racistas e gostam de ser. E quem é racista tem o prazer em ser racista. Tem o prazer em diminuir o outro, seja da maneira que for. Quando comecei a apresentar, as pessoas diziam: "Ah, ela está apresentando agora por causa do movimento negro." Sempre tem uma justificativa para você estar ali. Nunca é porque você tem talento, nunca é porque você tem valor. Não, é por uma coisa qualquer. Então você vai aprendendo como é o olhar das pessoas sobre você. E, quando você nasce negro – e eu não sou mulatinha, eu sou negra mesmo, eu sou preta –, você aprende a reconhecer isso. A 30 quilômetros de distância, você sabe onde está um racista, sem nenhuma dúvida.

PB: E que críticas você faz hoje ao movimento negro?

GM: Hoje, o movimento negro se diz movimento, mas é uma coisa muito mais pessoal do que coletiva. Isso é o que me incomoda. Tudo passou a ser pessoal. Não depende de você ser negro ou não. Se você não tem talento, você pode se justificar com o movimento negro. Isso que me incomoda. Você usa um cabelo *black power* não é porque gosta, é para provar para as pessoas: "Olha, estou usando. Então olhe para mim. Eu tenho que ser tratado de maneira diferente." Sou da geração do Malcolm X.[6] Hoje todo mundo fala na Angela Davis,[7] Pedro. O meu cabelo era inspirado na Angela Davis, mas lá atrás. Aí as pessoas descobriram a Angela Davis agora, não conhecem a história dela, conhecem pela capa do livro, e começam a usar a Angela Davis como bandeira.

Isso, para mim, é triste. Não queria um movimento negro assim. Mas é assim que ele está agora. Então fico quietinha, observando.

PB: Na biografia *Roberto Marinho: o poder está no ar*, do jornalista Leoncio Nossa, o José Roberto Marinho conta que uma vez o filho do porteiro do prédio foi com o filho dele para o Country [Club do Rio de Janeiro], e barraram o menino negro, o filho do porteiro. No dia seguinte, o José Roberto fez questão de ir ao Country com você e almoçar ou, sei lá, tomar um drinque. Você lembra desse episódio? Foi assim?

GM: Foi assim. Essa foi uma coisa de que eu nunca falei. Levei um susto quando li isso no livro. Não sei como foi com o menino, mas comigo foi horrível. Porque éramos nós dois lá, o clube inteiro olhando para aquela mesa, e eu não sabia o que fazer. Não entendia direito ainda aquela maluquice que era e é o Country. E eu dizia: "Zé, vamos embora, porque, puxa vida, está todo mundo olhando para a gente." E não sabia direito se era só porque eu era negra ou se era também porque ele era o filho do Roberto Marinho. Mas foi um dos piores, mais desagradáveis momentos da minha vida. Aquela sensação... Eu me sentia como um macaco no zoológico. Todo mundo ali olhando, esperando a hora de dar uma banana.

PB: Glória, quem deu uma banana geral para todo mundo foi você, com a sua luz, o seu trabalho, a sua glória. Agora, conta para nós quem era a figura da história política brasileira que dizia assim: "Não deixa aquela neguinha chegar perto de mim."

GM: Ah, eu tenho uma história horrível com os militares. Era o general Figueiredo,[8] que não me suportava, porque, quando ele foi indicado, a gente foi fazer aquela famosa fala dele lá na Vila Militar, em que ele dizia: "Porque, para defender a democracia, eu bato, prendo e arrebento."[9] Eu era muito boa, sou muito boa, em português. Não lembro direito, mas ele citou alguma coisa da gramática que não existia mais, aí falei para ele assim: "O senhor me desculpa, o senhor tem que aprender um pouco mais a gramática portuguesa, porque isso que o senhor falou não existe na gramática." Ah, Pedro... [Como quem grita] "Tira essa mulher daqui, tira essa mulher daqui." E eu saí dali escorraçada e passei a ser o horror do general Figueiredo. Só que toda a segurança dele tinha sido do presidente anterior, que era o [Ernesto] Geisel, e todos eles gostavam de mim. Então, quando eu chegava, eles me davam o melhor lugar. Quando ele me via: "Tira aquela neguinha da Globo daqui." Eu passei todo o governo Figueiredo ouvindo: "Tira aquela neguinha da Globo daqui." Então, meu bem, racismo, para mim, já deu em tudo quanto é nível. Eu não sei de onde vem mais agora, acho que agora não vem mais, agora chega, né? Estou bem.

PB: Vamos mostrar para a garotada que não pegou essa parte da Glória Maria pagando o seu carma em Brasília, no noticiário político. Olha um trechinho aí.

[Vídeo do *Jornal Nacional* de 1979. O general Figueiredo em um evento militar. Ouve-se a voz de Glória Maria em off.]

GM: A solenidade foi na Praça General Tibúrcio, na Praia Vermelha, no bairro da Urca. O presidente Figueiredo homenageou os 31 mortos, colocando uma coroa de flores junto ao monumento às vítimas da Intentona Comunista. O presidente já ia embora, quando nós, da imprensa, perguntamos qual seria a solução para a crise de energia no Brasil.

GENERAL FIGUEIREDO: Não tem solução a curto prazo, não tem. A solução é apertar o cinto e não gastar energia. Qual é a solução que você queria dar?

GM: O racionamento também, presidente?

GF: Também. Se for necessário, eu vou lá.

PB: Glória, para quem não tem noção do que era a vida sob a ditadura, o que você diria para descrever qual era o astral?

GM: Tudo era proibido. Tudo. Você não podia perguntar nada. Se você saísse da linha, no dia seguinte você tinha um aviso na televisão: "Aquele repórter não pode continuar fazendo a cobertura."

PB: Agora, mesmo na ditadura, nunca aconteceu... Aliás, é uma hipótese impensável. Imagina um presidente da República mandando um jornalista calar a boca? Não dá para pensar que isso fosse acontecer. E se um presidente da República mandasse você calar a boca, o que você responderia?

GM: Não me calava, eu ia continuar falando: "Vem cá, por favor, eu vou calar quando o senhor calar. Vamos falar juntos, vamos conversar juntos. Eu pergunto e o senhor responde. Não tenho que calar a boca." Cala a boca!? As coisas que eu ouço agora, para mim, são impensáveis, Pedro. Dizer que o brasileiro está protegido [do coronavírus] porque ele se lava no esgoto? Não, para mim, realmente é além de qualquer imaginação. Tem coisas que eu acho assim: "Não, eu não estou vivendo para ver e ouvir isso." Política, para mim, sempre aprendi, era uma coisa de um nível tão alto. E o que vejo agora é de uma tristeza. Graças a Deus que não cubro mais política. Acho que eu já teria apanhado, ou já teria batido, com certeza.

PB: Glória, a sua vida dá mais do que uma reportagem, ela dá um livro, um filme. Queria saber se você pensa em escrever suas memórias.

[Sequência de imagens de Glória Maria em diversas matérias de TV, em vários lugares do mundo. No último trecho, ela está na Jamaica, fumando um cachimbo.]

PB: Dizem por aí que esse bagulho jamaicano é forte. Quero saber o que você foi comer depois da gravação.

GM: Pedro, a gente não comeu.

PB: E a larica?

GM: Não, não tem larica. O negócio da Jamaica é tão diferente. Você tem que lembrar que fumei aquele negócio na mais radical e pura comunidade Rastafári da Jamaica. O que eles tinham lá era só deles, só para eles. É uma coisa que ninguém vai encontrar nunca mais no mundo, em nenhuma situação. Nós negociamos por três meses para entrar naquela comunidade. Assinamos um papel dizendo que a gente ia respeitar todos os regulamentos, inclusive rezar na entrada e fumar na saída. Depois que saímos de lá – o que não foi ao ar, claro, né? –, e voltamos para o hotel, ficamos na recepção por umas cinco, seis horas, sem conseguir voltar para o quarto. Ninguém sabia onde estava. Olhava um para o outro e dizia assim: "Vem cá, onde é que a gente está? O que a gente está fazendo aqui?" Eu, literalmente, fui a Marte, e, até hoje, depois daquele negócio, não sei se voltei.

PB: Gloríssima, você tem planos de botar essas histórias da sua vida num livro ou num filme?

GM: Você disse bem, ela dá um livro. Mas são histórias incontáveis. E não a minha vida pós TV Globo, pós ser conhecida, não: a minha vida desde que nasci. Então não tem como. Não tenho coragem de escrever a história da minha vida. Se algum dia eu mudar de ideia, você vai escrever.

PB: Ô, meu amor. Ah, Glória, muito, muito, muito obrigado. Você se cuide.

GM: Pedro, eu que te digo: obrigada. Sabe por quê? Por você quebrar a minha quarentena. Essa conversa da gente daqui a pouco vai ser aqui em casa ou na sua. Mas, por enquanto, já que não ando conversando com ninguém, tenho que te dizer: obrigada por essa conversa tão boa, tão linda. Era um papo de que eu precisava. Jogar conversa fora com alguém que a gente ama. É disso que a gente precisa. Esse seu programa, cara, é a coisa certa, é o que a gente precisa agora. É um bom papo, a qualquer hora. É o que a gente mais precisa. E você sabe bater papo melhor do que ninguém. Obrigada.

PB: Obrigado, meu amor. Te cuida. Te amo. Tudo de bom. Muito, muito amor.

Notas

1. Francisco de Assis Chateaubriand Bandeira de Mello (1892-1968), o Chatô, foi jornalista, escritor, advogado, professor de direito, empresário, mecenas e político brasileiro. Foi um dos homens públicos mais influentes do Brasil entre as décadas de 1940 e 1960. Foi dono do Diários Associados, o maior conglomerado de mídia da América Latina, com jornais, emissoras de rádio e TV, revistas e agência telegráfica. Ao lado de Pietro Maria Bardi, fundou o Museu de Arte de São Paulo (MASP). Em 1950, inaugurou a primeira emissora de TV do país, a TV Tupi.
2. Antônio Rodrigo Nogueira (1976-), mais conhecido como Minotauro, é um ex-lutador brasileiro da categoria peso-pesado de artes marciais mistas (MMA).
3. Roberto Marinho (1904-2003) foi dono do Grupo Globo de 1925 a 2003. Em 1924, já trabalhava no jornal *O Globo*, que herdou após a morte de seu pai, o jornalista Irineu Marinho, em 1925. Começou a formar o conglomerado que viria a ser o Grupo Globo em 1944 com a inauguração da Rádio Globo. Em 1965, inaugurou a TV Globo.
4. *Elogio da sede*, escrito pelo cardeal português José Tolentino de Mendonça, reúne textos que serviram de guia para os exercícios espirituais do retiro da Quaresma do Vaticano do ano de 2018, dirigido por ele, a convite do Papa Francisco.
5. A Lei Afonso Arinos, de 1951, é a primeira lei contra a discriminação racial no Brasil. Ela tornou contravenção penal o racismo no país.
6. Malcolm X (1925-1965), nascido Al Hajj Malik Al-Shabazz, foi um dos maiores ativistas na luta pelos direitos civis dos negros em seu país, os Estados Unidos.
7. Angela Davis (1944-), filósofa e ativista norte-americana, figura símbolo da causa negra, dos anos 1960 até os dias de hoje.
8. João Baptista de Oliveira Figueiredo foi o último presidente do período da ditadura militar no Brasil, de 1979 a 1985.
9. Ao ser questionado por repórteres sobre sua intenção de levar adiante a Lei da Anistia de 1979, uma abertura política gradual da ditadura militar, o general Figueiredo alegou que não poderia estar mentindo para o povo brasileiro. Ao reafirmar suas intenções, proferiu esta frase que se tornou icônica, reafirmando a truculência do regime militar.

LAURA CARVALHO E ARMÍNIO FRAGA

Sobre desigualdade, a concordância de opostos

PEDRO BIAL: Não foi só no Brasil, foi no mundo todo. A pandemia serviu como uma espécie de lente de aumento, amplificando e tornando ainda mais visíveis coisas que, às vezes, muita gente prefere não ver. Nossas mazelas, tragédias, que teimam em se repetir e continuar, em permanecer, sendo que nós já temos os meios para solucioná-las. Talvez o maior exemplo disso seja a desigualdade. O capitalismo é incomparável, genial na sua capacidade de produzir riqueza, mas deixa a desejar quando se fala na distribuição dessa riqueza. No Brasil, com a pandemia, até o mais alto andar de cima, o ministerial, descobriu que, por exemplo, temos 30 milhões de brasileiros, de cidadãos, invisíveis. Isso é motivo de vergonha para todos nós que amamos o Brasil. Mais da metade da população brasileira – 104 milhões de pessoas – sobrevive com 413 reais por mês, meio salário mínimo. A pandemia não só escancarou esse quadro como tende a torná-lo ainda mais grave. Para falar desse desafio nacional de redução e superação da desigualdade, vamos ouvir dois brilhantes economistas, de gerações, formações e pensamentos diferentes: Armínio Fraga e Laura Carvalho. Depois de se tornar um improvável *best-seller* com este livro lançado em 2018, *Valsa brasileira: do boom ao caos econômico*[1] – um livro de economia virar *best-seller* é porque era bom –, Laura Carvalho lançou agora *Curto-circuito: o vírus e a volta* do Estado,[2] evidentemente um livro escrito no calor da hora, sob e sobre os efeitos da pandemia. Laura, que curto-circuito é esse do título? E o fato de um governo que defendia um Estado enxuto, menor, se render e aumentar a presença do Estado de forma emergencial?

LAURA CARVALHO: Sim. O duplo sentido do título é tanto esse que você menciona, portanto, curto-circuito no governo, no pensamento, na ideologia de Estado mínimo, batendo de frente com a necessidade de enfrentar uma pandemia, que é evidente que o setor privado sozinho não poderia cuidar, e, de outro lado, também o sentido de um curto-circuito na economia mesmo. Um curto-circuito macroeconômico que essa pandemia provocou, na medida em que afetou tanto o lado da produção, da oferta, fechando setores, quanto o lado da demanda, do consumo, na medida em que os consumidores estão em casa, não querem se contaminar. É também uma crise de natureza muito diferente das anteriores. Por isso, o título joga com esses dois sentidos.

PB: Vou fazer uma pequena provocação ao Armínio aqui, a partir de "o vírus e a volta do Estado". Para você, a volta do Estado seria como aquela história da volta dos que não foram, a volta do que nunca se foi?

ARMÍNIO FRAGA: Boa pergunta. É, o governo chegou com esse discurso: "Nós vamos fazer a economia crescer" – essa coisa de distribuir dos social-democratas, e por aí vai. Acho que o Estado nem foi nem voltou, porque a parte liberal também não aconteceu. As coisas estavam muito devagar, o grande tema da desigualdade estava encostado. E, de repente, vem esse curto-circuito. E essa discussão está meio fora do lugar. Não há dúvida de que o Brasil tem um Estado relevante. Isso está na nossa Constituição. As discussões são outras. Como podemos fazer mais, melhor, com o que temos? Para crescer mais, de maneira mais justa, mais equilibrada, com mais espaço para as pessoas crescerem e se protegerem. É por aí.

PB: Laura, no seu livro, você detalha o que se tornou visível para todos, que a pandemia não afetou igualmente a todos da mesma forma. Onde isso ficou mais escancarado?

LC: Isso ficou mais escancarado na saúde, na medida em que os mais pobres estão mais sujeitos à contaminação, por várias razões. Porque não conseguiram parar de trabalhar, não tinham condições de abrir mão da sua renda para sobreviver. Porque estão em moradias com mais gente, com maior densidade, mais pessoas dormindo nos mesmos quartos. Porque pegam transporte público. Porque muitas vezes não têm acesso a saneamento: água, esgoto. E do lado da economia também. Essa pandemia provoca uma perda de renda muito maior, muito mais rápida para aqueles que já não tinham empregos estáveis, que não têm nenhum tipo de colchão. E isso a gente também está enxergando. O FMI [Fundo Monetário Internacional] fez um estudo de outras pandemias, e a gente sempre sai dessas crises com uma maior desigualdade de renda. E, nesta, acho que o quadro tende a ser ainda mais dramático de saída.

PB: Como vários estudiosos já vinham apontando um aumento da desigualdade, então agora foi se agravar um quadro que já era grave. Armínio, o mundo todo apresenta esse quadro de desigualdade crescente. Qual é a singularidade do Brasil. Aqui ainda é pior?

AF: O que é fato no mundo, que chamou atenção nessa discussão, talvez a grande novidade, é a extremíssima concentração no topo. Aquele *top* zero um por cento.

PB: Zero vírgula um ou um por cento?

AF: Zero vírgula um. Ou um também. Um ou zero vírgula um, tanto faz.

PB: Nossa. Tá, tá.

AF: E hoje nós sabemos também, graças ao extraordinário trabalho de pesquisa do Pedro Herculano de Souza e do Marcelo Medeiros[3] que, no nosso caso, essa desigualdade no topo já vem de longe. Houve algum progresso. Houve uma queda importante nos níveis de pobreza. Provavelmente estamos perdendo muitos desses ganhos agora. É quase como se estivéssemos começando do zero, infelizmente. E é um quadro triste, porque parece que não aprendemos. É claro que, agora, o mundo deu azar, com a pandemia. Mas as coisas já vinham mal, essa é que é a verdade.

PB: Antes de avançarmos na discussão econômica, queria ouvir a reação de vocês à questão filosófica. Já é um clássico o livro do Harry G. Frankfurt, chamado *On inequality, Sobre a desigualdade*.[4] O que ele diz, em suma, é que o moralmente errado não é que alguns tenham menos que outros, mas o fato de que alguns têm muito pouco, de que são pobres. Ele diz que o maior desafio não é a grande desigualdade, mas a pobreza. Que, do ponto de vista da moralidade, "não é importante que todos tenham a mesma coisa, mas que cada um tenha o suficiente".

AF: Eu diria que a tribo dos economistas aqui no Brasil passou muitos anos focado na pobreza, que era e continua a ser extrema, mas que diminuiu muito. E quero crer – penso que Laura e eu estamos juntos nesta – que nós temos que ir além da pobreza. A desigualdade é extrema, como dissemos no início desta conversa, mas eu iria além. Realmente estou convencido de que os remédios para se tratar da desigualdade são também os mesmos que vão ajudar o país a crescer mais: melhorar a qualidade da nossa educação, da nossa saúde, da nossa infraestrutura. Então nós estamos falando que investir no social é investir no crescimento. Sobretudo no nosso caso.

PB: Laura, o que você quer acrescentar?

LC: Concordo em linhas gerais com o Armínio. Acho que a desigualdade também traz custos próprios. É evidente que reduzir a pobreza extrema é prioridade. Mas a diferença entre ricos e pobres, essa alta concentração no topo da qual o Armínio tratou, traz consequências. Não só, aliás, violência, segurança pública, que são coisas que têm a ver com a desigualdade, não apenas com a pobreza, mas também consequências para o sistema político. A concentração de renda também acaba se tornando concentração de riqueza e de poder. E isso, de alguma forma, faz com que a gente fique limitado na capacidade de atender ao conjunto da sociedade. O orçamento público, por exemplo, acaba sendo capturado por interesses de poucos, porque temos essa estrutura tão concentrada de influência, de poder. Tem muitas evidências de que economias com alta desigualdade, com desigualdade crescente, crescem por menos tempo, crescem de maneira mais volátil. E, sem dúvida, políticas de combate à desigualdade, no caso brasileiro, em que isso é tão abissal, serão capazes também de trazer crescimento econômico. E não é só desigualdade de renda. É desigualdade no acesso à infraestrutura, à saúde, à educação. Enfim, todas essas dimensões que o Armínio mencionou.

PB: Abrindo caminhos para esses acessos, você acaba por distribuir renda de maneira direta.

LC: Claro.

PB: Quando falamos nesse 0,1 ou 1% que concentra a renda, eles concentram a renda correspondente a quantos por cento do resto da população?

LC: O 1% no Brasil, 28% da renda total. Então mais de um quarto da renda está na mão de 1% da população.

PB: Essa questão da desigualdade é algo que mexe muito com a percepção, com a autoimagem do país. Num minidocumentário que fizemos, uma foto cristalizou a desigualdade, ou a imagem que fazemos da desigualdade brasileira, que foi a foto de Paraisópolis[5] [mostra a foto no telão]. Um prédio de luxo, vizinho de porta da favela. Antes de perguntar o que essa foto representa para vocês, quero falar o que representa para mim. Acho que evidencia que a redução da desigualdade interessa aos dois lados, a quem não tem e a quem tem. A vida será transformada para ambos. Como vocês reagem a essa foto?

AF: Primeiro, esse é um mundo em que essa situação não é estável. Isso é explosivo. Ponto número dois, os economistas diriam: "Um jogo de soma zero." Não é algo que o que um ganha o outro perde. Tem maneiras muito melhores de se organizar nosso país para todo mundo ganhar. O argumento que estamos defendendo aqui hoje é que essas coisas andam juntas. Isso precisa acontecer porque eticamente é intolerável e porque, além disso, vamos crescer mais. Esse é o jogo.

PB: É de nosso interesse comum.

AF: É uma distorção tão grande que é surpreendente. Às vezes as pessoas pensam assim: "Não, vão tirar de mim para dar para um outro, é só isso que acontece." Não, muito mais coisas vão acontecer ao mesmo tempo. Se fizermos essas reformas que está todo mundo discutindo aqui, e o país puder investir na infraestrutura, no social, na educação, você vai gerar muito mais riqueza também. É uma mudança de paradigma. Temos que passar uma borracha nessas ideias antigas, cada um ficar defendendo o seu, porque isso não está dando certo. Está errado. Quando as pessoas ganham porque são muito talentosas e pagam mais imposto, ninguém reclama muito. O que é mortal é ter muita gente que ganha dinheiro quase que roubando mesmo, através de tráfico de influência, de regras mal desenhadas. Isso envenena tudo. Precisamos achar um certo equilíbrio. O Brasil está tão longe desse equilíbrio. Não vou dizer que eu seja otimista porque isso já está assim praticamente há décadas, se não há séculos. Mas há um espaço enorme para a gente melhorar.

PB: Laura, você está conversando com dois sessentões. Armínio era do [colégio] Santo Inácio, assim como eu. Só que ele era muito mais velho, era do ano seguinte. Ele é de 1957, eu sou de 1958. Você é muito jovem, tem 36 anos. Você procurou a economia, virou economista, por causa de fotos como essa?

LC: Sem dúvida, Pedro. Desde que comecei a estudar Economia, isso era uma das questões que mais me motivavam. E acabei virando macroeconomista, que, em geral, não são os economistas que estão focados em desigualdade, mas virei macroeconomista da desigualdade. A pandemia exemplifica e torna concreto isso que você disse sobre ser um problema de todos e, na verdade, todos ganharem com a redução da desigualdade, na medida em que estamos diante de um quadro que é impossível ser resolvido se só for resolvido para alguns. É evidente que você não vai corrigir o contágio, interromper, se você não resolver para todos. E isso deveria ser óbvio. A pandemia deveria estar tornando tudo ainda mais óbvio. Mas, infelizmente, a nossa estrutura de desigualdade é tão abissal e tão antiga que ficamos nos deparando com coisas chocantes todos os dias. Com a indiferença, inclusive, com esse número de mortes, que sabemos que é tão mal distribuído, e que está muito mais em Paraisópolis do que do outro lado.

PB: Eu ia perguntar se o combate à desigualdade pode ser levado a cabo por um país sozinho, ou se isso precisa de uma concertação internacional.

AF: No nosso caso, os problemas principais são todos internos. E têm raízes antigas. Essa questão do Estado, por exemplo, que você levantou. A carga tributária do Brasil, que é em torno de 35%, 33% do PIB [Produto Interno Bruto], para um país de renda média, é bastante alta. O que acontece aqui que nós não conseguimos fazer mais com isso? Tenho estudado o assunto e me surpreendi com algumas coisas. Primeiro, 80% do gasto público no Brasil vai para funcionalismo e previdência. A esmagadora maioria dos países está abaixo dos 60%. Você faz uma reforma do Estado caprichada, completa a reforma da previdência, isso vai liberar dinheiro para se investir no social. E, depois, a tributação no Brasil é praticamente horizontal. O mais pobre paga mais ou menos o mesmo imposto que o *top* 0,5%, 1%. Até paga menos, esse de cima, por brechas na tributação do capital. Isso daí também é outra aberração completa. E aí você pergunta: "Mas como é isso?" É porque o pessoal mais pobre paga no consumo. O imposto está escondido em tudo o que as pessoas compram. O pessoal de cima paga Imposto de Renda, mas paga pouco, tem muita brecha no Brasil.

PB: Quando se fala que nossa tributação é regressiva, basicamente estamos dizendo que quem ganha menos paga mais do que quem ganha mais. É tão simples quanto isso, ou tão terrível quanto isso, né?

AF: É isso aí.

PB: Laura, você não concorda 100% com essa colocação do Armínio, de que uma reforma no Estado e no funcionalismo, e um aprofundamento da reforma da previdência já nos poriam no caminho virtuoso. Quais são as suas ressalvas?

LC: Sobre essa parte do funcionalismo, tenho dúvidas. Claro que há distorções e há possibilidades de ganhos e economias. Em todas as áreas do Estado, há ineficiências e todos nós queremos caminhar para uma eficiência maior. Mas não tenho essa convicção de que conseguimos economizar tanto no funcionalismo público e, ao mesmo tempo, melhorar a qualidade e expandir saúde, educação, serviços públicos e assistência. Essas coisas que estamos interessados em fazer para reduzir a desigualdade. A gente precisa perceber que há diferenças muito grandes. Tem supersalários no Judiciário, no Legislativo, sobretudo, com pessoas ganhando acima do teto constitucional, recebendo aqueles auxílios. Não tenho nada contra, pelo contrário, sou muito favorável a acabar e reduzir essas coisas exacerbadas que, claro, aumentam a desigualdade. Mas também precisamos pensar que metade dos funcionários públicos ganha menos de 2,7 mil reais brutos por mês. Metade do funcionalismo, de todos os servidores, em nível estadual, federal e municipal, ganha menos de 2,7 mil por mês. Só 3% dos funcionários públicos ganham mais de 20 salários mínimos. Temos que pensar que a situação de professores, médicos, enfermeiros, profissionais da saúde no geral... De cada 100 funcionários públicos, 22 são professores, 11 são médicos ou profissionais da saúde. Quer dizer, essas pessoas não estão ganhando tanto assim a ponto de conseguirmos melhorar a qualidade dos serviços. Ao contrário, em muitos casos essas profissões são sub-remuneradas. Quando olhamos para a diferença entre o que ganha alguém que faz a mesma coisa no setor privado, os públicos ganham 8% a mais, na média. Mas se você vai olhar para mais de 50 países que foram objeto de estudo do Banco Mundial, na média, os funcionários públicos nesses outros países ganham 28% a mais em relação aos privados. Não é tão a mais. Tenho dúvidas sobre se é daí que vamos conseguir tirar os recursos para os gastos que são necessários para reduzir a desigualdade.

AF: Das duas uma, ou tem gente de mais, ou estão ganhando de mais. Porque o Brasil é um ponto completamente fora da curva. Nota que isso vale para países pequenos ou grandes. Países que têm um Estado pequeno ou grande. Isso é uma espécie de pista para aprofundarmos esse estudo. Acredito muito na ideia de se ter um Estado mais transparente, em que as pessoas sejam avaliadas, e exista uma certa disciplina. Não seria um modelo setor privado, acho que é outra cabeça, outra vocação. Mas hoje isso não existe. Tenho muita convicção de que o Brasil é um ponto tão fora da curva e que isso dá para resolver.

PB: Tem uma fala do Paulo Guedes na última reunião ministerial de 9 de junho, que foi gravada: "E, no ano que vem, tudo terá voltado ao normal." Armínio, para você, quando o Paulo diz isso, ele está sendo otimista, temerário, ou está longe da verdade?

AF: Acho que ele está sendo otimista. Na minha contabilidade, os números são um pouco diferentes. Acho que ele inclui uma série de medidas de crédito que não chegam na ponta. Então esse número é menor. De fato, a assistência social tem sido relevante. Mas o gasto direto na saúde e o crédito não estão ainda chegando totalmente na ponta. Ainda que esteja havendo um esforço. Isso é inegável. Penso que é absolutamente desejável. Com relação ao ano que vem, espera-se que a pandemia já tenha passado. Aí há um certo otimismo. Ninguém sabe. É possível que demore mais, é provável que demore mais, até que chegue uma vacina. Então vai ser necessário continuar com a assistência social, e essa dosagem vai ter que ser bem-feita.

LC: Concordo com o Armínio. Acho que é muito otimista esse cenário. Numa economia que deve estar em frangalhos no ano que vem, considerando a incerteza em relação à origem dessa crise, que é a crise na saúde, que é a pandemia, dado que já nem vínhamos de um quadro bom. Porque não vamos esquecer que o PIB de 2019, que foi anunciado logo antes do início da pandemia, já revelava uma desaceleração da economia em relação a 2018, 2017, que foram anos fracos. O quadro já era de fragilidade. O Brasil se distingue nisso de outras economias do mundo. Os Estados Unidos, por exemplo, vinham de uma expansão muito longa, desemprego baixo. Nós, aqui, não. Desemprego elevado, informalidade recorde, recuperação muito lenta, com os mais pobres sofrendo queda da renda. E aí veio esse choque da maior crise da história em muitos dos países, pelo menos desde que temos estatísticas. Imaginar que, no ano que vem, as coisas vão estar bem o suficiente para que o governo volte ao normal – e isso, para o ministro Paulo Guedes, imagino que signifique, então, voltar à mesma agenda, cortar mais gastos, voltar à agenda de reformas, acelerar essa agenda e tentar reduzir a dívida rapidamente –, pode ser fatal para as nossas perspectivas de recuperação. As coisas têm que ser feitas de forma mais lenta, mais gradual. Pensando, aí, num médio prazo, de alguns anos, para realmente voltarmos para o patamar da dívida anterior.

PB: Queria voltar rapidamente à questão da tributação. Nos Estados Unidos, o segundo homem mais rico do mundo, Bill Gates, defende o aumento da taxação dos ricos e diz que ele estaria pronto a pagar o dobro dos impostos que paga. Há bilionários brasileiros com essa mesma disposição do Bill Gates?

AF: Penso que sim. Não todos, mas acho que sim. A coisa chegou a um ponto tal que a ficha caiu. Na prática, não sei, vamos ver. Vamos lembrar do que a Laura disse aqui no início da conversa: como isso se manifesta na arena política? E eu diria que a política, no Brasil, é predominantemente conservadora, no sentido mais tosco. Ela quer conservar poder, quer conservar riqueza. Vamos ver como esse debate vai acontecer.

PB: Vocês já foram consultores de políticos em campanha. Laura, em 2018, teve experiência como consultora do PSOL. Você pretende repetir a dose nas próximas eleições? Acompanhar algum partido, a campanha de algum político?

LC: Olha, Bial, acho que não. Sinceramente, é uma experiência importante essa de ter que sentar e fazer propostas. No caso, o que fiz foi coordenar um time de pessoas para tentar desenhar um programa. Minha preocupação hoje tem sido muito mais em tentar atuar no debate para democratizar os conceitos de economia, ensinar economia. Os livros estão seguindo muito essa ideia de comunicar, de disseminar, de explicar e trazer as pessoas para o debate econômico, que é um debate muito fechado, que acaba muitas vezes bloqueando a participação de pessoas que são leigas. E com essa aparência de coisa técnica, fica como se não houvesse uma escolha democrática da sociedade envolvida em cada decisão técnica. Enfim, essa virou a minha opção, meu caminho. E isso ainda é reforçado pela ideia de que acho que não estamos no momento de cada um no seu partido, no seu setor. Estamos num momento de tentar agregar a sociedade para um objetivo comum, que a maioria considere satisfatória, que nos leve para esse caminho que estamos tentando traçar aqui, eu e Armínio.

PB: Armínio, e você? Podemos contar com você na consultoria de algum candidato para 2022? Qual seria ele?

AF: O relógio corre muito mais a favor da Laura do que de mim. Mas por um projeto bom, que pudesse pôr em prática ideias como essas que nós estamos discutindo aqui, eu toparia. Para fazer qualquer coisa, sabe? Tenho experiência hoje para assumir responsabilidades, mas, mais adiante, já mais velhinho, se puder ajudar, vou querer. Vou continuar querendo. Posso fazer outras coisas. Então acho que sim. A resposta é sim. Acho que quem tem a chance de ajudar, como tenho tido, e a Laura também, tem que fazer. Isso é uma questão de dever, sobretudo.

PB: Muito obrigado, Armínio Fraga. Muito obrigado, Laura Carvalho. Aproveito para encerrar, recomendando o livro da Laura: *Curto-circuito: o vírus e a volta do Estado*. São raras as vezes em que a gente vive uma crise e pode ler uma reflexão sobre ela enquanto a gente ainda está vivendo essa crise, em tempo real, como se diz hoje em dia.

Notas

[1] Carvalho, Laura. *Valsa brasileira: do boom ao caos econômico*. São Paulo: Todavia, 2018.
[2] Carvalho, Laura. *Curto-circuito: o vírus e a volta do Estado*. São Paulo: Todavia, 2020.
[3] O pesquisador do Ipea Pedro Herculano Guimarães Ferreira de Souza elaborou uma tese de doutorado em sociologia com o título "A desigualdade vista do topo: a concentração de renda entre os ricos no Brasil, 1926-2013", sob orientação do pesquisador Marcelo Medeiros. O trabalho venceu o prêmio CAPES 2017.
[4] Frankfurt, Harry G. *On inequality*. Princeton University Press, 2015. Há uma edição portuguesa. Frankfurt, Harry G. *Sobre a desigualdade*. Lisboa: Gradiva, 2016.
[5] Paraisópolis é a segunda maior favela de São Paulo e localiza-se em uma das regiões mais ricas da cidade. Bial se refere à *Paraisópolis*, foto de Tuca Vieira, de 2004.

PAULO GUSTAVO

A classe média sob a lente do humor

PEDRO BIAL: Ele tem sido mais do que uma companhia para os brasileiros durante essa quarentena. Ele traz consolo, alívio, nos provoca ataques de riso, crises de pranto. Ele é um azougue, uma graça, uma peça, uma máquina. Uma máquina de fazer rir, de fazer dinheiro. Fazendo o que fizer. Depois de levar mais de 4 milhões de pessoas ao teatro, tornou-se a maior bilheteria da história do cinema brasileiro, fora artimanhas episcopais. Agora, cinemas fechados, ele é o líder inconteste do *streaming*. Além de comediante extraordinário, é um doce subversivo. Subverte a mentalidade tosca do brasileiro, que ainda é tão homofóbico, assim como pisa distraído nas regras tolas do politicamente correto. Gay, casado, pai de dois adoráveis bebês, em tempos de isolamento, ele vive, como todas as famílias brasileiras, um seriado doméstico. Depois de levar a mãe ao estrelato, ele está descobrindo agora que ser pai também pode ser uma peça. Paulo Gustavo, bem-vindo, meu amor.

PAULO GUSTAVO: Gente, me senti agora no *Big Brother*. Você fez aquele texto que você faz, todo elaborado.

PB: Só que, em vez de eliminação, é uma iluminação.

PG: Muito bom. Nossa Senhora, nem sei se eu sou... Eu não sou isso tudo que você falou, não.

PB: Ah, você é. Campeão de bilheteria, é. Pai de dois meninos, é. Recordista de...

PG: Viado, é.

PB: Viado... [Risos] Cadê os meninos? Cadê Gael e Romeu? Estão aí? Eles já fizeram 9 meses, Paulo?

PG: Eles estão com 9 meses agora. O Romeu nasceu no dia 3 de agosto e o Gael, dia 16. Tudo leão. Dois leõezinhos. Quando eles sorriem, é quase como se descesse um arco-íris dentro da gente. Dá uma colorida na nossa vida, que está estranha. Esse momento terrível que a gente está vivendo.

PB: E é bom que agora vocês estão podendo conviver muito mais. Porque não pode sair de casa, e você está com uma convivência muito mais intensa e íntima com eles, né? É bom demais.

PG: Nossa Senhora. Sua filha tem quantos anos?

PB: Qual delas? A pequenininha?

PG: A menorzinha.

PB: A menor tem 5 meses, é menor do que os seus. Fez 5 meses hoje.

PG: Ah, então vai namorar com o meu.

PB: Sabe-se lá.

PG: Você está precisando fazer amizade com quem tem filho da sua idade.

PB: Bora, bora. Vamos nessa.

PG: Porque você virou um pepino para o amigo que não tem filho dessa idade, entendeu?

PB: [Risos]

PG: Então vamos combinar de a gente sair para jantar.

PB: Estou com uma maravilhosa de 2 anos e meio, outra de 5 meses. Então, pronto, formação de quadrilha esses quatro. Os seus dois e as minhas duas.

PG: Ih, eles vão pegar todas aí. Já está tudo com namoradinha prometida. [Risos]

PB: Você já se surpreendeu com traços de sua mãe em você na educação deles? Não sei se falo da Dona Hermínia ou Dona Déa.[1]

PG: É tudo a mesma coisa. Na verdade, a Dona Déa é pior que a Dona Hermínia. Eu dou uma amenizada nela no longa. [Risos] Ela é pior. A Dona Hermínia é muito controladora. E eles ainda são muito controláveis. Estão muito pequenininhos. Então ainda não estou vivendo esse momento de Dona Hermínia, de adolescente que sai para a rua, que volta tarde, e que gripa... Eles estão muito no iniciozinho ainda. Ainda não tive essa experiência. Mas claro que fico, assim... Eles não dormem. Acordam de três em três horas. Aí eu falo: "Ai, meu Deus. Vou rezar muito, pedir a Deus para deixar eles dormirem um tempo maior." Aí dormem quatro, cinco horas, eu falo: "Peraí, amor. Vai encostar para ver se está vivo ainda."

PB: Você atribui o sucesso da Dona Hermínia ao fato de que tem muitas "Donas Hermínias" no Brasil, um monte de supermãe como ela? Você é abordado por mães desse tipo?

PG: Acho que sim. A Dona Hermínia tem um jeito de falar, é uma personagem irreverente. E ela fala o que quer, o que pensa. Fala o que, talvez, uma mãe não falaria, ela vai além. Às vezes, parece que ela não tem filtro para as coisas.

PB: Parece.

PG: É quase como se as mães se realizassem com ela. Tipo, ela vai lá e diz o que a mãe quer dizer para o marido, para o cara da padaria, para o filho, para tudo. E, ao mesmo tempo, que ela tem esse jeito doido, histérico, e entra em tudo, tem esse lado amoroso dela. Então a identificação do público, desde o início, sempre foi rápida.

PB: Quando você faz a composição de Hermínia, começa pela voz? Pela postura? Pelo modo de andar? Como você começa? A voz é fundamental?

PG: Para os outros personagens, às vezes começo pela voz; às vezes começo pela minha inflexão, pelo corpo; às vezes começo por uma peruca. Já tive personagem que botei uma peruca e aí veio o personagem. Mas com a Dona Hermínia, não tenho muito essa divisão, porque ela foi construída ao longo da minha vida, através da minha observação, em casa, com a minha mãe, com as irmãs da minha mãe, minhas tias, minha avó. As mulheres da minha vida. Eu imitava uma vó, imitava minha mãe, imitava o que uma tia tinha falado. E aí foi nascendo esse jeito dela. Não foi uma coisa que fiz um trabalho de ator, que entrei numa sala com uma preparadora corporal e construí a Hermínia. Ela teve uma vida para ser construída. Acho que por isso essa personagem, também, é muito real. É como se ela existisse à parte. Sou chamado para fazer comercial: "A Dona Hermínia." Às vezes a gente fala: "Não quer fazer com o Paulo Gustavo?" "Não, a gente prefere ela." [Risos]

PB: Você monta uma mulher sexy? Você se acha sexy de mulher?

PG: Você me acha, Bial?

PB: Acho que tem momentos. Tem seu valor. [Risos]

PG: Acho que fico sexy de Dona Hermínia, sim. Uma vez, uma amiga minha, que é atriz e é lésbica, foi assistir a uma peça minha no teatro, aí, quando acabou, ela olhou para mim e falou: "Paulo Gustavo...". Eu achei que ela fosse falar: "Eu amei a peça, me diverti". Ela falou: "Eu fiquei com um tesão em você no palco." [Risos]

PB: [Como quem imita a amiga:] "Pegava, eu pegava." [Risos]

PG: Doida. Ela disse: "Você entrou com aquele peito, aquele cílio, e eu falei, 'que tesão essa mulher'." Eu disse: "Sai fora. Estou de Paulo

Gustavo aqui agora. Não vem, não." [Risos] Já passei da época de ficar com mulher. Já fiquei no início da vida, mas agora não dá mais, não. Eu beijava mulher, ficava. Já transei com mulher. Está tudo certo. Mas agora chega, me deixa viver minha vida. Chega. Quem pegou pegou, quem não pegou não pega mais.

PB: Você faz assim? Você entra e, num clique, você vira a Dona Hermínia?

PG: Eu começo a me maquiar, colo um cílio no rosto. Quando começo a me maquiar, o pessoal que trabalha comigo já começa a falar: "Paulo Gustavo, é impressionante, porque você bota um lápis no olho, você cola um cílio, você já olha diferente, é uma sobrancelha que já levanta." Quando botam a peruca em mim, já começo a falar, minha mão já começa a ficar assim [movimenta as mãos de forma feminina]. Eu vou virando. Não sei o que é, não sei se baixa uma entidade, um espírito, não sei. Nem vamos falar sobre isso, porque tenho medo de espírito. Então é melhor que não tenha espírito.

PB: Você continua com as suas superstições? Você é apegado às suas manias?

PG: Eu sou. Tenho muito medo de espírito. Tem uns bichos que eu tenho medo. Assim, por exemplo... Eu estou na serra. Tenho medo de besouro, dessas coisas que entram e somem atrás da cama. Tenho pavor disso. Eu me tranco o dia inteiro, deixo com tela. Se entrar um besouro, eu me mudo para o Rio. Tenho medo de tubarão. Muito medo. Sempre tive. Até no filme da Mônica Martelli, o *Minha vida em Marte*,[2] quando gravei, a gente fez uma cena em Angra em que eu tinha que ficar horas no mar. E fiquei pensando assim: "Gente, falam que não tem tubarão aqui, mas como provam que não tem tubarão? Passou um raio X no oceano inteiro? Às vezes vem um perdido." Até botei isso no filme. Fico parado na água. Aí olhei para a Mônica e fiquei pensando: "Gente, Mônica é magra, eu sou mais cheinho. Para o tubarão, sou um cheeseburger." Aí o que eu fiz? Pedi para a produção para deixar mais gente na água, para o tubarão ter opção antes de me morder, entendeu? Tenho essas coisas. Tenho medo de tubarão, tenho medo de espírito, tenho umas manias assim.

PB: Paulo tinha acabado de fazer a maior bilheteria da história do cinema brasileiro, quando a pandemia parou tudo. O filme *Minha mãe é uma peça 3* faturou 182 milhões de reais. E não só vendeu quase 12 milhões de ingressos, como foi de fato visto por 12 milhões de espectadores. O outro recordista é uma cinebiografia do bispo, os bilhetes foram comprados, mas não necessariamente os cinemas ficaram lotados. O público dos seus filmes, Paulo, é o mesmo do filme do bispo ou é o oposto?

PG: Ó, acho que tem de tudo. Não tem como você arrastar 12 milhões de pessoas para o cinema e não ter evangélico, católico... Independentemente de religião. Tem o pobre, o rico. Não passa pela classe social, não passa por nada. Tem tudo quanto é tipo de gente. Esse também é o grande orgulho meu e o barato: conseguir tocar o coração de todas essas pessoas. Esse país que a gente vive, que é extremamente racista, homofóbico, machista, e existe um movimento grande para não ter filmes com essa temática e tudo mais... Fui lá e fiz o meu, do meu jeito, como eu quis, e arrastei 12 milhões de pessoas. A gente acaba acreditando no ser humano. Dá vontade de fazer mais. É um filme tão de verdade. Aquilo tudo que faço ali é tão verdadeiro, legítimo, que acabei tocando o coração das pessoas. E, ao mesmo tempo, levando essa bandeira para dentro da casa delas, discutindo sobre esse tema. Isso é uma coisa que faço desde o início.

PB: Como você alimenta e turbina o seu processo de criação? O que te move?

PG: Sou um cara muito observador. Converso com muita gente. Observo muita gente. Encontro os meus personagens na rua, no supermercado, na padaria, no metrô, no avião, na vizinha. Eu me alimento da vida mesmo.

PB: Vamos então falar um pouco sobre umas outras vidas suas. Vamos ver, aqui, alguns dos seus personagens, começando logo com um machão.

[Cenas de Paulo Gustavo nos programas *Sítio do Picapau Amarelo*, *220 volts* e *Vai que cola*]

PB: Ai, que delícia. Você se diverte, né? Você gosta de se ver.

PG: Eu me divirto. Cara, me divirto com todos os personagens. Primeiro queria comentar rapidinho do meu cabelo. Não existe aquele cabelo, né, gente? É um ninho de mafagafos. Inclusive, quando raspei o cabelo pela primeira vez na vida, comecei a pegar uma galera mais legal na noitada. Então, quando vinha a galera que pegava ainda com aquele cabelo, eu falava: "Não, já estou em outra galera."

PB: "Eu estou careca de saber."

PG: Adoro fazer a Mulher Feia, acho ela hilária, muito engraçada. Aquela: "Estou borocoxozinha." É, porque ela se diverte muito com o jeito como se critica e se debocha. Ela sabe das coisas e brinca com aquilo. E é divertido. Mas, ô, Bial, com o que mais me divirto, na verdade, é com quem estou interpretando, é com quem estou fazendo a cena. Vendo esses vídeos agora, fico viajando. Amo trabalhar com o Marquinho Majella. Eu me divirto muito com ele. Agora estou me divertindo muito fazendo *A vila*, no Multishow. A Lolô, a Heloísa Périssé, foi fazer *A vila* agora. Ela já está na segunda temporada. Aí um dia ela parou, ficou me olhando assim, no set. Eu passando mal de rir, falando o texto. Aí, daqui a pouco, ela virou e falou assim: "Paulo Gustavo, já saquei qual é a sua. Você faz o programa para se divertir. Quem quiser assiste."

PB: No ano passado, Paulo fez para realizar o sonho da Dona Déa, mas acho que ele realizou um sonho dele também, no espetáculo *Filho da mãe*.

PG: A gente viajou por muitas cidades do Brasil e só fez em casa de show muito grande.

PB: Paulo, quem canta melhor, você ou a Dona Déa?

PG: Dona Déa.

PB: Canta melhor que você? Você canta lindamente o "Emília" no filme.[3]

PG: É, o "Emília" eu canto bonitinho. Sou afinado, graças à minha mãe, que é muito afinada. E a minha mãe criou a gente cantando na noite. Porque só o salário do estado não completava. Então ela cantou na noite para poder juntar e fazer um salário digno para ela e para nós todos. A gente cresceu ouvindo música boa. Sou fã de Ary Barroso, Noel Rosa, Vinicius de Moraes. Escutei isso a vida toda.

PB: Paulo, se você criou essa personagem extraordinária da Dona Hermínia, agora tenho que falar com a autora do Paulo Gustavo: Dona Déa. Você segura que eu vou falar com a sua mãe, a verdadeira Dona Hermínia. Dona Déa, tudo bem? Muito prazer.

DONA DÉA: Uau. Que prazer, Bial, falar com você.

PB: O prazer é todo meu, querida. Você está conseguindo levar numa boa essa quarentena?

DD: Bial, eu vou dizer que, numa boa, numa boa, é um pouco difícil. Mas, apesar de ter um gênio alegre, brincalhão e tudo, não sou de sair de casa. Mas quando tem a proibição... É igual a adolescente. Você diz que não pode, ele quer fazer.

PB: E está muito feliz com os seus netinhos, cada vez mais lindos?

DD: Vou fazer 73 anos e consegui ver meus netos nascerem, Bial. Que loucura.

PB: Que graça.

DD: Bial, acho que foi a emoção maior que tive. Todos os dois a cara da avó, você sabe.

PB: Bonitos como a avó. Mas agora você não está conseguindo estar tanto quanto gostaria com eles, né?

DD: Não, claro que não. Está difícil.

PB: A grande inspiração, o grande exemplo que você dá é esse tesão pela vida, esse gosto por viver que você tem. Muito legal, muito legal. E o Paulo também.

DD: Não, o Paulo Gustavo é incrível. Desde pequeno que a gente sabia que ele ia ser artista.

PB: É? Quando é que você olhou: "Esse menino vai ser ator, esse menino é ator"? Desde cedo você viu isso?

DD: Porque ele não era só um garoto que imitava as pessoas, não. Tudo o que fazia, ele fazia bem. Ele tinha aquela garra. Ele dizia assim: "Um dia eu vou ser um artista." E começou a fazer a CAL[4] e, dali, ele foi. Ele falou: "Eu vou fazer uma peça. Estou escrevendo uma peça." Aí eu falei: "Escrevendo uma peça?" Não levei fé, não. Quando assisti ao último ensaio, quase caí dura para trás. Eu falei: "Meu Deus, essa mulher é maluca, essa mãe. Como vai ser isso? Isso não vai dar certo." Depois vim para casa, fiquei pensando assim: "Toda mãe tem um quê da Dona Hermínia." Não adianta. Eu sou desbocada. Pode não falar palavrão, mas ela vai atrás dos filhos, ela corre, ela é uma leoa. Eu sou uma leoa. Eu nasci para ser mãe.

[Imagem de Paulo Gustavo filmando a mãe com o celular em dois momentos. Nos dois ela aparece brigando com ele, como a personagem Dona Hermínia.]

DD: [Leva um susto] Ai, Paulo Gustavo, você entrou pela cozinha [bate nele]. Você não tocou a campainha.

PG: Não, ai. Eu quero ver essa árvore de Natal aí grandona.

DD: Ela está linda de morrer, mas não vai ter Natal.

PG: Ah, então vou desmontar a árvore.

DD: Você não vai desmontar árvore nenhuma.

PG: Vou, ó.

DD: Ô, Paulo. Sabe, você não se faz nem de besta. Você... Tira a mão da árvore.

PG: Ai.

[Corta para outro momento.]

PG: [Dona Déa tenta tirar o celular da mão de Paulo Gustavo.] Mãe, eu preciso ver um negócio no seu celular.

DD: Vai ver porra nenhuma. Eu vou cair em cima de você cheia de artrose, eu vou me foder.

PG: [Risos]

PB: Vem cá, o seu filho se apropriou de sua pessoa, transformou num personagem que faz milhões de espectadores. Você já levou algum dindim aí, por essa apropriação?

DD: Bial, às vezes, quando ele fala assim: "Ô, mãe, você está enchendo o meu saco, não sei o quê." Eu digo assim: "Ah, é? Então quer saber de uma coisa? Eu vou pedir pensão, vou na Justiça." Falo para sacanear, brincadeira. Ele fala assim: "Quer fazer ponta?" Eu falo: "Deus me livre, não quero, não." Ele é um filho maravilhoso, Bial. Para a família inteira. Não é só para mim. Ele é incrível. Isso é o que mais me enche de orgulho. Não é o comediante, não é o artista, é o homem de bem que ele é. Ele é cumpridor dos deveres. Ele tem um senso de responsabilidade, um amor no coração, que é incrível. Não estou falando para aparecer na Globo, não. Mas é verdade, ele é essa pessoa.

PB: Déa, meu amor. Eu quero agradecer por você ter participado do programa, muito. Mas eu queria, antes de terminar, pedir se você não quer fazer uma homenagem para o Paulo e cantar alguma coisa para ele. O que você cantaria aí? *A capella*.

DD: Sim. A música que ele gosta, com que ele abriu o show. A música que, desde pequenininho, ele gostava era: [canta] "Encontrei o meu pedaço na avenida/ De camisa amarela/ Cantando a Florisbela, oi, a Florisbela/ Convidei-o a voltar para casa em minha companhia/ Exibiu-me um sorriso de ironia/ E desapareceu no turbilhão da galeria."[5]

[Mostram imagem de Dona Déa, filmada por Paulo Gustavo com o celular.]

DD: Este ano você vai fazer Natal na sua casa.

PG: Está gravado.

DD: Está gravado. A família toda está brigada.

PG: Ué, por quê?

DD: Ué, porque a Iesa entrou aqui outro dia. No segundo cafezinho eu mandei ela para a puta que pariu. Foi embora.

PB: Gente, você provoca também, né?

PG: Eu vejo mamãe falando isso. Mamãe é muito doida. Mamãe fala assim: "Sua tia Iesa, eu mandei ela para a puta que pariu." Esses dias liguei para ela, falei: "Mãe..." Ela falou: "Sua tia me ligou." Aí eu falei: "Ué, mas você não estava brigada com ela?" Ela falou: "Mas a sua tia é assim, Paulo Gustavo. Ela liga do nada para bater papo comigo. Eu bato, fico tranquila." Mas aí, daqui a pouco, ela briga, eu ligo para a tia Iesa, a tia Iesa fala: "Nada. Bateu papo comigo 2 minutos, me mandou para a puta que pariu." E aí volta tudo de novo. Mas ela acha que ela é normal. Ela fala: "Eu conversando com a sua tia, ela brigou comigo." Mas se você pegar a câmera escondida, foi mamãe que mandou ela para a puta que pariu.

PB: Tem gente que observa que o seu humor, do sarcasmo muito duro, foi se suavizando, que você tem suavizado o seu humor. Assim, trocando talvez o sarcasmo pelo lirismo. Isso faz sentido?

PG: É, faz. Porque, na verdade, sempre fui debochado e ácido, mas sempre fui também debochado e ácido comigo. É diferente de quando você zoa só o outro. E, toda vez que escrevo uma cena, eu sacaneio alguém, mas esse alguém também me sacaneia na mesma fala. Sempre me preocupei com isso. Mas acho que, de 10 anos para cá, evoluí como ser humano, e graças a Deus. E também ganhei uma consciência. Acho que o mundo está ganhando. Todos esses movimentos que discutem tudo: machismo, racismo, homofobia. Acho tudo isso muito importante, porque a gente vai tendo um entendimento maior das coisas. Hoje, como ator, mas, acima de tudo, como ser humano, já não acho mais graça de coisas que eu fazia anos atrás. Não aprovo mais. Se tiver que passar agora por mim, já não aprovo mais. A vida é assim, né? Você vai transformando. Não existe você ficar parado num ser humano só. A gente vai se lapidando.

PB: É. A pandemia pegou você num momento muito bombado. Você já vem há muitos anos na crista da onda. Aí, agora, você ia fazer uma série. Você está trabalhando nessa série? O que vai ser essa série? Quem vão ser os personagens? Dá para você já projetar alguma coisa?

PG: Sim. A gente vai fazer *Minha mãe é uma peça* no Globoplay.

PB: Como série?

PG: Como série. A primeira temporada vai voltar lá atrás na vida da Hermínia. Vai ser a Hermínia quando ela ainda era casada, e os filhos tinham 8 anos de idade. E o primeiro episódio é sobre a mãe da Dona Hermínia. O que a mãe da Dona Hermínia deixou para a Hermínia. Como que a Dona Hermínia se tornou Dona Hermínia.

PB: E você vai fazer as duas?

PG: Não. Ah, olha só, nem se posso falar isso, mas vamos falar. Convidei a Marieta Severo para fazer a mãe.

PB: Que todo mundo diz que é parecida.

PG: Exatamente. E, além de todo mundo dizer que é parecida, acho a Marieta hilária, um amor de pessoa. Sou amigo dela, ela frequenta a minha casa e eu frequento a casa dela. Quando escrevi *Minha mãe é uma peça*, há 15 anos, havia assistido à peça *A estrela do lar*,[6] que era o espetáculo que ela fazia. Eu me inspirei muito na Marieta também. Queria muito que ela fizesse. Ela já topou, mandou um áudio enorme, feliz da vida com o convite, mas ela vai fazer novela, então vai ter que conciliar. Vamos ver. Vamos rezar.

PB: Pois é... Esse momento está tão terrível. São altos e baixos. Então tem uma hora que todos acreditamos que: "Cara, vai ser para melhor. Quando a gente sair dessa, vai ser para melhor." Outros já dizem: "Não, no fundo do poço vai ter um alçapão." O que você está vendo e sentindo na sua sensibilidade de artista, que vem por aí depois, quando esse depois chegar?

PG: É, cara, não sei. Não dá para saber, né? A gente está no lugar do achismo total. Sei que a gente está vivendo realmente uma desgraça. As pessoas estão se igualando no medo, na angústia, na incerteza do que vem aí. Independentemente de classe social, de dinheiro, ou de religião, ou de tudo. Ou de partido. Acho que está todo mundo com medo. Acho que, aí, todo mundo se encontra. Esse momento também está escancarando uma desigualdade no Brasil muito grande. Ao mesmo tempo que nós podemos estar em casa, privilegiados, e esperar essa tempestade passar, tem gente que está dura, sem um real, sem dinheiro para comer, num cômodo com oito pessoas. Está sendo mesmo um momento de reflexão para todo mundo. Acho legal as pessoas exercitarem mais esse olhar para o outro. Tem muita coisa ruim acontecendo. E vai acontecer. E não sei aonde vai dar. E não sei te responder essa pergunta, de verdade.

PB: Ninguém sabe.

PG: Transformações vão acontecer.

PB: E você é um ótimo exemplo disso, uma superinspiração. Queria te agradecer muito por ceder esse tempo para nós. E por tudo que você vem fazendo aí, pelo Brasil, pela alegria, que é a energia que pode transformar as coisas. Dá um beijo nos meninos por mim. Gael, Romeu. Um beijo no Thales. Muito obrigado. E se cuida, está bom?

PG: Tá, obrigado. Ô, Bial, sou seu fã. Estou super feliz de estar te dando essa entrevista. Nunca fui no seu programa, porque morro de vergonha. Aqui é bom, porque posso forjar um desligar na sua cara. Se você perguntar alguma coisa que eu não consiga responder, desligo e finjo que caiu. Mas acho você um cara genial. Acho você um cara mega inteligente. Sou seu fã. E sempre quis dar essa entrevista para você. Então estou muito feliz. Você também faz parte do meu currículo. Dar uma entrevista para você a gente também bota no currículo.

PB: Ah, a sua entrevista, ó, está no alto do meu currículo, a nossa conversa.

PG: Dá um beijo na sua família também.

PB: Dou, sim. Um grande beijo. Te cuida. Fica bem.

PG: Beijo. Sucesso, cada vez mais.

PB: Valeu.

Notas

1. Personagem interpretado por Paulo Gustavo na franquia *Minha mãe é uma peça* e inspirado em sua mãe, Déa Lúcia Vieira Amaral.
2. *Minha vida em Marte*, filme de comédia dirigido por Susana Garcia, lançado em 2018.
3. Em *Minha mãe é uma peça 3*, Paulo Gustavo canta a música "Emília (a boneca gente)", gravada originalmente por Baby Consuelo para o álbum *Pirlimpimpim*, de 1982.
4. Casa das Artes de Laranjeiras, CAL, é um centro de formação de artistas e técnicos das artes cênicas no Rio de Janeiro.
5. "Camisa amarela", música de Ary Barroso, lançada em 1939 em gravação de Aracy de Almeida.
6. *A estrela do lar*, peça de Mauro Rasi (1949-2003) montada originalmente em 1989.

XUXA MENEGHEL
X de multiplicação

PEDRO BIAL: Se a TV já é importante para formar a opinião das pessoas, imagina a TV para crianças, que forma os pequenos cidadãos. Entre tantas estrelas que apresentaram programas infantis, ela se destaca. Talvez por causa daqueles dois xis com que Deus, aquele velho corsário, a marcou, para não perder de vista a sua favorita. Por falar em Deus, lembrei agora do grande orixá da TV brasileira, e o que ele disse sobre ela. Fala, Velho Guerreiro.[1]

[Depoimento de Chacrinha sobre Xuxa, no *Jornal Hoje*, da TV Globo, em 1987]

ENTREVISTADORA: Você pensa em parar de fazer isso?

CHACRINHA: Minha filha, pensar em parar? Meu grande drama é esse aí. Vou pedir a Deus para parar realmente quando eu morrer.

E: E aí? Quem seria o sucessor do Chacrinha nessa coisa de dar alegria para as pessoas?

C: Com toda a honestidade, se eu fosse botar uma pessoa hoje, eu botaria a Xuxa.

E: É mesmo?

C: É. Eu colocaria a Xuxa, porque é a pessoa que mais se aproxima das coisas que eu faço e tudo aí.

PB: Ela é a Rainha dos Baixinhos, dos altinhos, dos gordinhos, dos magrinhos. [Imita Chacrinha] "Vamos receber!" Oi, Xuxa. [Risos]

XUXA MENEGHEL: Oi, que delícia. Nossa, que introdução linda. Aliás, vindo de você... Puxa vida.

PB: Ô, meu amor.

XM: Coisa linda.

PB: Quando a gente se encontra, sai coisa bonita, Xuxa. Sempre foi assim. Desde mil novecentos e oitenta e preto e branco.

XM: É. Queria deixar claro o quanto eu gosto de você, te admiro. Tá? Antes de qualquer coisa.

PB: Agora que estamos os dois cobertos de confete, minha querida: televisão. Estou impressionado como a televisão, no meio desta crise, ganhou um reforço na sua importância, na sua presença. Como ela é um lugar que as pessoas têm como referência mesmo. Se não fosse a televisão, acho que as coisas estariam muito piores, mais confusas. O que você tem percebido, sobre o papel da televisão na vida brasileira, em nossas vidas hoje?

XM: Acho que não é a televisão, é o artista em geral. Vejo pelas lives, ou seja, as pessoas estão conversando muito umas com as outras, todo mundo está fazendo entrevista, está cantando sem cantar, desafinando e afinando, todo mundo aprendendo. Tem gente que está bebendo, está se mostrando de verdade. Tem gente que está abrindo suas casas, tem gente que está abrindo suas vidas. E, na televisão, as pessoas estão se reinventando, se redescobrindo, fazendo coisas que nunca faziam. Por exemplo, eu me lembro que se fôssemos usar uma camerazinha do jeito que você está usando agora: "Não, impossível. Não dá para fazer." Hoje, ou a gente faz assim, ou não faz. A televisão está se adaptando a tudo isso. Vejo o quanto é importante, primeiro, a informação. O jornal está fazendo um papel importantíssimo. Não sei para você, mas, para mim, tem hora marcada. Eu falo: "Nossa, o jornal vai começar." E termina de um canal, eu procuro no outro, vou procurando outro, para ver se tem alguma coisa que ainda não vi, não li ou não soube. É importante a gente se munir, se informar, para saber o que está acontecendo. A televisão está com um papel muito importante, e, acima disso tudo, tem a importância do artista para a gente. Para dar uma aliviada. Para fazer a gente rir. O ruim são as coisas ruins que vêm junto. Vem a fofoca, vem fake news, vêm as coisas que acho que já tinha, mas que têm mais importância ou têm mais peso agora. O que eu posso tirar disso tudo é que, caramba, o que eu sabia, o que aprendi na televisão, não se usa mais. O que aprendi, que a internet estava ensinando para a gente, já é uma outra visão. O que a televisão achava que era, já é outra coisa. O que as pessoas achavam também. Por exemplo, os artistas achavam que só fazer novela era importante. Que o importante era você cantar bem num disco, ou num CD, ou fazer um bom show. Hoje em dia, um cara com um violãozinho em casa é tão importante quanto um cara fazendo um show para não sei quantas mil pessoas. Você vê: a Ivete [Sangalo] mesmo fez uma live na cozinha de casa, de pijama, que todo mundo amou e queria ver mais.

PB: Isso é um lado, acho, bom. Que está renovando tudo. Você é, e eu me enquadro também nessa categoria, um bicho de TV, mas soube fazer essa transição para a internet. Eu já tenho mais dificuldade. Qual é a diferença da relação com a câmera de TV e a câmera do computador, ou do celular? O que é? Fica mais íntimo? O que acontece?

XM: Não, acho que eu não soube, não. Acho que sou da tua tribo, estou aprendendo. Mas vejo que crianças e adolescentes se olham na câmera de maneira muito fácil. Uma criança já faz assim: [Faz como quem grava uma selfie] "Oi, gente, tudo bem? Olha não sei o quê..." Parece que nasceu com uma camerazinha, e fala com uma naturalidade. Eu gosto de câmera, gosto do estúdio, me solto com isso. Sei lá, às vezes, sou mais natural.

PB: Você sente falta do aparato. Para ficar mais natural, você precisa de mais aparato.

XM: [Risos] É, sinto falta. Engraçado. Não sei se porque, desde muito cedo, fui acostumada a isso tudo. Quando botam as câmeras, as luzes, já começo a me soltar. Com o telefone, não, fico meio... "Será que estou falando igual a todo mundo? Será que estou fazendo a mesma cara?" Porque às vezes olho umas pessoas e falo assim: "Nossa, está tão fake isso." Eu penso: "Será que estou fake?" Daí, já não estou mais natural. Sou mais natural na frente de um monte de gente com câmera em cima de mim. [Risos]

PB: [Risos] Ai, é uma estrela. Quando você era criança, o que via na TV que te marcou? Tinha algum programa infantil?

XM: Ai, tinha. Vou te falar. Sei até as musiquinhas e tudo. Via todos os desenhos animados. Eu gostava para caramba, e acabei usando isso. Por exemplo, a *Corrida maluca*. Tinha a Penélope Charmosa, de quem peguei aquelas bocas e tudo e botei na minha nave.[2] A nave veio do carro da Penélope Charmosa. Eu via muito os desenhos de Fred Flintstone com a Pedrita. E acabei usando [como penteado] os cabelinhos da Pedrita. Tinha um programa que passava só aqui no Rio de Janeiro, que era o *Capitão AZA*. Ele tinha uma nave, e falava: "Capitão AZA chamando a Terra."

PB: TV Tupi.

XM: Isso! [Risos] Engraçado, você falando esses negócios. Eu era fanzoca, a ponto de levar isso para o meu programa depois. A nave do Capitão AZA, que virou a minha, com a cara da Penélope Charmosa, com as chuquinhas e não sei o quê. Fez muito a minha personalidade. Até hoje. Os meus sonhos. Eu via a *Sessão da Tarde* e falava: "Um dia ainda vou fazer alguma coisa nos Estados Unidos, ainda quero fazer alguma coisa em Hollywood." Lembro que, quando fui gravar o meu programa *Xuxa* lá nos Estados Unidos, em Hollywood, e tinha meu nome na portaria para eu entrar e parar o carro, falei assim: "Caraca, sonhei tanto com isso quando eu era pequena." Quer dizer, os meus sonhos foram sse realizando. Tudo de infância. De infância mesmo.

PB: O cara que percebeu que você tinha tudo para fazer televisão foi o Maurício Sherman,[3] né?

XM: Foi.

PB: Foi o cara que levou você para a Manchete, te revelou. O que ele deu de orientação, de conselho, que até hoje vale? O que ele te falou quando botou você na frente das luzes?

XM: "Seja você." Ele falava isso o tempo todo. Maurício falou uma coisa engraçada quando me viu. Eu estava divulgando uma revista masculina no programa do Ziraldo, lembra? Tinha vários convidados e um deles era o Maurício Sherman. Ele ficou me olhando. Eu estava com uma roupa de camurça, e ele me perguntou: "Você gostaria de trabalhar com criança?" Aí eu mostrei a revista: "Olha só, estou aqui divulgando uma revista masculina. Como é que o senhor me convida para trabalhar para criança?" E sorri. Ele olhou para mim e fez assim: "Porque você tem o sorriso da Doris Day, a sensualidade da Marilyn Monroe[4] e uma coisa de Peter Pan que eu acho que as crianças vão gostar." Fiquei meio assim. Ri de novo. Ele falou: "Está vendo? Os papais das crianças vão amar ver você trabalhando para elas, as mulheres vão querer ser parecidas com você e as crianças vão se apaixonar por você." Eu falei: "Mas eu não sei o que vou fazer na frente da televisão." Ele falou: "Seja você." Depois, quando o Sherman foi para a Manchete, ele me chamou. E aí eu falei: "Sherman, mas não sei trabalhar nisso e tal." Ele falou: "Vamos abrir a câmera para ver como é." Ele me botou uma câmera, abriu, e comecei a falar um monte de gíria. "Está vendo? Não sei falar." Ele falou: "Não, pelo contrário, seja você sempre. É isso que a criança vai querer ver." E ele falava o tempo todo isso: "Seja você, seja você." Quando comecei a trabalhar na Manchete, depois de um ano, um ano e meio, veio uma outra pessoa, que ficava sentada num sofazinho, que você conhece muito bem, até me levar para a Globo, que foi o Mário Lúcio Vaz.[5] Eu dizia assim para ele: "Mas estou bem aqui na Manchete, estou aprendendo, deixa eu ficar aqui." Ele falava: "Vai para a Globo. Lá você vai crescer. Você vai ver que o seu lugar não é aqui, é lá." Então são duas pessoas que, se eu tivesse que contar a minha história... Primeiro, o Sherman, que não sei o que ele viu, que ele diz que viu...

PB: Ele viu tudo.

XM: [Risos]

PB: Ele viu tudo, viu muito bem. Não é à toa que o Sherman é um dos nomes mais importantes da história da TV brasileira. Maurício Sherman, gênio da televisão. A propósito, estamos falando de televisão, quero agradecer, de todo o coração, a gentileza, a generosidade da TV Record, ao ceder a sua estrela para o nosso programa.

XM: Obrigada.

PB: Xuxa é recordista das maiores em televisão. Já teve mais de 10 programas. Impossível calcular o número de horas que ela ficou no ar. Ao vivo, muitas delas. E, além disso: sem ser cantora, ela detém todos os recordes de vendagem de discos; sem ser atriz, campeã de bilheteria do cinema brasileiro. Enfim... De fato, Mário Lúcio Vaz estava certo, porque, quando ela saiu da Manchete e foi para a Globo, virou unanimidade nacional. Foi uma loucura. Foi quando a gente se conheceu, né, Xuxa?

XM: Foi.

PB: E o fenômeno estava no auge. Ali, em 1987. A gente acompanhou de perto durante meses a intimidade, o dia a dia da superestrela. Você lembra de uma entrevista que... Porque a gente fez várias, mas tinha uma que foi à beira da piscina. Você de biquíni lá na sua casa de praia. Vamos ver um trecho daquela conversa.

[Mostram episódio do *Globo Repórter* de 1987. Xuxa aparece de biquíni, sentada ao ar livre.]

XM: Meu maior defeito? Ser teimosa. Muito cabeça-dura.

PB: Você gosta mais de bicho ou de criança?

XM: Eu ponho os bichos junto com as crianças. Uma coisa de respeito, de gostar de mim como eu sou. Não preciso estar maquiada, nem transada... E ser legal.

[Mostram Pedro Bial e Xuxa, na mesma entrevista, sentados a uma mesa, na varanda da casa.]

PB: Você tem medo de envelhecer?

XM: Eu gostaria de ficar uma velha, assim, chocante. Uma velha que pudesse contar as coisas. Que as pessoas pudessem contar comigo e eu contar com as pessoas também, sabe? Quando a gente fala em velhice, pensa logo em solidão. Eu gostaria de ter, na minha velhice, a princípio, uma pessoa do meu lado. Meu velho. Comendo pipoca. Andando na rua, de mão dada. Sei lá, uma coisa gostosa.

PB: Você tem medo da guerra atômica, Xuxa?

XM: De qualquer guerra, eu tenho medo. É uma coisa que me assusta. Porque já faço as coisas, hoje, como se fosse morrer amanhã. Porque sempre acho que vou morrer cedo. E, se penso nisso, fico mais desesperada. Eu digo: "Meu Deus, deixei de fazer aquilo, devia ter feito." Então acho que não tem que ficar pensando muito, não.

PB: Ai, que maravilha.

XM: [Gritos e risos]

PB: Vamos lá. Por partes.

XM: [Risos] Que incrível ver isso.

PB: Você está ficando uma velha chocante. Aliás, chocante você é. Velha, ainda não. Velha, está chegando.

XM: Velha eu já sou. Não, não. Pelo amor de Deus. Já me sinto tão velha, cara. Tem dias que me olho e falo: "Carácoles!" O tal do colágeno faz uma falta, Pedro. Numa boa, vou te contar, viu? Está difícil.

PB: Xuxa, você está envelhecendo com grande sabedoria. Você ainda não é velha. Tecnicamente, você só vai ser velha depois dos 65 anos de idade; 60, se você quiser. Você está cada vez melhor. É verdade. Porque tem mulher que envelhece querendo continuar garotinha, *jovenzita*. Você está aceitando a gravidade dos anos. Estou falando não só fisicamente. Você, como cabeça, está envelhecendo muito bem.

XM: Ai, que bom. Acho que é pelo fato de ter uma pessoa que está do meu lado e gosta de mim do jeito que eu sou. Dá uma ajuda legal. Eu estaria batendo pino, fazendo muita coisa errada, se estivesse sozinha.

Porque, você sendo ariano e eu sendo ariana, a gente sabe que tem um problema... A gente é muito carente, nesse sentido. A sensualidade, a sexualidade e a carência são muito fortes. Se eu não tivesse uma pessoa do meu lado, acho que estaria fazendo muita coisa errada. Para mim, deu uma assentada.

PB: Você tem um velho para comer pipoca, então. Como você disse.

XM: Tenho, é.

PB: Sorte sua e sorte dele, né? O Junno.[6] Que bom que vocês se encontraram. A outra coisa que você diz nessa entrevista é que você ia morrer cedo. Pelo jeito, você não vai morrer cedo. Já não morreu. Mas você disse que vivia como se sempre fosse morrer amanhã. Essa aflição passou ou você ainda vive como se fosse morrer amanhã?

XM: Ali era aquela coisa que eu tinha na minha cabeça, que eu fazia tudo de mais. Quando tinha que correr, corria de mais. Dormir, queria dormir de mais. Comer... Tudo... Acho que é um exagero, talvez, da minha personalidade, do meu signo. Como tinha acabado de falar, nós que somos arianos... Mas sou bastante exagerada quando gosto, quando quero. Isso me fazia pensar que logo, logo... Não é muito saudável. Tem que ter a busca do equilíbrio. E, naquela época, eu não tinha muito esse equilíbrio. Hoje, com a maturidade, com a idade, a gente busca um pouco mais, ou encontra um pouco mais. Eu me acho mais calma hoje.

PB: É, você se acha mais calma. Eu também, sem dúvida. Mas a tendência ao exagero fica.

XM: Fica. Daquela menininha que você estava falando, de vinte e tantos anos, para agora, esta velha senhora, ou esta jovem senhora... Acho que tem mais equilíbrio, mas ainda falta muita coisa.

PB: Mas que bom... Porque a gente precisa de muito tempo ainda para se acertar. O meu projeto agora é aguentar aí muitas décadas. Fiz um monte de criancinha. Tenho agora um monte de bebê em casa. Tenho que viver mais umas décadas para vê-las crescer.

XM: [Risos] E vou te dizer uma coisa: eu quero agora netos. Sasha está com 21 anos, e eu falo: "Sem pressão, minha filha, mas, olha, vamos rápido." Porque eu quero brincar, quero levantar no colo e tal.

PB: [Risos] "Sem pressão, mas vamos rápido" é ótimo.

XM: "Sem pressão, minha filha, mas vamos rápido." "Não quero te pressionar, mas, ó [bate palmas], vamos, vamos, vamos embora." [Risos] Tadinha.

PB: Os seus baixinhos cresceram, mas a sua relação com os bichos só fez aumentar, só fez ficar mais intensa. Hoje, quantos bichos você tem em casa?

XM: Aqui em casa, são oito cachorros, e mais de 30 pássaros soltos na sala. Também tenho na casa de praia. Tem uns outros bichos: pássaros e cachorros. Se ainda tivesse o meu sítio... Já tive mais de 54 cachorros de uma vez só, tive macacos, micos. Porque eu era mantenedora do Ibama[7], então, eu ia pegando os bichos que as pessoas apreendiam em feiras e tal. Mas agora estou ligada a alguns órgãos que soltam bichos, que ajudam os bichos. Estou sempre metida com isso. Ainda mais agora que virei vegana. Já vai fazer três anos que estou vegana. Vejo muito documentário sobre isso. Quero ajudar, quero fazer, quero falar. Sabe aquela coisa? Tenho que me segurar para não ser chata, porque amo tanto bicho que fico falando o tempo todo para as pessoas. Porque eles são umas coisas. Amo de paixão. Se você me vir acordando... Eu acordo, sento no chão, vêm aqueles cachorros todos para falar comigo, os pássaros vêm. Uma cena meio Branca de Neve. [Risos]

PB: Maravilhoso. Os pássaros que fazem a cama, trazem os lençóis... Eu adoro aquilo.

XM: Tenho um pássaro aqui chamado Max, que bicou uma criança. E, quando ele chegou aqui em casa, falou assim: "Gabriel, está sozinho?" Fui perguntar para o veterinário: "Vem cá, a criança que ele bicou se chama Gabriel?" Aí o veterinário falou: "Como você sabe?" Eu falei: "É porque ele perguntou se o Gabriel estava sozinho." Então eles têm um negócio...

PB: Mas perguntou como, Xuxa? Falou?

XM: É, é um papagaio africano.

PB: Caramba.

XM: [Risos] Eles falam. Ele passa e fala: "Dona Maria."[8] [Risos] Ele tem uma *playlist*. Ontem ele estava assim: "Uma moça bonita/de olhar agateado."[9] A *playlist* dele é velha. O outro canta "Ilariê".[10] Ele canta música antiga. [Risos]

PB: Canta "Ilariê"?

XM: É. [Risos]

PB: Xuxa, você se reconhece vendo a Sasha? Reconhece coisas, traços da sua personalidade nela?

XM: Sim, muito. Mas ela é muito parecida com o pai. O modo de andar e tal. A personalidade dela é muito parecida com a minha. Mas fisicamente, ela andando, às vezes, sorrindo, é muito a cara do Luciano.[11] Mas as coisas que ela fala, se amarra em bicho, alimentação, os gostos, cor e tudo... É muito parecido comigo.

PB: O que acho incrível da Sasha é que... Você lembra, quando ela nasceu, o *Jornal Nacional* deu 10 minutos de cobertura para o nascimento da Sasha. Ela tinha tudo para ter sido engolida pela máquina que cria e mói "celebridades". Esse nome que eu não gosto muito. Mas ela, não. Ela está construindo a vida dela. É a filha da Xuxa, mas está construindo uma identidade independente. É muito bacana. Como vocês conseguiram isso? Foi uma parceria? É algo que veio dela? Foi algo trabalhado? Como você pode explicar?

XM: Acho que ela já veio pronta para ser minha filha. Eu me lembro que, quando ela era muito pequenininha, lá na Casa Rosa,[12] ela estava dançando, brincando na piscina, e olhou para mim e falou: "Mãe, você vai me bater?" Eu falei: "Não, filha, nunca vou te bater. Aliás, quando você crescer, vai entender que a mamãe faz uma campanha para os pais não baterem nas crianças, educarem sem bater." Eu batendo o maior papo cabeça com ela, que tinha, sei lá, 2 anos. Ela fez assim: "Ah, que bom, porque, nas outras vidas, com os meus outros pais, as minhas outras mães, eles me batiam muito." E fiquei com isso na cabeça. "Carácoles, se realmente isso existe, a minha filha já veio preparada para vir para uma pessoa que nunca ia levantar a mão para ela." Acho que ela realmente escolheu.

PB: Ela disse isso com 2 anos de idade?

XM: É. Acima de tudo, isso tudo que as pessoas veem, que ela é uma menina bonita... Ela tem um coração muito bom. Seria muito ruim se eu tivesse uma filha que não tivesse essa índole. Eu ia me sentir muito mal. Tenho muito orgulho de ela ter essa índole. Não fui eu que ensinei. Pelo contrário, acho que mimei demais, dei tudo. Ela podia ser um nojo. E não é.

PB: Que bom. Quando chega essa idade em que filho – não deixa de ser filho, nunca vai deixar de ser – passa a ser um amigo também, é muito legal.

XM: É.

PB: Voltando aqui à nossa retrospectiva da televisão brasileira, você falou de uma coisa que, no século passado, era quase considerada normal, que era bater em criança. E havia outras coisas que eram consideradas normais, corriqueiras, e que hoje são malvistas. Por exemplo, numa campanha de fim de ano da Globo – "Invente, tente, faça um 92 diferente" –, você fez uma graça de musical, ao lado do gigante que Orson Welles[13] falou que era o maior ator do mundo: Grande Otelo.[14] Mas você estava pintada de boneca de piche. A tal da ideia do *blackface*.[15] Como ele reagia à história de você de boneca de piche? Ele não devia achar nada de mais, né?

XM: Nada, ele adorou. Ele falou: "Nossa, que linda que você ficou. Que linda." Foi tudo tão bonito. É, realmente, se você parar para pensar e vir todos os meus programas de antigamente, eram quase todos politicamente incorretos. Oitenta por cento das coisas que eu fazia no *Xou da Xuxa* eram politicamente incorretas. A maneira como eu falava com as crianças, as coisas que eu fazia, as "merchans".

PB: O jeito que se vestia.

XM: O jeito que eu me vestia. As músicas que tocavam. Eu teria sido crucificada se tivesse feito isso hoje em dia.

PB: É, acho também que as pessoas não podem olhar uma época com os olhos de outra. Você não pode olhar a década de 1980, de 1990, com a ótica da década de 2020. Olhar para Monteiro Lobato e dizer: "Ah, Monteiro Lobato foi isso, foi aquilo." Não, Monteiro Lobato foi genial. Mas ele expressava o pensamento de uma época. Ele estava vivendo dentro daquela época. É muito fácil depois ficar condenando.

XM: A gente pode até olhar para uma outra época para aprender com os erros. Mas vejo certas atitudes, hoje em dia, que não consigo entender muito. Por exemplo, uma artista ali, no caso eu, pintando o rosto. A gente estava fazendo uma homenagem. Entendo as pessoas falando. Entendo que, se você faz isso, está abrindo a porta para outras coisas erradas acontecerem. Beleza. Mas você não pode dizer que aquilo é errado. Entende? Acho que existe um exagero.

PB: A questão da sexualização precoce também. Diziam: "Como é que pode? Uma boazuda, uma mulher toda gostosa, fazendo programa infantil." A Virgínia Lane, uma vedete, foi a primeira apresentadora de programas infantis da televisão brasileira.[16] Aliás, todo mundo dizia que era, e parece que era mesmo, amante do presidente Getúlio Vargas. Isso em 1955. Quer dizer, 30 anos depois, veio outra, não uma vedete, mas uma modelo, gata, que essa não namorava o presidente, mas namorava o Rei. O Rei Pelé. Você ficou seis anos namorando o Rei Pelé. Não foi isso? Um tempão.

XM: Fiquei com ele seis anos. Acho que botar uma modelo para trabalhar para criança foi muito audacioso, pelo fato de eu não estar preparada. A televisão não estava preparada também para aquilo tudo. Acabei chegando num momento que as pessoas queriam ver aquilo. A minha sensualidade era muito maior. Porque, nas fotografias, nos anos 1980, a gente era muito sensual. As mulheres tinham que fazer muitas caras e bocas, empurrar o corpo para o lado. Hoje é mais natural. Antigamente era uma coisa forçada. A sensualidade era muito presente. Foi um risco grande que realmente o Sherman correu ao dar esse espaço para mim na televisão. A Globo mesmo, ao ter me colocado das 8h às 10h, das 8h às 11h, das 8h ao meio-dia, das 8h às 13h. De segunda a sexta, de segunda a sábado, de domingo a domingo. Tive muito tempo para aprender. Foram 29 anos. Acabei aprendendo a lidar com a televisão, com a câmera, com tudo. Fui me arrumando. As roupas, também, naquela época eram cavadas. Para seguir a moda, eu tinha que seguir sensual e sexual. E para criança. Então, se você vê por esse lado, o que eu estava fazendo ali não era sensualizar, ou sexualizar, ou estimular isso para as crianças. Mas, se eu não fizesse assim, estaria fora do que estava acontecendo, diariamente, da porta para fora. Todo mundo fazia isso. Na praia, na piscina, nas músicas, nos clipes, nos videoclipes, na televisão, nas aberturas de novela. Era o natural.

PB: A contradição não era sua, a contradição era da própria televisão, da própria cultura. Eu me lembro que, em 1996, quando voltei da minha temporada de correspondente, entrevistei você e perguntei — lá na Casa Rosa —, se você era livre. E você falou: "Para quê?" Eu falei: "Ah, para fazer o que você quiser." E você me respondeu: "Não." Queria, então, saber que liberdades você conquistou com a idade, com o tempo.

XM: A liberdade que eu me referia naquela época era a liberdade de sair na rua, de poder namorar. Eu me lembro que eu era muito triste. Uma vez eu estava num micro-ônibus, a gente estava indo ou voltando de uma apresentação, e vi, numa parada de ônibus, um homem e uma mulher. Lembro que a mulher não tinha dente, era meio gordinha e tal, mas o cara estava tão agarrado nela. Agarrando, dando uns beijos. Fiquei olhando e falei: "Poxa, se ela pode, por que eu não posso?" Fiquei olhando aquela cena por alguns minutos. [Risos] Lembro que ouvi no carro uma pessoa falando: "É, mas você não pode ter tudo." Não aceitei muito essa resposta, mas tive que engolir. Eu realmente não tinha liberdade para namorar quem eu quisesse, sair na rua, fazer as coisas que eu queria, mas eu tinha outras coisas que aquelas pessoas não podiam ter ou fazer. Hoje em dia, com a maturidade... O fato de estar com o Junno me deu uma segurada. Se não estivesse, estaria fazendo coisas que não deveria. Não deveria em termos. Não estou dizendo "não deveria" porque as pessoas não querem que eu faça, e sim porque acho que não me permitiria fazer certas coisas vistas como não normais, ou um pouco diferentes. Sou uma pessoa muito carente. Eu ia querer, de repente, conhecer vários homens, ter vários relacionamentos. E isso não ia me acrescentar em nada. Foi bom ter conhecido alguém que eu amasse, que me amasse, para poder me dar uma segurada. Mais uma vez, a minha liberdade naquela época estava também ligada a isso que eu conquistei hoje. Tenho a possibilidade de sair nas ruas. Gerando um pouco de um tumulto, mas eu posso. O que mais me preocupava naquela época era que eu não tinha ninguém, e tampouco podia correr atrás, ou deixar a minha porta aberta para que isso acontecesse. Fora que muita gente chegava perto de mim porque queria chegar perto daquela pessoa que estava na televisão. E isso me deixava muito mal, muito mal, a ponto de eu estar me relacionando, e o cara, na transa, falar: "Canta 'Quem quer pão'."[17]

PB: [Boquiaberto]

XM: A cara do Pedro. [Risos] Pois é, Pedro.

PB: Brochada imediata, né? Meu Deus, que absurdo.

XM: É, filho.

PB: E olha que eu adoro essa música. E adoro sexo também. Mas as duas coisas juntas não dá, não. [Risos] Que doideira, Xuxa. Numa escala muito menor, muito diferente, já várias vezes percebi que as pessoas vêm falar com o tal do Pedro Bial que elas imaginam. E não têm o menor interesse no Pedro. O menor interesse. Você deve ter enfrentado isso muitas vezes. Não queriam saber de você, queriam saber da Xuxa.

XM: É, mulher tem uma escala um pouquinho maior do que os homens. No meu caso, pelo fato de eu ser muito protegida, de ter gente perto de mim, a minha equipe, meu trabalho, trabalhando todo dia, meio que me afastava disso. Mas, quando eu podia e conseguia chegar perto de alguém, muitas vezes eram pessoas que queriam ficar perto da apresentadora, perto daquela pessoa que tinha aquele nome e aquele espaço. Não de mim como pessoa. Me deparei com várias histórias, como essa que te falei do "Quem quer pão". Gente querendo fazer chuquinha na hora, sabe? [Risos] É um fetiche danado. Para mim, me dava um nó na cabeça.

PB: Mas fetiche só é bom quando os dois curtem. Quando é só para um não é legal.

XM: Você tem razão.

PB: Ah, Xuxa, que delícia. Queria agradecer demais esse tempo que você nos deu.

XM: Ah, não!

PB: É. Para terminar, o que você gostaria que acontecesse de melhor depois dessa pandemia?

XM: Isso está levando a gente a se questionar se fez a escolha certa com os nossos governantes. Depois disso tudo, tem que ter uma virada. Politicamente. A gente acabou descobrindo quem é quem. As máscaras das pessoas... As pessoas estão se mostrando realmente quem são – confinadas e com esses problemas. Depois da pandemia, a gente tem que tomar uma decisão, não pode escolher um partido, não pode escolher uma pessoa, a gente tem que escolher a gente, o nosso bem-estar. A gente precisa crer que é isso que vai acontecer depois dessa pandemia. A gente vai valorizar muito mais um beijo, um abraço. Aliás, estou louca para te abraçar, para te beijar. Se eu já gostava, vou gostar muito mais. Muitas coisas boas vão acontecer. A gente vai realmente prestar mais atenção em pequenas coisas, como pegar sol, sair de casa, poder abraçar o outro, falar com o outro, ver coisas que a gente não via. Poder transar com quem quiser. Ou sentir vontade de transar e transar sem ter medo. Uma coisa que antes era banal vai ter um gostinho de: "Puxa, que bom que posso fazer isso de novo. Que bom que a gente ainda pode fazer isso."

PB: Muito obrigado. O nosso abraço começa agora. No dia em que acabar a pandemia, a gente termina. Um grande abraço para você. Muitos beijos. Beijo no Ju, beijo na Sa, em todo mundo.

XM: Muito obrigada.

PB: Eu que agradeço. E te cuida, está bom?

XM: Você também.

PB: Continue sendo essa luz no céu sobre o Brasil, nos iluminando. Fica muito bem.

XM: Te adoro, viu?

Notas

1. Abelardo Barbosa (1917-1988), o Chacrinha, também chamado de o Velho Guerreiro, foi comunicador e apresentador de programas de auditório de grande sucesso entre as décadas de 1950 e 1980.
2. A nave espacial era parte da cenografia do programa *Xou da Xuxa* (1986-1992) e por onde ela entrava no palco todos os dias.
3. Maurício Sherman Nizenbaum (1931-2019) foi um ator, diretor e produtor de TV brasileiro. Em 1983, contratou Xuxa, na época ainda modelo, para ser apresentadora do programa *Clube da criança*, na Rede Manchete.
4. Doris Day (1922-2019), atriz e cantora americana, encarnava a namoradinha da América em musicais e comédias românticas de Hollywood dos anos 1950 e 1960, enquanto Marilyn Monroe (1926-1962), atriz, cantora americana, foi um dos maiores símbolos sexuais da história do cinema.
5. Mário Lúcio Vaz (1933-2019) trabalhou na TV Globo de 1970 a 2008, primeiro como diretor de programas de humor e shows, e nos anos 1980 assumiu a direção central da emissora.
6. Junno Andrade (1963-), ator, apresentador e músico brasileiro. É namorado da Xuxa desde 2012.
7. Instituto Brasileiro do Meio Ambiente e dos Recursos Naturais Renováveis. Xuxa teve uma unidade mantenodora de criação e manejo de animais registrado no Ibama em seu sítio em Pedra de Guaratiba, no Rio de Janeiro, no qual um médico veterinário, credenciado pelo órgão, acompanhava o desenvolvimento de animais, muitos em extinção, apreendidos pelo Ibama em situação de ilegalidade.
8. O nome completo de Xuxa é Maria da Graça Xuxa Meneghel.
9. Trecho da música "Como dois animais", parceria de Alceu Valença e Vicente Barreto, lançada no álbum de Alceu, *Cavalo de Pau*, de 1982.
10. Grande sucesso musical de Xuxa, gravado em 1988, para o álbum *Xou da Xuxa 3*.
11. Luciano Szafir, ator e empresário brasileiro, ex-namorado de Xuxa e pai de sua filha Sasha Meneghel Szafir.
12. Mansão localizada no bairro de Vargem Grande, no Rio de Janeiro, onde Xuxa morou por muitos anos.
13. Orson Welles (1915-1985), diretor, ator, produtor e escritor americano.
14. Grande Otelo (1915-1993), nome artístico de Sebastião Bernardes de Souza Prata, ator, comediante, cantor, produtor e compositor brasileiro.
15. Prática performática em que os artistas pintavam a própria pele com tinta preta para representar, de maneira jocosa e preconceituosa, pessoas negras.
16. Virgínia Lane (1920-2014), nome artístico de Virgínia Giaccone, atriz, cantora e vedete brasileira.
17. Canção infantil gravada por Xuxa em 1986 para o álbum *Xou da Xuxa*.

GILBERTO GIL
Orixá na Terra

PEDRO BIAL: Não é Natal, mas que noite feliz. Sabe por quê? Vou explicar para vosmecê. Antes de ir para o Orum – pro céu, pro paraíso, pro Valhala, pro astral, chamem como quiser... Antes de ir para o Orum, os orixás viveram aqui na Terra. E andavam por aqui. Aliás, andam até hoje, são forças da natureza, frequentam tanto o Orum quanto o Àiyé, que é isso aqui que a gente vê. Bom, mas por que estou dizendo isso tudo? Porque tem gente que vira orixá em vida. É, eu garanto, eu vi, eu atesto. Quando conheci Mãe Menininha do Gantois,[1] cheguei lá – no aniversário de 90 anos dela –, ela me recebeu deitada na cama. Em cima dela, a foto do papa João Paulo II. Aquele sorrisão. Tudo amarelo em volta, aquela cor das pedrinhas no fundo do leito dos rios quando bate o sol. Ali, era um orixá olhando para mim. Outro exemplo: Caymmi, Dorival Caymmi. Era outra qualidade de orixá, mas também estava lá, filho de Xangô. Aliás, o orixá vivo que a gente vai encontrar agora também é da linhagem da justiça, da linhagem de Xangô. Salve, seu Gilberto.

GILBERTO GIL: [Risos] Oi, Pedro. Oi, todo mundo. Que orixá? Que história é essa?

PB: É, você já está um orixá vivo. Vai negar?

GG: Não, não vou negar. Mas também não vou me apropriar. [Risos]

PB: Não vai se gabar.

GG: Não, não vou me gabar. Porque, enfim, você citou aí Mãe Menininha, citou Caymmi... Coincidentemente, dois baianos, dois afrodescendentes. Ambos ligados a todo esse campo. Você falou do Orum, não é? Essa dimensão cósmica, para lá de cósmica. Que orienta o campo da crença africana, que veio parar no Brasil, que veio parar na Bahia. Então eu acabo pertencendo também a esse campo todo. Muito especial, digamos assim, da cultura afro-baiana, onde a regência maior é feita pelos orixás.

PB: Você entrou para a mitologia, entrou para o Panteão. Não tem jeito.

GG: [Risos] Pronto, tudo bem. Não vou contestar.

PB: A primeira live que você fez na pandemia, foi logo no início, com o Emicida. Acho que tinha cinco dias da quarentena. Você tomou gosto pelo negócio. Você estava na serra naquela ocasião. E agora?

GG: Eu estava na serra. De lá para cá, todos nós temos nos revezado nas situações de quarentena, em casa. No seu caso também. Se deslocando eventualmente para o estúdio, saindo um pouco mais. No meu caso, saindo um pouquinho, para fazer isso, para fazer aquilo. Eu tive que ir ao dentista. Mas é basicamente isso, estamos vivendo, desde aquela época, esse tempo de reclusão. Uma certa reclusão.

PB: E também naquele início, quando o epicentro da pandemia era na Itália, você fez uma linda homenagem, um gesto de solidariedade, cantando com a sua neta Flor. Vamos rever aquele momento, [no qual vocês estavam] cantando "Volare"[2] – voar, em italiano.

[Mostram o vídeo. Gil ao violão. Ele e Flor cantam "Volare".]

PB: Ah, mas é muito afinadinha, Gil.

GG: Ela é.

PB: Com que idade vocês sacaram que tinha mais uma cantora na família?

GG: Há alguns anos já. Pelo menos uns três, quatro anos. Quando ela começou a manifestar gosto pela música. Um gosto pela aproximação com o ambiente musical da família. E foi. E também dei força, incentivei, chamei-a logo para o palco, assim que pude, para ela fazer algumas coisas. E aí pronto. Logo nas primeiras apresentações, ficou muito claro o carisma suave que ela tem, e a coisa musical da afinação e tudo mais. A repercussão começou a aparecer, muito positiva. E ela foi se animando.

PB: Eu vi também que você, agora, tem netos que têm um canal do YouTube. E não é de música, é de games.

GG: Pois é. Os moleques já estão completamente afeiçoados a essa nova cultura. São *youtubers* em potencial, coisas desse tipo. São ótimos.

> [Mostram Gilberto Gil com dois de seus netos diante de um computador.]
>
> GG: Ô, eu estou aqui para ver o seu canal no YouTube, Dom. Chama-se *Irmãos Gil*.
>
> DOM GIL: É.
>
> GG: Quem são?
>
> DG: É o Sereno [aponta para o lado] e o Bento.

PB: A pandemia sem o digital. O que seria?

GG: Não, não dá para imaginar. Não dá para imaginar. Nem no sentido da comunicação, não é? Do intercâmbio natural entre os humanos. Nem mesmo com relação ao desenvolvimento científico, técnico, de compreensão e de combate à pandemia.

PB: E esse mesmo progresso, essa globalização, também foi o que tornou a disseminação do vírus tão rápida. É o que possibilita o digital, a comunicação...

GG: Tudo em alta velocidade.

PB: Tudo não e sim, não e sim, o tempo todo.

GG: O tempo todo.

PB: Por exemplo, você anunciou a Era digital... Foi em 1997 o "Pela internet"?[3] E você já falava sobre essas coisas também num outro disco. A gente estava refletindo sobre o seu disco de 1984, *Raça humana*. Aliás, gente: "A raça humana é/ Uma semana/ Do trabalho de Deus".[4] Como é que ninguém pensou nisso antes? Teve que vir o Gil falar para a gente. [Risos] É o seguinte, a gente estava conversando – Dé Palmeira, o pessoal da equipe –, dizendo que o disco tem várias canções que refletem à perfeição estes tempos de pandemia. Por exemplo, a mais clara, "Feliz por um triz": "Mal escapo à fome/ Mal escapo aos tiros/ Mal escapo aos homens/ Mal escapo ao vírus." Só que o vírus de então era o HIV. Agora...

GG: Agora são vários. É a linhagem corona toda [risos], e tantos outros.

PB: No disco *Raça humana*, você também tem "Tempo rei", que diz: "Não me iludo/ Tudo permanecerá do jeito que tem sido."[5] Que, para muitos, parece, será o caso do nosso pós-pandemia. Mas também você pede ao Tempo rei: "Transformai as velhas formas do viver." Então como é que é? É uma coisa e outra também?

GG: É, é isso. "Não me iludo/ Tudo permanecerá do jeito que tem sido/ Transcorrendo/ Transformando/ Tempo e espaço navegando todos os sentidos." A primeira estrofe. Os primeiros quatro versos da canção. São logo muito explícitos, muito definitivos nessa interpretação, nessa visão de que está tudo descendo a serra o tempo todo, tudo rolando pela ribanceira o tempo todo.

[Mostram trecho do clipe de "Pessoa nefasta", de 1984.]

PB: Os desgostosos com o atual governo identificam "Pessoa nefasta" com Jair Bolsonaro.

GG: [Risos] Como, na época da música, do lançamento da música, muita gente identificava com o Paulo Maluf. "Essa música não foi feita para o Paulo Maluf?" Me perguntavam. E eu dizia: "Não, não, não." [Risos]

PB: Mas é o seguinte, quando perguntaram a você sobre o Bolsonaro, você falou que o Bolsonaro lhe inspira a oração. Aí, eu vou perguntar se é assim que você reza a oração para o Bolsonaro: "Chama pelo teu guia/ Ganha fé, sai a pé, vai até a Bahia/ Cai."

PB e GG [juntos]: "Aos pés do Senhor do Bonfim."

PB: "Dobra/ Teus joelhos."

PB e GG [juntos]: "Cem vezes."

PB: "Faz as pazes."

GG: "Com os deuses/ Carrega contigo uma figa de puro marfim." Claro, é uma das orações cabíveis. Uma das que a gente pode escolher ao longo do dia. [Risos]

PB: Tem orado muito por ele [pelo Bolsonaro]?

GG: Sem dúvida alguma. Porque é reiterar a necessidade de que o ser pleno da compreensão o habite, chegue até ele e passe a reger a sua mentalidade, o seu modo de colocar as suas energias de viver. Para o seu próprio aperfeiçoamento. E para o aperfeiçoamento das relações dele com o mundo, ele que hoje é o presidente de uma nação enorme, de um povo tão grande. É isso, sim. É tudo isso.

PB: O Zé Murilo de Carvalho, nesse livro fundamental, *Cidadania no Brasil*,[6] demonstra que grandes traumas coletivos – como guerras, pandemias, mas principalmente guerras – forjam uma identidade nacional, uma unidade nacional. Ele cita, inclusive, a Guerra do Paraguai como tendo tido esse efeito. Mas agora por que, Gil, mesmo diante de uma crise, temos 2 milhões e meio de casos, e o Brasil, em vez de se unir, se dividiu mais ainda? Gil, por que isso?

GG: Porque essa é uma das premissas da ação política. Do presidente e dos seus grandes apoiadores, dos grandes e pequenos apoiadores.

PB: Apostar no confronto.

GG: Apostar no confronto, apostar na negação como elemento mantenedor da polaridade. Porque, se você passa a trabalhar com o sentido da harmonização, você perde essa dimensão. Você tem que abandonar essa dimensão conflituosa das coisas o tempo todo. E, no campo político, isso é muito difícil, especialmente para aqueles que basearam, fundamentaram, sua ascensão política nesse tipo de dissensão, que é exatamente o caso do presidente.

PB: Muito simbólico também. Muitos apontam que a pandemia trouxe doce justiça para três atividades que vinham sendo vilanizadas, sacaneadas, sabotadas, que são: a arte e a cultura, a ciência e o jornalismo. Durante a pandemia, as pessoas só fazem consumir arte e cultura, só confiam a sua vida à ciência e só têm informação confiável na imprensa profissional. É doce justiça?

GG: É isso, sim. É uma expressão muito adequada, "doce justiça".

PB: [Risos] Os americanos gostam de usar essa expressão.

GG: É linda, muito interessante. Especialmente nessas situações-limite, em que a gente tem que escolher aquilo que significa mais intensamente o nosso existir naquele momento. Essas três coisas que você citou estão garantindo essa existência nossa, essa existência coletiva. As individuais e as coletivas.

PB: É, não há uma sem a outra, né?

GG: Não há uma sem a outra.

[Mostram trecho de *Tempo rei*. Gilberto Gil e Paulinho Camafeu cantam "Ilê Aiyê". Em seguida, em outra cena, Caetano e Gil conversam.]

CAETANO VELOSO: Você é um mulato escuro o suficiente para ser chamado de preto...

GG: Sim.

CV: Como eu sou um mulato claro o suficiente para ser chamado de branco na Bahia. Você, que podia ser chamado de preto, era como se você não fosse preto. Não se sentia em você nem que você tivesse problema em ser preto – nem seu pai, que tinha carro, que era médico –, nem você próprio parecia ter isso como um problema, e nem sequer como um tema. E, de repente, em 1965, 66, isso passou a ser tematizado. Tive a impressão de que isso começou em você por causa, mais, de Jorge Ben.

PB: No documentário do Andrucha [Waddington] e do Breno Silveira, de 1996, *Tempo rei*, Caetano diz que você, no início, não era muito ligado à questão racial, ao tema da negritude. E que Jorge Ben teria trazido para você essa consciência da negritude, o que é muito excêntrico, Jorge Ben ter trazido isso. Isso procede?

GG: [Risos] Num certo sentido, sim. Talvez esse tenha sido o fato definidor dessa conscientização, dessa compreensão das dificuldades de ser negro no mundo de hoje. Mas, sem dúvida alguma, o canto de Jorge – a força expressiva do canto dele e da poesia dele, a beleza com que ele trazia o versejar em relação aos temas negros, aos modos negros de ser – e a poética do Jorge, nesse sentido todo, sem dúvida. Além do fato de que ele era uma manifestação clara da afirmação da grandeza negra, da grandeza do negro.

[Mostram trecho do documentário *Eclats noirs du samba*, de 1987. Gilberto Gil, ao lado de Jorge Ben Jor.]

GG: O primeiro a trazer essa consciência. A falar, a colocar as palavras das línguas africanas. A fazer os refrões das músicas, a usar os pequenos módulos melódicos africanos tribais na música. A buscar, no violão, no instrumento, na guitarra, uma rítmica que contemplasse nitidamente a rítmica africana – com o samba, mas, ao mesmo tempo, já com um peso, vamos dizer assim, mais tribal, africano. O primeiro a fazer isso, foi o Jorge Ben.

GG: E aí toda a questão histórica, a escravidão, as dificuldades históricas, o preconceito racial, o racismo, todas essas coisas ficaram evidentes para mim, tiveram que se evidenciar.

PB: Você menino, em Ituaçu. O seu pai, médico. Você não sentia isso? Não sentia uma diferença?

GG: Não sentia diferença. Meu pai era uma figura proeminente da vida da cidade, da urbes. Era uma urbes onde ele era...

PB: O doutor.

GG: Ele era uma espécie de orixá. Era um doutor, era um orixá. Era um grande curandeiro. [Risos] Fazia os partos das grávidas brancas, das grávidas negras, de todo mundo. E exibia os meninos. Ele curava, costurava a barriga do fazendeiro que tinha levado facada. [Risos] Ele era festejado, era querido. Minha mãe era professora na escola municipal. Então não havia espaço para a percepção da diferença. O racismo, a discriminação, essas coisas não eram exercidas em relação ao meu pai, à minha mãe e à minha família. Não tinha isso. Eles eram pessoas queridas, importantes, fundamentais para a vida de todo mundo ali, daquela comunidade.

PB: Quantos habitantes tinha Ituaçu mais ou menos, naquela época?

GG: Em 1950, novecentos habitantes. Não chegava nem a mil. Só fui perceber essas questões graves da vida, do mundo, muito mais tarde, muito depois. Já no colégio, no ginásio. Ali começou, um pouco. Meus pais me mandaram para um colégio da elite, onde o número de negros era muito pequeno. Num colégio de quatrocentos, quinhentos alunos, você contava dez negros, na melhor das hipóteses. Então, ali, essas questões começaram a surgir. A questão do racismo, da discriminação, enfim, do deslocamento social que aquele grupo étnico sofria, só foi depois, na adolescência. Depois da adolescência para a idade adulta.

PB: Gil, você agora teve um presente lindo. Ganhou e deu também, nos seus 78 anos. O clipe do Andrucha, "Andar com fé" foi uma maravilha.[7] Com açúcar, com afeto. Foi surpresa mesmo? Você já sabia alguma coisa?

GG: Não, foi surpresa. Só fiquei sabendo na véspera que ia ter alguma coisa desse nível. Porque a movimentação da Flora... Foi Flora que engendrou aquilo tudo. Mas só na véspera é que tive que desconfiar um pouco mais.

PB: Vamos falar de fé. Porque foi tão forte esse momento. Todos falando: "Andar com fé eu vou." E Fernanda [Montenegro] falando: "Andar com fé, e eu vou junto a você, Gil." O saudoso Imortal [da Academia Brasileira de Letras] Padre D'Ávila definia a fé como: "A entrega ao absurdo." Outros teólogos também afirmam isso. Você vê por aí?

GG: Acho que sim. Sim. [Canta] "Um altar/ Onde a gente celebra tudo o que Ele consentir."[8] [Risos] Uma das minhas músicas. É uma das minhas maneiras de descrever esse meu mistério. Concordo plenamente com o Padre D'Ávila.

PB: O que é a fé não religiosa?

GG: Aí tem várias questões. Uma delas está nas ideologias, por exemplo. As ideologias, principalmente essas ambiciosas. Com a ambição da cobertura universal, de cobrir a humanidade inteira etc. Essas são religiões sem Deus. Mas elas têm esse absurdo desejo de que a verdade esteja nas mãos deles, nas mãos daquela crença, daquela ideologia, daquela visão. A verdade universal.

PB: Que perigo, né, Gil?

GG: O que é um perigo. Só a ciência, no seu desenvolvimento veloz dos últimos séculos, é que tem tido a capacidade de antídoto a essa fé. A fé na violência. Fé na guerra, no combate. Da necessidade de extermínio do inimigo para fazer prevalecer a minha visão da verdade, do certo, do necessário.

PB: Vou trazer aqui um assunto que junta essa questão da fé, da experiência mística, com a ciência. Você já declarou que tomou bastante LSD em Londres.

GG: Eu estava viajando de ácido lisérgico em casa, lá em Portobello, o bairro onde eu morava à época. Depois da noite toda – uma viagem maravilhosa com os amigos, os colegas brasileiros, ingleses, enfim, gente da comunidade que a gente tinha formado ali em Londres –, eu vou dormir, vou me recolher. E, na hora de me recolher, me lembro que tinha um caderno ao lado da cabeceira da cama. E peguei o caderno, uma caneta e anotei: "Começou a circular o Expresso 2222/ Que parte direto de Bonsucesso para depois."[9]

PB: E muita gente relata experiências místicas com LSD. Agora que é possível estudar as drogas psicodélicas – LSD e a psilocibina, dos cogumelos –, os médicos e cientistas estão conseguindo resultados incríveis, terapêuticos, grandes sucessos.

GG: Porque, além de estudá-las, estão estudando profundamente a psiquê humana. Com instrumentos novos extraordinários, de averiguação, de estudos, de análise. Quer dizer, as questões do cérebro, por exemplo. O conhecimento do cérebro, que a ciência moderna proporciona, que a biologia proporciona. Tudo isso foi fazendo com que essas experiências com os expansores de consciência fossem ficando mais tecnicamente abordáveis, mais tecnicamente descritas.

PB: Os psicodélicos, hoje, são muito bem-sucedidos em pacientes terminais. Gente que está morrendo, e que sabe que está morrendo, que está apavorada porque está morrendo. Aí toma e se apazigua com a ideia da morte. Como você explica isso?

GG: Também. E mais do que isso. Ainda hoje eu estava vendo uma reportagem no jornal sobre a Ayahuasca e os benefícios extraordinários, do ponto de vista medicinal, do ponto de vista médico, que ela tem para os que sofrem, pacientes de depressão e outras coisas. Então você tem esses benefícios todos, que o conhecimento sobre os modos de expansão da mente traz para o cotidiano, para a vida normal, para as coisas corriqueiras, para a saúde, por exemplo. [Risos]

PB: Você me contou que fez a canção "Não tenho medo da morte" depois de um encontro com o António Damásio, grande neurocientista luso-americano.

GG: Sim, exato.

PB: E aí, então, o que você está dizendo é que, "na hora íntima" – como diz o Vinícius [de Moraes] –, na hora última, da morte, a ciência pode ser tão reconfortante quanto a fé.

GG: Mas sem dúvida. Na hora dessa verdade, todo o conhecimento vale muito. Tudo o que foi ilustrado, trazido para nós, pela ciência, toda a dimensão da consciência, a leitura nova sobre a consciência que o mundo científico propicia, tudo isso dá conforto. Dá a ideia de: "Eu estou indo, mas estou indo para de onde tudo vem." [Risos]

PB: E de onde vem sempre tem. [Risos]

GG: E de onde vem sempre tem.

PB: De onde eu venho sempre tem.

GG: Não adianta eu chorar. Não adianta eu lamentar a minha extinção. A vida vai prosseguir de alguma forma.

PB: É muito narcisismo acreditar que tudo vai morrer com a gente quando a gente morrer, né? [Risos]

GG: É muito narcisismo achar que o sentido amplo da existência tem que ser sempre traduzido dessa maneira minha de compreender, de estar na vida, de estar na existência. São tantas possibilidades extraordinárias de existências outras nesse campo vasto dos universos que já existem e naqueles que estão sendo criados, o tempo todo, pela própria consciência. Consciência é isso, é uma fonte criadora permanente de existências. [Risos] Na música, digo que um medo que tenho é o medo de morrer, porque ainda pode haver dor.

PB: "Não tenho medo da morte/ Mas sim medo de morrer/ Qual seria a diferença?/ Você há de perguntar/ É que a morte já é depois/ Que eu deixar de respirar/ Morrer ainda é aqui/ Na vida, no sol, no ar/ Ainda pode haver dor/ Ou vontade de mijar." Ô, Gil.

GG: A morte já é depois. "Morrer ainda é aqui, na vida, no sol, no ar." Então o medo que a gente tem da morte é o medo físico, não é o medo metafísico. É a assombração que a cova traz. Você pensar no seu corpo ali, desaparecendo. Ali, embaixo da terra, ou no fogo da cremação. [Risos] Esse é que é o medo.

PB: Por isso que o Machado de Assis dedicou o *Brás Cubas* aos vermes que começaram a comer... "Aos primeiros vermes que devoraram o meu corpo."[10]

GG: Pronto. [Risos]

PB: O Sidarta Ribeiro, meu amigo, grande neurocientista, chama os sonhos de "oráculos da noite". Ele diz que os sonhos podem ser importantes para a gente tomar decisões, sair de situações difíceis. E tenho sonhado e me lembrado mais dos meus sonhos durante a pandemia. Aconteceu alguma coisa com você assim?

GG: Eu também, um pouco isso. Me lembrado quase frequentemente, todos os dias. E mais ainda: com essa possibilidade das madornas, as sonecas, durante o dia... Agora mesmo, antes de vir conversar com você, tirei uma soneca ali e sonhei.

PB: Sonhou com o quê?

GG: Sonhei com minha gente, meu pessoal, em uma viagem. A parte final do sonho, de que me lembro bem, eu estava entrando num avião e achando um lugar para me sentar. Já estava tudo meio ocupado, não havia propriamente essa coisa do lugar reservado, era um avião tipo pau de arara. [Risos] E eu tinha que arrumar um lugar para botar a minha mala. E uma senhora que estava sentada numa cadeira me reconheceu e disse: "Sente aqui, sente aqui do meu lado, fique aqui na mesma cadeira comigo."

PB: [Risos] Só em sonho mesmo, né? Hoje em dia, para um brasileiro pegar um avião, só em sonho. Tive um sonho em que você me apareceu. Não é a primeira vez. Você, de vez em quando, me aparece nas minhas viagens interiores, nos meus sonhos. Mas era um sonho em que você aparecia no meio de uma situação de muito conflito, confronto. Você aparecia pregando o perdão. Vinha com um discurso, como quem diz:

"Não adianta você pedir perdão, não adianta você perdoar, tudo começa quando a gente se perdoa." Você diria isso?

GG: Acho que sim. É quando você tem que se livrar da autocondenação. Se livrar dessa violência que a gente comete, primeiro de tudo, consigo mesmo. A culpa, a ideia de pecado, a ideia de falha. O perdão é fundamental. Se você não se perdoa nesse sentido, se não há essa dimensão individual, própria, autônoma do perdão, ele não se espalha. Você não vai poder fazer isso em relação aos outros.

PB: A gente está num momento em que já percebeu que não vai haver uma conciliação. Por exemplo, nessa polarização brasileira, a gente não vai chegar a uma conciliação. Tem gente que tem certos valores para a vida; valores diferentes. E vai ter que viver junto, e vai ter que se aguentar. Não vai ter conciliação, ninguém vai convencer ninguém. Ou vai?

GG: Não, não vai. E aí tem que ter a respiração, a capacidade de viver em momentos mínimos de compreensão e de acolhimento. Abraços que não estão podendo ser dados agora. Enfim, novas formas de abraçar, novas formas de compreender, novas formas de perdoar. É isso: a vida continuando. Esse milagre súbito, da redenção absoluta, não é assim. A natureza não é isso.

PB: Não há.

GG: A natureza não permite. [Risos]

PB: Você que tão bem cantou: "Tudo agora mesmo pode estar por um segundo."[11] Queria lembrar, Gil, que, por pouco, esse papo aqui não contou com a presença de um amigo seu, parceiro de militância ambientalista, escritor: Alfredo Sirkis, que tinha acabado de lançar um livro, uma semana antes. Um ex-carbonário que lançou um livro chamado *Descarbonário*. Você também foi carbonário e virou ex-carbonário, Gil?

GG: [Risos] Sim. Nesse sentido da evolução mínima que ele percebeu, que se configurou na vida dele. Para uma compreensão desse caminho do meio, em que o *justo meio* está na igual possibilidade dos extremos, e que você tem que fazer esse deslocamento nesse eixo, de um extremo para o outro, o tempo todo. Enfim, esse ajuste permanente que você tem que fazer em relação às convicções e às posições. Ainda não li o livro, mas sei que é disso que se trata, porque na última conversa que tivemos, ele falou muito disso tudo. E me identifico plenamente com tudo isso. Isso também aconteceu comigo. Acontece, vem acontecendo, vai acontecer até o fim.

PB: É muito importante isso que você disse. O caminho do meio não é estático, é pendular, né?

GG: É pendular. O *justo meio* é uma máxima chinesa que guardo sempre. São poucas coisas que memorizo desses aforismos e dessas coisas assim, mas esse eu guardei: "O *justo meio* está na igual possibilidade dos extremos." É interessante. É isso. É uma forma de discutir a necessidade do perdão, por exemplo. [Risos]

PB: Sem dúvida. Gilberto Gil, meu orixá preferido. Poxa, vamos dedicar este programa ao Alfredo Sirkis, então. Você está com o violão por perto? Você quer tocar alguma coisa para terminar? Para ele, ou para a gente. Tem vontade?

GG: Tenho. Vou tocar para a gente, para todo mundo, para nós.

GG: [Canta] "Não adianta nem me abandonar/ Porque mistério sempre há de pintar por aí/ Pessoas até muito mais vão lhe amar/ Até muito mais difíceis que eu pra você/ Que eu, que dois, que dez, que dez milhões/ Todos iguais..."[12]

PB: Nosso buda nagô.

GG: "Mistério sempre há de pintar por aí", né? [Risos] Não adianta.

PB: [Risos] Não adianta. Ah, Gil, que delícia. Muito, muito, muito obrigado, meu amor.

GG: Muito obrigado a você. A todos.

Notas

1. Maria Escolástica da Conceição (1884-1986), a Mãe Menininha do Gantois, foi mãe de santo (ou ialorixá, em iorubá) do maior terreiro de candomblé do Brasil por 64 anos.
2. "Nel blu dipinto di blu", também conhecida como "Volare", canção de Domenico Modugno lançada na década de 1950.
3. "Pela internet", faixa do álbum *Quanta*, lançado em 1997, a canção faz alusão a "Pelo telefone", de Donga e Mauro de Almeida, considerado o primeiro samba gravado no Brasil, lançado em 1917.
4. Versos da canção "A raça humana", de Gilberto Gil, do álbum *Raça humana*, de 1984.
5. "Tempo rei", do álbum *Raça humana*, 1984.
6. De Carvalho, José Murilo. Rio de Janeiro: Civilização Brasileira, 2001.
7. Andrucha Waddington é cineasta, diretor de filmes de ficção, documentários e vídeo clipes, tendo realizado diversos projetos com Gilberto Gil. Em 2020, durante a pandemia de covid-19, realizou um vídeo clipe com a canção "Andar com fé", em que 55 nomes, como Chico Buarque, Fernanda Montenegro, Milton Nascimento, Emicida, Caetano Veloso e Stevie Wonder, cantavam em homenagem ao aniversário de Gil. A versão original de "Andar com fé" foi lançada no álbum *Um banda um*, em 1982.
8. Trecho de "Estrela", faixa do álbum *Quanta*, de 1997.
9. Versos de "Expresso 2222", canção do álbum de mesmo nome, de 1972.
10. Texto original: "Ao verme que primeiro roeu as frias carnes do meu cadáver, dedico com saudosa lembrança estas memórias póstumas." (Machado de Assis em *Memórias póstumas de Brás Cubas*, de 1881).
11. Verso da canção "Tempo rei".
12. "Esotérico", faixa do álbum *Um banda um*, de 1982.

DANIEL FILHO
O inventor da novela brasileira

PEDRO BIAL: Como é que pode? Como é que pode a televisão brasileira fazer 70 anos, se ele tem 82 anos de televisão brasileira? Pode. Pode e assim o é. Porque não haveria TV no Brasil como a conhecemos se ele não tivesse nascido antes – nascido e sido embalado em lona de circo e cortina de teatro, no escurinho do cinema. Como reza o título de sua mais recente biografia, escrita por Regina Zappa,[1] Daniel filho tem a cena na veia. Salve, mestre Daniel.

DANIEL FILHO: Adorei a apresentação. É um prazer estar falando com você, Bial. E também é um prazer estar aqui, estreando junto com você esta nova modalidade de fazer TV.

PB: Pois é. Esse negócio da internet entrar na televisão; e a televisão, na internet. As linguagens, os recursos se misturando, já vinha vindo, mas agora ganhou uma acelerada com a pandemia. No que vai dar isso, Daniel?

DF: Guardando a devida dor que está nos causando esta guerra mundial. É uma guerra mundial onde não tem inimigo atirando. Estamos vivendo uma guerra, porque é muita gente morrendo, sofrendo, e a gente ainda não sabe a consequência disso. O mundo estava dividido entre direita e esquerda. E parecia, para nós, uma coisa estranha. Estávamos conversando há um ano, há cinco meses, dizendo: "Onde essa divisão vai dar?" E é como se fosse uma eclosão. Estamos todos aqui vivendo um pensamento, nos aproximando mais uns dos outros, telefonando para velhos amigos, bons amigos preocupados, não só com a família, mas também com amigos que a gente sabe que estão sozinhos, que precisam de afeto. Sem contar que, num país como o nosso, de Terceiro Mundo, a gente está preocupado e vendo a possibilidade de os pobres morrerem. Essa é a parte absolutamente trágica desta guerra que estamos vivendo, e que temos que defender. Principalmente no Brasil, em que a gente está vendo as nações indígenas, os pobres, as pessoas sem trabalho. É uma grande tragédia, uma tragédia de guerra. Mas estamos vivendo também uma grande revolução. Estávamos prontos para uma revolução no nosso ambiente. No cinema, não conseguia exibir filmes. Tenho três filmes prontos e não conseguia exibir. Fiquei dizendo: "Onde que passa o filme? Que tipo de filme passa onde?" Os cinemas eram lotados dos *blockbusters*, os *Avengers*, o *Capitão Marvel*... E havia também uma briga entre a TV aberta e o *streaming*. E, agora, acho que está fazendo assim [une as duas mãos]. A televisão causou uma grande revolução quando surgiu, porque abalou o cinema, o rádio, o teatro. Todo mundo ficou preocupado que a televisão ia liquidar com tudo. E ela veio para acrescentar. E aí foi o cinema que ocupou o seu espaço. O rádio ocupou o seu espaço. E quando a gente começou a fazer televisão, a gente não sabia o que fazer com ela. A televisão chegou, e ficamos todos olhando para aquelas câmeras, e todo mundo pensando aqui no Brasil: "O que fazemos com isso? Rádio televisionado?" Foi o que fomos fazendo: programa de rádio televisionado; programa de entrevista televisionado; programa de humor, teleteatro. Até começarmos a achar uma linguagem mais própria da TV. A própria novela, que era praticamente mexicana, a gente chamava de *novela mexicana*.

PB: Você está dizendo isso fazendo um paralelo com a internet, porque a gente não sabia o que ia ser a internet?

DF: Isso.

PB: O que me faz lembrar o que você fez quando entrou na TV Globo. Você chegou na Globo foi em 1967, né? Boni[2] te chamou. A gente tinha aqueles dramalhões cubanos, Glória Magadan,[3] que eram desligados de qualquer realidade – não era nem só da realidade brasileira. Aí vocês fizeram aquela revolução. Qual foi? Levar para rua? Foram as externas? Foi a Janete Clair?[4]

DF: Tanta coisa. Olha, sou ateu, não acredito em astrologia, mas existe a possibilidade de, de repente, juntar uma turma. Como? De onde? A turma que surgiu no comando da TV Globo naquele momento... Houve várias coincidências. Primeiro, Roberto Marinho era focado no jornalismo e então botou uns jovens para fazer. Walter Clark[5] tinha 30 anos de idade. Eu tinha 27, 28.

PB: Muito moleques.

DF: E todos nós já tínhamos passado por aquela televisão que estava sendo feita no programa de humor radiofônico, no melodrama mexicano, ou cubano. E, aí, juntou muita gente querendo fazer uma boa televisão e foi chegando uma turma: Janete Clair, Dias Gomes[6], Oduvaldo Vianna Filho[7], Jorge Andrade[8], Lauro César Muniz.[9] Foi chegando uma turma que vinha de vários lugares. Tínhamos um governo fechado. Estreamos com o AI-5[10] chegando perto. Todos nós estávamos mais ou menos desempregados. Os teatros, censurados. De uma forma ou de outra, tivemos as melhores cabeças pensantes trabalhando juntas. A outra coisa que era importante da época é que nos víamos sem parar. Estávamos sempre juntos. Havia as reuniões, mas a reunião melhor acontecia na hora do botequim, na hora do cafezinho, na hora de comer a pizza, de noite. Porque a gente continuava vivendo aquilo. E aí a cabeça estava solta. O que eu e Boni bolamos de programas, os dois bêbados... Logicamente, no dia seguinte, a gente revia o que tinha falado, e aí dava uma acertada e diminuía um pouco o entusiasmo da noite anterior.

PB: Deixava o álcool evaporar e ficava só o doce. [Risos]

DF: [Risos] Olha, foi andando na praia, eu e o Boni, lá na casa dele de Angra, grudados um no outro, e ele assim: "E você faz quatro seriados para a gente estrear em abril?" Lógico, só um bêbado diria: "Faço." [Risos] E aí vieram juntos, *Plantão de polícia*, *Malu mulher* e *Carga pesada*. E eu disse: "O quarto eu não consigo. Vamos fazer o velho teatro." E aí fizemos o *Aplauso*.[11] Ou seja, o que estou dizendo é que era uma turma muito boa, com uma vontade muito grande de fazer uma televisão boa, brasileira, que falasse com o público brasileiro, com personagens que tinham a ver com o Brasil. E, logicamente, estávamos fazendo isso sob uma censura muito grande. Portanto, haja metáfora, né?

PB: Haja metáfora. A tal ponto essa censura ia que, hoje, há quem aponte o apogeu desse período das novelas no *Roque Santeiro*,[12] que, em sua primeira versão, sequer foi ao ar, foi censurada. E você lembra onde estava quando recebeu a notícia da censura? Porque já tinha capítulos gravados, já estava tudo pronto para ir ao ar.

DF: Eu estava gravando.

PB: Estava gravando *Roque Santeiro*.

DF: Eu estava no estúdio A gravando o 37º capítulo do *Roque Santeiro*, quando chegou a notícia. E me lembro de ter parado de gravar. Eu disse: "Olha, gente, estou parando, porque acho que a gente está fazendo uma coisa que não importa para ninguém." Quando veio a real proibição, ficamos lutando por isso, e o Roberto Marinho também lutou, tanto que escreveu um texto que foi lido pelo Cid Moreira. Mais importante até do que falar da proibição é falar do texto da proibição que o Roberto Marinho escreveu e o Cid Moreira leu. Foi um choque para o Brasil.

PB: É, era o *Jornal Nacional*.

DF: Dizendo que a novela *Roque Santeiro* não ia estrear.

PB: É, reconhecendo que havia censura no Brasil, a esse ponto. E, dez anos depois, vocês fizeram. Daniel, você era o diretor-geral da Central Globo de Produção, e o Boni era a presidência, a superintendência-geral, como se queira chamar. Era o chefão. Como era a sua relação com o Boni? Era mais luta livre ou frescobol?

DF: Nossa relação foi de muito afeto e de entendimentos. Na verdade, somos muito parecidos. Boni me ensinou muito. Eu vinha de circo, teatro de revista, televisão. E o Boni tem uma cabeça industrial, de empresário.

Mas como nos parecemos... Eu sou muito exigente com o trabalho, fui desenvolvendo essa forma, e nós tivemos que trabalhar muito pelo chamado "padrão Globo de qualidade". Boni falava, com um discurso muito bom, do respeito ao telespectador. E, ao mesmo tempo, eu trabalhava na melhora do texto. Porque eu achava novela muito chata quando o Boni me convidou. A primeira novela que dirigi foi *A rainha louca*.[13] A rainha louca era uma imperatriz. Como é que a novela se chama *A rainha louca*? Não tinha nenhuma rainha na porra da novela.

PB: [Risos]

DF: E era a coitada da Nathalia Timberg. A Glória Magadan era uma doida, e eu ia junto com ela. Tem uma cena, com ela fazendo a imperatriz, que era rainha; ou a rainha, que era chamada de imperatriz, que ela enlouquece, e entra no circo, e doma um leão. [Risos]

PB: E você tinha que dirigir isso.

DF: O mais engraçado é uma vez que ela está andando numa carruagem, n'*A rainha louca*... Só li o último capítulo. A carruagem era pega pelo Cláudio Marzo, que era o índio Robledo, e pelo Paulo Gracindo, que era o conde Demétrio, que ele hipnotizava a distância. Aí eles entram na carruagem, na Cidade do México. Aí eu viro uma página [do roteiro] e está escrito assim: "Flechas incendiárias atacam." Flechas incendiárias onde, pô? Estou no México e tem flechas incendiárias? Aí eles eram atacados por Apaches. Por Apaches. Tem uma fotografia minha, tentando arranjar uma coisa meio seca, para fingir que tem os índios. O índio Apache foi o Carlos Eduardo Dolabella [risos], com uma peruca que tinha ficado do filme do Tarzan. O *Tarzan* tinham filmado aqui, foram embora e deixaram perucas, flechas, uma porção de coisas.

PB: Mas você estava pronto para o que desse e viesse.

DF: Ah, a gente estava pronto para o que desse e viesse, sim.

PB: Olha, Daniel, adorei a sua biografia que a Regina Zappa fez. Que história, cara. A sua vida é maravilhosa. Eu queria ler – até para divulgar o livro, porque acho que as pessoas têm que ler, vão gostar muito – um trecho da introdução que a Fernanda Montenegro escreveu para você. Coisa mais linda.

DF: É importante dizer que essa biografia é uma biografia autorizada não autorizada. Fiz questão de não ler. Fiz questão de deixá-la absolutamente à vontade. Se houver erro de data, se houver erro de... Ela entrevistou muitas pessoas, e eu contei tudo que ela me perguntou. Teve uma até que eu cheguei a dar uma mentida e, no dia seguinte da entrevista, eu disse: "Eu menti ontem, é mentira, fiz essa sacanagem, sim." [Risos] Sabe? Não posso deixar um livro sair e... Porque, depois que você faz 80 anos, a sua vida está feita. As merdas que você fez, os acertos que você fez é que vão contar a média do que você fez ao longo da vida.

PB: É maravilhoso poder virar no dia seguinte... Que nem Macunaíma, né? "Eu menti."[14] [Risos]

DF: É, "Eu menti." [Risos]

PB: É muito linda a introdução dela. Vou ler um pouquinho: "Representar é um ato de vida ou morte, ou artesanato violento. Daniel trouxe para a televisão a disciplina do teatro, do circo, que lhe deu a vivência dessa construção. Sem ele, não existiria a televisão no Brasil como ela é no campo da dramaturgia. Nessa área, foi quem trouxe o carvão do fundo da mina. Entrava no estúdio gritando: 'Cabeças vão rolar.' Era um comandante de régua nas canelas, mestre do balé. Sempre teve um lado ditatorial, verdadeiro ou simulado. Um sentido prático de observação sobre uma crise cênica – o olho bate, e ele sabe, como poucos, ciscar direitinho onde a cena pega. Tem fome de realização. É um leão." Nossa, grandes palavras de Fernanda. Eu queria pegar só a questão do ditador. Existe maestro democrático? Ou isso é uma contradição entre termos?

DF: Essa é uma profissão em que você deixa todo mundo falar, e realmente você é ditador. Mas você tem que deixar todo mundo dar opinião e fazer o que você acha melhor. Se isso é uma ditadura... Mas o importante é que todos se sintam bem fazendo.

PB: Eu queria agora te fazer a seguinte pergunta. Com todo o respeito a Leon Hirszman, [Arnaldo] Jabor, Neville D'Almeida, ninguém filmou

Nelson Rodrigues como você em *A vida como ela é...*[15] Aquilo ali, como disse o Jabor, você fez como Joseph Losey.[16] Mas olha que o Losey ainda ia ter que comer muito feijão para entender Nelson Rodrigues e filmar, como você entendeu. Pega essa deixa: o que há de Nelson Rodrigues, neste Brasil 2020, que muita gente chama de distópico?

DF: Boa pergunta. Pedro, me enrascou. [Risos]

PB: Difícil de responder, né?

DF: O que há de Nelson Rodrigues?

PB: O Nelson tem aqueles personagens.

DF: O canalha. O que há daquele contínuo, que, de repente, ocupa o escritório, porque o patrão não está? O que há daquele contínuo que é pai das sete gatinhas? Em que as suas próprias filhas escrevem, e sua própria mulher escreve palavrão no banheiro, com desenhos pornográficos. E ele tenta esconder isso. Ele, que vende as próprias filhas. O que há, atualmente, de Nelson Rodrigues? Há a canalhice. Eu seria obrigado a dizer, violentamente. Porque você não pode usar aquilo que foi usado em [os julgamentos de] Nuremberg: "Eu estava cumprindo ordens." Não dá, neste momento, para simplesmente cumprir ordens. Aliás, um bom comandado não cumpre ordens, tem que dizer: "Está errado, não faça isso." Ou, se não, você está sendo um mau comandado, que está fechando os olhos e dizendo a frase: "Ah, deixa ele se danar." Não pode ser isso. Está errado, está errado, está errado. Sabemos que está errado. Sabemos que temos que ficar em casa. Estou há dois meses dentro de casa. Saí só para tomar a injeção da gripe e estou dentro de casa. E devo dizer que não me chateio dentro de casa. Estou me reencontrando, estou repensando mais minha vida, estou pensando mais no que fiz, estou lendo, ficando mais culto, entendendo melhor as pessoas. Procurando ver de que maneira posso ajudar. O que eu posso fazer, o que devo fazer quando esta guerra parar. Ou o que posso fazer para que a guerra pare. O mundo está se mexendo. A gente tem a ilusão: quem sabe todos os governantes do mundo se auxiliam, como atualmente estão fazendo na Europa, um dando a mão para o outro.

PB: Mas, para isso, a gente tem que ter governante, né, Daniel?

DF: É... a nossa inveja dos argentinos, né? Um governante que toca um violão para dizer: "Fiquem em casa." Quer dizer, preocupado inicialmente com a vida. O dinheiro, depois imprime, rapaz. Nós, os homens, inventamos o dinheiro, da troca, da comida. Reinventa. O mundo está sendo reinventado agora.

PB: E não é você, o artista, que está dizendo isso, não. Economistas sérios e consequentes estão dizendo a mesma coisa,

DF: Tem um partido pessoal. A gente tem que pensar à frente, não posso ficar pensando só no que está acontecendo, estou pensando à frente. E o meu à frente é que todos fiquem em casa, que todos diminuam a possibilidade de contágio. Que demore um mês, que demore dois, que demore três, que demore quatro. Tem o trabalho. Eu estava pronto para começar uma produção. Tenho três filmes prontos. Inclusive um Nelson Rodrigues. Eu refilmei o *Boca de Ouro*.[17]

PB: Uau.

DF: Também *O silêncio da chuva* pronto. E tem também o filme que o Lázaro [Ramos] dirigiu, que é produção minha, que é o *Medida provisória*. Não parei de trabalhar. Tenho feito reuniões para saber o que vai acontecer com o cinema, com o teatro, com a televisão, o que a gente pode fazer. A televisão está mudando, está tendo um volume tão grande de séries e filmes nos *streamings* que nunca se viu, uma chuva de programas de entretenimento dessa forma. Acho que vai ter uma mudança. Por enquanto, é difícil até você escolher o que vai assistir. Na televisão, eram aqueles três canais.

PB: Sem falar em todos os filmes que você tem aí, na sua videoteca. Você tem quantos?

DF: Não tem muitos, não. Quatro mil e poucos filmes, mas também tem muitos programas de televisão, dos primórdios da televisão americana. Tenho toda a coleção de comédia, seja do Jerry Lewis e Dean Martin como do Sid Caesar.[18] Eu sou um catálogo. Muita coisa já tá passando no *streaming*, mas tenho muita coisa que não está. E livros. Temos tempo para ler, e para conversar, e para conhecer melhor.

PB: Vou ler mais um trecho do texto que a Fernanda escreveu para abrir a sua biografia: "Daniel veio nas asas do querer, veio do circo e do teatro. Foi se plantando pelo fazer, é resultado do instinto de sobrevivência do bicho-ator. Não foi barato. Ele veio daí, da arena. Tem uma vivência louca do mundo do espetáculo, e levou para a televisão o que pouca gente comenta: a importância do ator, de ser ator, de representar, de trazer uma qualidade cênica, um entrosamento de dramaturgia." A Fernanda insiste, e não é só nesse texto, que, desde [William] Shakespeare, o ator é o centro e o começo de tudo. Ela fala: "Shakespeare era ator, senão não teria sido Shakespeare." Por que ela diz isso, Daniel?

DF: O ator é o instrumento. É o piano, é o violino do concerto teatral. Quer dizer, são os atores que fazem a orquestra. E o ator não tem nada para fazer som, a não ser a sua própria voz, a não ser o bater do seu próprio coração. Ele é um instrumento que aquela partitura, que é o Shakespeare – ou seja Eugene O'Neill, [19] ou seja Nelson Rodrigues, ou seja Dias Gomes... Ele escreveu para aquele som, para aquela emoção passar. O teatro é a essência, é onde o ator é central. Quando ele é o som daquela música. Ele é um instrumento. Portanto, ele provoca o som daquela música. Eu pensei muito. Isso não é uma coisa que estou falando aqui agora. Mas a gente vê. O autor, às vezes, some diante da força ou da expressão que um ator tem. E eu defendia isso na televisão. Quando um ator está verdadeiramente emocionado, e tem um close desse ator verdadeiramente emocionado, dificilmente você vai usar o seu controle remoto. Você vai esperar que a câmera se afaste para você sair. Quando você estiver num ator que está em primeiro plano e dizendo alguma coisa que te emociona, ele então é um instrumento, é a música que nós ouvimos e por quem nós nos apaixonamos. Tem a coisa toda de que um ator vive tantos personagens que as pessoas se apaixonam, e tem as decepções causadas por esses atores, quando nos deparamos com eles na vida real. Então a gente pode falar assim: "Ah, então como é o Brad Pitt?" O Brad Pitt é os personagens que ele fez. Mas não quer dizer que ele seja isso. Ele é ninguém. Ele é um instrumento. O Peter Sellers[20] sumia, porque realmente ele é um instrumento. O ator padece disso. O ator gosta do personagem. A Fernanda tem uma personalidade maravilhosa, mas, enquanto personagem, o que ela consegue colocar naquele instrumento, aquela voz grave, aquele *cello*. Ela não é um violino, ela é uma viola, né? Uma voz bonita. Ela tem uns tempos de fala. É como o instrumento de uma música. Às vezes, a gente não sabe nem o que ela está dizendo, mas o som que sai de Fernanda, ela é um exemplo de atriz. Isso é brilhante. Você ver as pessoas que têm um domínio de fazer isso. A Sônia Braga não existe sem o personagem. Ela é uma menina calada, matuta, caipirinha, que fica esperando chegar um personagem para ela virar. Então ela pode virar Gabriela, ou pode virar o que você quiser. E fica feliz enquanto ela se torna essa pessoa.

PB: É, isso pode ser lindo, pode ser maravilhoso, como pode ser terrível. Pode ser uma Judy Garland,[21] né? Que não era nada. Ela era só os personagens.

DF: Exatamente. As pessoas que cobravam dela uma outra coisa, que ela não tem. Mas você vai ver. O Caetano, que é um compositor, que é um cantor brilhante, e que é um músico brilhante e um pensador brilhante. Mas são várias pessoas ali no Caetano. São vários "Caetanos", né? O que é o Chico Buarque escrevendo como mulher? O que é a mulher do Chico Buarque? E quando uma mulher pega para cantar: "Se acaso me quiseres, sou dessas mulheres..."[22] Quando a gente fala isso, eu só consigo pensar na Gal [Costa] cantando, né? Era uma volúpia.

PB: Vou mostrar a surpresa que o Renato Terra preparou para você.

[Mostram o vídeo em que Mary Daniel, mãe de Daniel filho, e Juan Daniel, seu pai, são entrevistados por uma repórter.]

REPÓRTER: Como é que é ser pai e mãe de Daniel Filho?

MARY DANIEL: É uma felicidade completa. É uma felicidade ter um filho como ele, amoroso. Muito bom.

JUAN DANIEL: Eu estou muito feliz e orgulhoso. Porque os filhos são uma continuação do pai, não? O que eu não pude fazer, o que eu não pude chegar, ele está chegando. Então eu me sinto realizado através dele.

DF: Cinquenta anos de casados, ali, eles faziam. Papai estava com 80 anos; mamãe, com 76. Isso foi uma festa linda, e eles viveram mais 20 anos juntos. Papai morreu, foi embora, com 102. E mamãe, com 101.

PB: Que maravilha. Sinal de que vamos ter Daniel Filho por muito tempo ainda. Estou gostando dessa longevidade familiar.

DF: É. Eu me lembro que, quando o papai morreu, eu estava com 70 anos e disse: "Estou velho de mais para ser órfão." [Risos] Com 70 anos, o cara não pode dizer: "Fiquei órfão." "Como órfão? Setenta anos, você é um velhinho. Está na hora de deixar os outros órfãos."

PB: Daniel, muito obrigado por esse tempo aí com a gente. Cuide-se, na sua quarentena. E, para a gente concluir, é um momento cheio de ambivalências, né? Um momento terrível. No entanto, tanta coisa se anuncia, que pode ser muito bom, pode ser uma renovação. O que você acha que está acontecendo com a televisão e para onde a gente vai? O que pode acontecer de melhor daqui para a frente?

DF: Acho que o mundo ficou menor para ficar maior. Nós vamos ficar menores, mas é a possibilidade de sermos maiores. A minha ilusão de achar que poderemos todos estar unidos, e que o mundo seja um só, e que exista a preocupação... Sei que é um exagero, mas o mar está tão limpo. O que tem de aves coloridas. A Terra está voltando. A Terra está respondendo, com muito carinho... Não são só os seres humanos que vão viver, a Terra vai viver. E isso me dá uma esperança, para a gente ficar em casa, para que a gente possa sair melhor, mais fortalecido, enquanto povo, de mãos dadas. A gente não pode apoiar quem diz: "Vamos brigar." Eu quero estar de mãos dadas com todo mundo, como eu estou com você agora, e como eu estou com os teus telespectadores. Essa é a hora de a gente estar junto. Um beijo para você, Bial. Muito obrigado por me convidar para fazer o seu programa. Obrigado, querido.

PB: Obrigado, Daniel. Muito amor. Vamos aí. Cuide-se. Fique bem. Beijão.

Notas

[1] Zappa, Regina. *Uma vida em cena*. Rio de Janeiro: Best Seller, livro no prelo.

[2] José Bonifácio de Oliveira Sobrinho (1935-), diretor de televisão e publicitário. Foi uma das grandes cabeças da TV Globo, ocupando cargos executivos na emissora de 1967 a 1997.

[3] María Magdalena Iturrioz y Placencia (1920-2001), mais conhecida como Glória Magadan, nascida em Cuba, fez sua carreira como autora de novelas no Brasil.

[4] Janete Clair, (1925-1983) foi uma das mais importantes autoras de novelas e folhetins para rádio e televisão. Dentre seus grandes sucessos na TV Globo, destacam-se as novelas *Irmãos Coragem* (1970); *Selva de pedra* (1972); *Pecado capital* (1975).

[5] Walter Clark Bueno (1937-1997), importante produtor e executivo da televisão brasileira.

[6] Alfredo de Freitas Dias Gomes (1922-1999), romancista, dramaturgo, autor de novelas e membro da Academia Brasileira de Letras. É autor de novelas de sucesso como *O bem-amado*, de 1973.

[7] Oduvaldo Vianna Filho, mais conhecido como Vianinha (1936-1974), foi ator, dramaturgo e diretor de teatro e televisão. Em 1972, juntamente com Armando Costa, criou e dirigiu a série de grande sucesso na TV Globo, *A grande família*.

[8] Jorge Andrade (1922- 1984) foi dramaturgo e escritor brasileiro, autor da novela *Os ossos do barão*, de 1973.

[9] Lauro César Muniz (1938-) é dramaturgo e autor. Começou sua carreira na TV Globo como um dos escritores do seriado infanto-juvenil de sucesso *Shazam, Xerife e Cia*, que estreiou em 1972.

[10] O Ato Institucional n° 5, emitido em 13 de dezembro de 1968, durante o governo militar do general Costa e Silva, vigorou até dezembro de 1978. A partir do AI-5, a censura aos meios de comunicação se intensificou.

[11] *Plantão de polícia*, série produzida e exibida pela TV Globo semanalmente entre 1979 e 1981, escrita por Aguinaldo Silva, Doc Comparato, Antonio Carlos da Fontoura, Leopoldo Serran e estrelada por Hugo Carvana, Denise Bandeira e Marcos Paulo. *Malu mulher*, série de imenso sucesso da TV Globo, estrelada por Regina Duarte, foi exibida entre 1979 e 1980. *Carga pesada*, série exibida originalmente entre 1979 e 1981 pela TV Globo, estrelada por Antonio Fagundes e Stênio Garcia. Em 2003, a série ganhou uma segunda versão, com os mesmos atores nos papéis principais. *Aplauso*, de 1983, espetáculo de variedades exibido pela TV Globo e apresentado por Christiane Torloni, Isis de Oliveira, Marília Gabriela, Tônia Carrero e Zezé Motta.

[12] Novela de Dias Gomes de 1975 que teve trinta capítulos gravados, mas foi censurada pelo DOPS antes de ir ao ar. Em 1986, foi ao ar uma segunda versão, estrelada por Lima Duarte, José Wilker e Regina Duarte. Devido ao seu grande sucesso, foi reprisada duas vezes: em 1991, na extinta *Sessão aventura*, e em 2001, no *Vale a pena ver de novo*.

[13] *A rainha louca*, novela de 1967, de autoria de Glória Magadan.

[14] Fala do personagem-título no romance *Macunaíma*, de Mário de Andrade.

[15] *A vida como ela é...*, série baseada na coluna de mesmo nome de Nelson Rodrigues, publicada no jornal *Última Hora* na década de 1950. A série foi exibida aos domingos, como quadro do programa *Fantástico*, ao longo do ano de 1996.

[16] Joseph Losey (1909-1984), premiado diretor de cinema americano radicado na Inglaterra. Foi perseguido pelo macarthismo nos anos 1950.
[17] *Boca de Ouro*, peça teatral escrita por Nelson Rodrigues e publicada em 1959. Em 1963, foi lançada uma adaptação para o cinema, dirigida por Nelson Pereira dos Santos.
[18] Jerry Lewis (1926-2017) foi um comediante, roteirista, produtor e diretor americano famoso pelo estilo pastelão e sucessos como *O professor aloprado* (1963). Dean Martin (1917-1995), foi um ator e cantor americano. Nos anos 1940 e 1950, formou a dupla Martin & Lewis, com Jerry Lewis. Juntos fizeram programas de rádio, filmes, e se tornaram até mesmo personagens de gibi da DC Comics, *The Adventures of Dean Martin & Jerry Lewis* (1952-1957). Sid Ceaser (1922-2014), ator de comédia e escritor americano de cinema e televisão. Seu estilo de fazer humor era considerado de vanguarda nos anos 1950.
[19] Eugene O'Neill (1988-1953), dramaturgo americano e prêmio Nobel de literatura.
[20] Peter Sellers (1925-1980), ator britânico, famoso por papéis como o do inspetor Clouseau na série *A pantera cor de rosa*, ou ainda como Dr. Strangelove, no filme de Stanley Kubrick, *Dr. Fantástico*, de 1964.
[21] Judy Garland (1922-1969) foi uma atriz, dançarina e cantora da Era de Ouro de Hollywood. Em 1940 levou o Oscar por sua atuação como Dorothy, em *O mágico de Oz*, filme de 1939 de Victor Flemming.
[22] Versos da música "Folhetim", de Chico Buarque.

ARY FONTOURA
A reinvenção na quarentena

PEDRO BIAL: Nós, que estamos aproveitando todas as deixas para celebrar os 70 anos da televisão brasileira, hoje queremos celebrar, talvez, o maior criador de tipos nestes 70 anos. Incomparável, único, ele já foi tantos brasileiros: desde um ser fantástico, como um lobisomem, o lobisomem Aristóbulo, ou a um personagem bem familiar, um pão-duro, Nonô Corrêa, ao mais familiar ainda, prefeito corrupto, Florindo Abelha, assim como esse tradicional, arquetípico personagem brasileiro, o coronel autoritário Artur da Tapitanga, e o misterioso mordomo – mordomo, aliás, é sempre misterioso – Silveirinha. E tantos, e tantos outros, sempre em atuações magistrais. Mas, na vida pessoal, o criador sempre preferiu ficar à sombra de suas criaturas. Agora, aos 87 anos de idade, 72 de carreira, e 55 deles na Globo, ele virou sucesso no papel de si mesmo. É o mais novo fenômeno das redes sociais no Brasil. Ganhou 300 mil seguidores só no último mês.[1] Daquele jeitinho dele, como quem não quer nada, singelamente, mostrando o seu dia a dia, seu simples dia a dia, em confinamento, no seu apartamento paulistano. Aí já teve: receita de bolo de laranja; faxina com esfregão; banho de sol na janela, sem camisa; malhação; palavras cruzadas. Eu não sei, são coisas simples. Talvez seja o jeito que ele faça, talvez seja ele mesmo, que, em meio à pandemia mais mortal dos últimos 100 anos, nos mostrou que a rotina tem seu encanto. Ele deu exemplo de amor à vida. E na vida se ama as pequenas – pequenas e grandes – coisas da vida. Ary Fontoura.

ARY FONTOURA: Ô, Bial. Como vai você? Está bom?

PB: Estou muito bem. Não sei se estou tão bem quanto você, que está dando um show de espírito esportivo nesta... Não é nem mais quarentena, já é "noventena", né?

AF: [Risos] É, estou aproveitando. Você sabe que estou há 85 dias dentro deste ambiente? Então tem horas que... Ninguém é Superman, né? Eu vou para uma janela, fico olhando o pessoal lá embaixo. Alguns que saem sempre. Pessoal aí que tem necessidade de sair para trabalhar. Me dá uma vontade de ir também.

PB: Qual é o encanto da rotina, Ary?

AF: A minha profissão, a nossa profissão, nos ensina a ficar em casa um pouquinho. E me habituei a isso e me disciplinei nesse sentido. Então ficar em casa, para mim, não é tão problemático, porque já tenho essa disciplina do decorar, de ficar lendo... Enfim, essa coisa toda. Agora, particularmente, existe uma diferença entre você ficar em casa porque você quer e ficar em casa porque você é obrigado. Obrigado pega. [Risos] Principalmente para mim, que adoro ficar na rua, que gosto de ir a restaurante, gosto de teatro, gosto de andar. Aqui em São Paulo, sobretudo, que é um lugar em que a gente pode ter uma vida noturna intensa. E, para mim, é a mosca no mel.

PB: Então é disso que você está sentindo mais falta, lá do lado de fora? De um bom restaurante, de um bom teatro?

AF: Não é somente isso. É também o contato humano. Você se habitua a abraçar, a apertar a mão das pessoas, a conversar com as pessoas, a interagir. Isso, para mim, faz muita falta. Não é só para mim, acho que faz falta para todo mundo, né? Não temos essa companhia constante da morte, como estamos tendo dentro desta rotina do isolamento. Então como fazer para espantá-la? Passar a agir como você age se não estivesse sofrendo dentro desta pandemia. É assim que faço. Procurar tapeá-la, numa boa. E encher a cabeça de coisas altamente positivas. Tenho os afazeres da casa, que não eram o meu cotidiano. Estar limpando casa, tirando pó, fazendo comida. Enfim, essas coisas todas que se faz. De repente, passaram a ser. Daí fiz uma relação de tudo que poderia fazer fechado dentro desse meu apartamento aqui em São Paulo, que é pequeno. Aí, eu digo: "Preciso fazer movimento". Porque tenho 87 anos de idade, e tenho também o meu período de academia dentro de casa, dentro das minhas possibilidades. Leio muito, ouço muita música, vejo televisão, vejo o Bial às vezes também. Sobretudo agora, quando você voltou. Procuro me cercar de coisas alegres, de pensamentos bons. Converso muito com os meus amigos. O celular sempre está funcionando, o WhatsApp também. Meu Instagram, que agora tenho uma página, me toma bastante tempo. E eu gosto. Converso com as pessoas, procuro transferir para elas certo pensamento que me parece positivo. Por exemplo, não pensar que seu fim está próximo. Ele virá, independentemente da sua vontade, seja em qualquer circunstância. Então não vale a pena criar para você uma solidão e um desespero, dizer: "Ai, meu Deus, será que vai acontecer isso para mim?" Porque esse vírus é danado, ele nos deixou num risco constante, principalmente para nós que temos mais idade. Mas, se você não pensava na morte todo dia, toda hora, não pense também agora. Deixe que as coisas acontecerão ou não. Faça tudo que achar necessário para se proteger, tudo que é preciso para manter esse isolamento. Essa é a minha contribuição. Não só para mim, mas para o meu próximo também. Porque, se eu me cuido, estou cuidando das pessoas também.

PB: O que tem de bonito nesse aspecto meio fenomenal que se tornou o seu Instagram... Você ganhou, sei lá, 300 mil seguidores em menos de um mês. Virou uma "coqueluche", para usar uma expressão do nosso tempo.

AF: Muso, muso [risos], a palavra de hoje.

PB: Divo, divo. [Risos]

AF: Um título que eu não tinha: "muso da pandemia." [Risos]

PB: Pois é, mas, justamente, por promover e por mostrar a beleza e a profundidade das coisas mais simples: de fazer um bolo, de fazer uma faxina caprichada, uma malhação. Você acha que essa é a explicação do seu sucesso no Instagram, de como ser simples a vida?

AF: Quando comecei a fazer novelas... E a televisão é terrível, sob um aspecto: se você não tomar cuidado, você pode ficar muito besta. Porque você é visto por todo mundo. E aconteceu que, numa época, comecei a me olhar e ver que as minhas atitudes estavam sendo contrárias àquilo que eu realmente era. Enfim, eu estava ficando mais famoso, estava sendo visto. O meu trabalho, bem-criticado. Eu estava indo para um ponto de referência. Só que, há tempos, eu digo: "Não, tenho que espantar essa mosca com urgência, porque tenho que fazer uma análise do que eu sou, e nada do que possa acontecer deve modificar as coisas que já estabeleci para mim. Sou uma pessoa de origem simples e uma pessoa profundamente simples. E é isso que eu quero ser." Tenho uma filosofia minha, de vida – que não é mais do que a obrigação de todo o ser humano ter –, mas me acho igual a tudo. Quando acho que sou diferente, eu me lembro que todas as pessoas entram... desculpe a comparação... sempre vejo o meu próximo sentado num sanitário, como eu. E sempre vejo o meu próximo sabendo que, se em 24 horas ele não morrer, ele vai começar a incomodar? Então, meu filho, somos todos iguais. O restante é bobagem. São contingências daquilo que você faz, que são inevitáveis. Você, de repente, aparecer um pouco mais, se transformar em "muso da pandemia" são contingências. Mas a sua essência tem que ser mantida. E isso faço absoluta questão de manter. Então o que está sendo o meu presente? Comecei a ver que passo uma bela de uma vassoura no chão, que sei fazer bolo, que sei cozinhar... Essas coisas todas do cotidiano. Eu disse: "Eu vou transformar isso numa coisa comum." E acredito que isso chegou nas pessoas.

PB: Chegou. O bolo de laranja foi um hit, né? Foi o maior: 218 mil curtidas, 20 mil comentários. O que esse bolo de laranja tem de tão especial?

AF: Com 12 reais, você faz. Isso é o especial do bolo. E o especial das coisas que faço. Porque não adianta você botar marrom-glacê e encher de coisas que são muito caras... A pessoa está vendo a TV, mas não está tendo tempo para ir no supermercado, não tem dentro de casa. Então, se der para aproveitar as coisas que você tem na sua cozinha, nos seus armários, você aproveita. E o bolo de laranja é muito fácil. Sei que tem pessoas me odiando, inclusive. Claro, de uma forma muito engraçada. E as pessoas se manifestam assim: "Ary, estou com ódio de você, porque, com esse bolo de laranja, ganhei mais um quilo." [Risos] A não ser que faça o que eu faço, né? Por exemplo, estou mantendo os meus 80 quilos desde que comecei. Oitenta e tantos dias, oitenta quilos. Por quê? Porque estou comendo menos. Mas sempre provando de tudo. Comendo menos, fazendo exercício sem parar. Então também dou a minha contribuição.

PB: Mas vou te dizer outras contribuições que você está dando, de maneira muito ligeira, como quem não estivesse fazendo nada, como quem não quisesse nada. Uma: o exemplo de ficar em casa, porque ainda tem, no meio da pandemia, gente que está com uma atitude negacionista e que não entende que a única maneira de combater o contágio é ficar em casa. E a outra coisa é que, com o confinamento, aumenta o número dos casos de depressão, principalmente entre idosos. Então você está, pelo exemplo, mostrando maneiras de combater esses perigos. Você tem conselhos para dar para a gente que está escorregando para a depressão, para a melancolia, para algo parecido?

AF: Tem um clichezinho que eu adoro usar: enquanto há vida, há esperança. Entendeu? Essa é a ciência de tudo. A pessoa tem que entender isso. Você gosta de viver? Cuida da sua vida, cuida mesmo, fica isolado sempre que puder. Sei que tem pessoas que não podem ficar eternamente presas dentro de casa, compreendo. Mas, quem puder ficar, que fique. Porque você está ajudando a você mesmo e está ajudando o seu próximo. Não fica ouvindo coisas, que você deve tomar remédios que a medicina não aconselha, não fica ouvindo que isso é uma coisa que é muito fácil de enfrentar, que não é. Entenda que realmente é um vírus danado, que chegou para se posicionar. E o povo todo tem que entender que a palavra de um médico, a palavra da medicina, a ciência, em primeiríssimo lugar. Pelo amor de Deus.

PB: Mas Brasília comprou um Fla-Flu, que é governo *versus* ciência. Quem vai ganhar? Quem vai perder?

AF: Hoje em dia há uma intolerância muito grande, no sentido de a gente conversar e se posicionar sobre política e tudo mais. Mas devo dizer o seguinte: tem que cuidar da vida, senão não vai ter eleitor. Só isso.

PB: Pronto, é isso: não vai ter nem a quem pedir voto.

AF: É... Sei lá.

PB: Eu queria mostrar para os espectadores que essa ligação do Ary, de respeito e apreço, e amor até, pela ciência e a medicina é uma coisa de família. É uma família exemplar na longevidade. A mãe do Ary morreu com 100 anos. E o irmão mais velho de Ary é o sujeito incrível que a Globo do Paraná mostrou no ano passado. Vamos conhecer o irmão médico de Ary Fontoura. Vamos assistir aqui.

[Mostram reportagem com o irmão de Ary Fontoura.]

REPÓRTER [em off]: Tempo não é problema para o médico Ivan Fontoura, pediatra, 92 anos. O irmão mais velho do ator Ary Fontoura trabalha voluntariamente em Pontal do Paraná e dedica o tempo que for necessário para atender e diagnosticar o quadro de cada criança.

IVAN FONTOURA: [Fala para uma criança que está examinando] Um bichinho entrou ali, mas que foi para dentro do olho, né? [Risos] Isso. Eu fui a ama-seca do Ary. Eu tenho seis anos a mais, de idade, e eu cuidei dele, cuidei bastante. Me dou bem com o Ary mesmo, uma relação quase de pai para filho. [Risos]

AF: Meu irmão me comove, realmente. Um grande cara, um sujeito que fez da medicina a sua vida, que jamais largou dela.

PB: Ele está com que idade, Ary?

AF: Está com 93 anos. Tenho uma outra irmã, com 84. E eu, 87. Somos os remanescentes da família. Meu irmão é uma pessoa que...

PB: É um médico pediatra, né?

AF: Pediatra. Ele se aposentou, tem problema auditivo. A esposa dele era enfermeira, era quem o ajudava sempre no consultório e tudo mais. Eles se casaram. E depois ele que se aposentou, foi morar num pequenino local do Paraná, numa praia chamada Shangri-lá. Lá, descobriram que ele era médico. Não tinha médico nenhum. Então ele faz uma medicina absolutamente gratuita. Um dia ele me convidou para ir à casa dele. Eu fui lá e disse: "Olha, Ivan, eu sei, o lugar é pequeno, mas, pelo amor de Deus, não fala que estou aqui, deixa eu descansar. De repente, o pessoal da televisão etc. e tal." Ele disse: "Não, deixa de bobagem, não vai acontecer nada. Você vai poder tomar bons vinhos, vamos nos divertir, vamos à praia e tudo." Fiquei lá. De manhã, acordei, e tinha uma fila de pessoas na frente da porta. Fui lá, falei para a minha cunhada: "Pelo amor de Deus, vocês falaram que eu estava aqui. Agora vou ter que dar autógrafo, vou ter que tirar fotografia com todo mundo." Ela disse: "Não, não é para você, não. É para o seu irmão. É que hoje ele clinica e, como as consultas são gratuitas, ele sempre atende 200, 300 pessoas."

PB: Caramba, que coisa bonita.

AF: Fiquei tão envergonhado, cara.

PB: Você nunca pensou em ser médico?

AF: Eu? Nunca pensei em ser médico. Desde muito criança, já sabia o que eu queria. Queria essa profissão que tenho, eu queria ser ator. Então tudo o que fiz para contornar, não deu certo. Fui para uma universidade, fiz Direito. Nós éramos relativamente pobres. Meu pai era professor de curso primário naquela época. Ganhava muito mal. Minha mãe não trabalhava. Então eles queriam o que para os filhos? Que nós tivéssemos um diploma. Assim aconteceu. As minhas irmãs foram ser professoras, meu irmão acabou sendo médico. E eu fiquei na luta, queria ser ator. Como ser ator era uma profissão maldita, em que os homens eram todos homossexuais, e as mulheres, todas prostitutas, que tipo de diploma vem para mim, para botar na parede? Daí, vendo um filme sobre tribunal, eu disse: "Olha, que maravilha. O promotor é bom ator, o advogado de defesa também, o advogado de acusação... Vou fazer isso aí e dar esse diploma para a família." Fui para a universidade, fiz vestibular. Daí fiz até o quarto ano só, foi o quanto eu aguentei. E resolvi parar. Minha mãe já estava se preparando para dançar aquela célebre valsa no baile de colação de grau. Meu pai também estava colocando as coisas... E eu estava lá na televisão, em Curitiba, fazendo teatro e as coisas de que eu realmente gostava. Cheguei para a família: "Não dá, vou embora daqui." Cheguei para a mamãe, e ela, que dizia: "Não fale mais em ir embora, a não ser no dia em que você realmente quiser ir." Aí eu disse: "Mamãe, combinamos isso. Eu vou-me embora amanhã. Aqui estão as passagens. E vou embora para o Rio de Janeiro."

PB: Que idade você tinha?

AF: Eu estava com 30 anos. E ela: "Você resolveu, não é, Ary?" "Resolvi há muitos anos, mamãe. Não dá mais para ficar." E vim-me embora para o Rio. Eu cantava também. E tinha uma carteira da Ordem dos Músicos, e eu pensava que deveria trazer toda a documentação, porque aqui ninguém me conhecia. No Rio de Janeiro, ninguém me conhecia. O Paraná – e Curitiba especialmente – era uma ilha, de onde nada saía. Então eu tinha que começar tudo aqui. Peguei um táxi e fui-me embora. E me esqueci da tal carteira. A saída tinha sido dolorosa, ver mamãe acenando para mim na porta, me dando uma chave da casa, para quando eu quisesse voltar, [dizendo] que a casa estava à disposição. Na metade do caminho: "Minha carteira. Ah, eu preciso voltar." Voltei, abri a porta da casa, fui à sala, peguei no canto, olhei no corredor: sentadinha no banquinho, mamãe estava chorando. Cara, até hoje isso ficou. Meu Deus do céu, isso só serve para reforçar... [Emociona-se] Perdão... que eu vou ter que realmente batalhar muito, e me empenhar nisso, em que realmente acredito, de maneira bastante significativa. E, então, passei a trabalhar mais e mais, já profissionalmente, fazendo essa carreira.

PB: Você acabou se tornando o ator, digamos, se não o mais, mas um dos mais versáteis. A versatilidade é a sua marca. Daniel Filho definiu você de forma lapidar: "Quando faltar alguém para um papel, chama o Ary, que ele dá um jeito." Como a versatilidade se tornou a sua marca? Foi: "Bom, é isso que tem, e eu vou me virar?"

AF: Com honestidade, a necessidade fez com que o Daniel pensasse da maneira como pensou. E mesmo a profissão. Entrei na Rede Globo de Televisão em 1965, quando a Globo inaugurou. Eu era figurante. Foi esse mesmo Daniel Filho que me descobriu no meio das pessoas. Desculpe a ausência de modéstia, mas é preciso dizer que eu estava preparado para o que desse e viesse. No princípio da minha carreira, pensei que ia ser um cantor. Todos diziam: "Que bela voz, que bela voz." Então eu cantava, em Curitiba, em todos os lugares. A cidade era muito pequena, não tinha casas noturnas.

PB: Você teve uma bela escola para ganhar tarimba de palco, cantando, que foi na chamada "casa de tolerância". Não foi isso?

AF: "Casas", é plural. "Casas de tolerância", várias casas. Não é? Que o prefeito, por bem, resolveu colocar meio afastado de Curitiba, como se fosse uma coisa maldita. E eu ia lá e abria os trabalhos. Às nove da noite. Cantava até três da manhã. Então essa fuzarca toda, das nove da noite até as seis da manhã, funcionava com elas dançando... Umas saindo... E, de repente, o salão ficava completamente vazio. E a dona do salão sempre incentivando isso tudo, porque era ali que ela faturava, na bebida que era servida...

PB: E você, como cantor, chegou a namorar alguma das meninas?

AF: Na verdade, muitas. Porque eu tinha uma certa pinta assim... Era garotão, tinha uma vitalidade, muito gás para gastar. Menos uma, a que eu gostava. Eu não consegui nada [com ela].

PB: Como ela se chamava?

AF: Acho que o nome dela era Marli.

PB: Marli não quis nada com o Ary?

AF: Cheguei assim, bem safado, botei a mão na cintura e disse para ela: "Se todas as outras..." Como se diz...? "Foram solicitadas, foram atendidas, e eu fui atendido por todas, por que com você não?" Ela disse: "Porque gosto muito de você, e com você eu queria um outro tipo de coisa, que você jamais me daria: me tirar daqui. Por isso você não vai ter nada de mim."

PB: Que bonita essa história. Muito bacana.

AF: As pessoas me diziam: "Nossa, você se desmoralizando, cantando em prostíbulo?" Eu digo: "Não, eu me humanizando, cantando em prostíbulo." E, inclusive, me encontrando, chegando à conclusão de que não vou ser um cantor, vou ser um ator que canta. Aí, sim. [Risos]

PB: Logo num dos personagens mais inesquecíveis seus, em 1970, você fez o primeiro personagem gay na teledramaturgia brasileira, o costureiro Rodolfo Augusto. Parece primo do Alberto Roberto, né? Rodolfo Augusto, em *Assim na terra como no céu*, bela novela de Dias Gomes. Você foi o primeiro ator a fazer um personagem gay numa novela do Brasil, num momento de ditadura, em seu auge. Qual foi a reação que você sofreu ao interpretar um homossexual na TV naquele momento?

AF: O Dias me viu numa peça dele que eu estava fazendo. Fiz uma substituição, e o Dias gostou muito do meu trabalho. E, sempre que ele fazia uma novela, ligava para mim: "Ary, tenho um personagem aqui, você quer fazer?" Daí surgiu o Gugu. Acho que era Gugu o nome do personagem. Era primo do Jardel Filho, que fazia o papel de um garanhão de marca maior, um sujeito conquistador inveterado. E, um dia, ele chega da Bahia, a campainha toca, a porta se abre: é o seu Gugu, vindo da Bahia, exatamente a pessoa que o personagem do Jardel Filho não queria. "Vim para ficar" – foi a primeira frase.

PB: Você lembra da fala. [Risos]

AF: "Vim para ficar." [Risos] Aí o personagem começou a tomar corpo. Porque, naquele tempo, [diziam]: "Ah, não vai passar, não vai passar." Existem formas de fazer que as pessoas às vezes não percebem, e que está tudo contido no subtexto. Durante o período da ditadura, nosso trabalho era dobrado, porque, sub-repticiamente, a gente teria que passar uma série de coisas que gostaria se tivéssemos a liberdade e a censura não fosse tão atuante. Mesmo assim, a gente conseguia. Então ficavam assim: "Será que vai passar?" Eu dizia: "Gente, faz e deixa para ver o que acontece. Se a gente se autocensura, então é que a censura fica maior, fica em dobro. Vamos lá." E passava. E quantas coisas passaram. Tem uma novela, Bial, do Dias também – o Dias era um grande teatrólogo e grande dramaturgo, nossa, novelista maravilhoso.

PB: *O espigão?*[2]

AF: *O espigão*. Em *O espigão*, o Doutor Baltazar Camará fazia parte de uma família tradicional, era professor de botânica. E tinha uma tara, gostava de cabelos de mulheres. Através dos cabelos é que ele se masturbava. Como fazer esse personagem nesse período? [Risos]

PB: Vamos ver uma cena?

> [Mostram Ary Fontoura, como Professor Baltazar Camará, contracenando com Myriam Pérsia, como Olga Maria, na novela *O espigão*.]
>
> AF: Não, não se assuste, é minha irmã que tem mania de criar vira-latas. Você está na minha companhia, eles não mordem.
>
> [O personagem de Ary Fontoura posiciona-se atrás da moça e, com uma tesoura, corta uma mecha do cabelo dela.]
>
> MYRIAM PÉRSIA: Ai, o que foi isso, hein?
>
> AF: São folhas que caem das árvores. Aqui também tem muito passarinho.
>
> MP: Obrigada. Desculpa, Professor. E boa noite.
>
> AF: Boa noite. E feliz Ano Novo para a senhorita e para todos os seus.
>
> MP: Obrigada, Professor. E para o senhor também. Boa noite.
>
> [A moça vai embora. O personagem de Ary Fontoura pega a mecha de cabelo caída no chão e a cheira.]

PB: Sexo explícito. [Risos]

AF: É. Eu reputo esse personagem como um dos melhores da minha carreira dentro da Globo. Fiz mais de 50 novelas, mas, esse personagem, pela época em que foi feito, pelo trabalho que deu, pela forma como se encontrou para trabalhar, foi tudo maravilhoso. E essa novela nunca foi mexida.

PB: Nunca foi mexida em que sentido?

AF: Em nada, em nada. Nunca foi censurada.

PB: A censura não encheu o saco. E, olha só, é uma trama que seria, talvez, pesada até hoje, né? Nesses tempos aí...

AF: Sem dúvida.

PB: Bom, vou apresentar essa nova face – nova não, porque não tem nada de nova, a face menos conhecida do Ary –, mostrando uma participação especial dele em *Os Trapalhões*. Olha só.

[Mostram um episódio de *Os Trapalhões*, de 1994, em que Ary Fontoura canta em espanhol para uma plateia, que ri e aplaude.]

AF: Puxa vida.

PB: Ary Fontoura cantando "Nosotros", de Gregório Barrios. Ary, eu me lembro que você fazia esse número, em 1969, no espetáculo chamando *Tem banana na banda*, com Leila Diniz fazendo Carmem Miranda.

AF: Realmente, eu fazia "Nosotros", um bolero... Ah, inventei uma coisa lá. Tinha uma hora que o piano fazia o solo da primeira parte da música, para eu entrar depois [canta]: "*Y ahora que nos queremos tanto/ Debemos separarnos...*" E eu agarrava um espectador, pegava uma rosa que tirava do meu *smoking*, entregava para ele e fazia uma declaração de amor. Era uma loucura esse número. O público todo dançava. E o [José] Wilker – que era um grande amigo meu, falecido Wilker, que faz tanta falta, como outros também – disse para mim: "Onde você arrumou esse caradurismo para fazer um número desse? Você um dia vai ser espancado, cara. As pessoas vão bater em você. Você não sabe quem está escolhendo." Eu disse: "Deixa correr... Não vai acontecer nada nunca. As pessoas não vão se sentir ofendidas, e vão se divertir um bocado com isso, que é a finalidade."

PB: E você estava certo. Eu queria pedir para você terminar cantando um clássico da música de bordel para a gente. Tem alguma?

AF: Ah, deixa eu ver...

PB: Um Lupicínio [Rodrigues]?[3]

AF: Ah, Lupicínio? [Canta] "Você parece uma brasa/ Toda vez que chego em casa/ Dá-se logo uma explosão/ Ciúmes de mim não acredito/ Pois, meu bem, não é com grito/ Que se prende um coração..."[4] É isso. [Risos]

PB: [Aplaude] Muito obrigado, Ary. Que delícia.

AF: Muito obrigado. Uma boa noite a todos vocês.

PB: Você é uma luz na vida da gente. Muito, muito obrigado, Ary. Cuide-se. A gente continua te acompanhando. Fica bem.

Notas

[1] Em agosto de 2020, Ary Fontoura estava com mais de 1,5 milhão de seguidores no Instagram.
[2] *O espigão*, novela exibida pela TV Globo em 1974.
[3] Lupcínio Rodrigues (1914-1974), compositor gaúcho, ficou famoso por suas canções carregadas de melancolia, em que o eu-lírico sofre pela traição da pessoa amada. Foi também o inventor do termo dor de cotovelo, para se referir ao sofrimento causado pelos desamores.
[4] Trecho da canção "Brasa", de Lupcínio Rodrigues e Felisberto Martins, lançada num compacto de 78 RPM pela Odeon, em 1945, em gravação de Orlando Silva.

LIMA DUARTE
Ele estava lá

PEDRO BIAL: Meninos, ele viu. Ele estava lá. Desde o início. Ou melhor, ele estava aqui, desde a primeira transmissão, naquele dia um da televisão brasileira, 18 de setembro de 1950. Ele é testemunha viva. Sorte da história, pois, além de excelente observador, é um contador de histórias irresistível. Um ator-autor, intérprete da nacionalidade, brasileiro desde a raiz dos cabelos. Talvez por isso ele tenha ficado careca cedo. Melhor, assim ficou com a cabeça leve para mergulhar na tragicomédia brasileira. No último 29 de março, completou 90 anos de vida, em quarentena, no sítio no interior de São Paulo, onde vive. Ariclenes Venâncio Martins, Lima Duarte.

LIMA DUARTE: Ô, Bial. Sabe que, naquele dia 18 de setembro de 1950... O [Assis] Chateaubriand[1] era indianista. Ele fez uma festa na taba, que foi o lançamento na televisão. Daquela festa na taba, só tem eu vivo.

PB: Rapaz. Mas, olha, ainda bem que é você, porque você sabe contar essa história, você sabe contar história como ninguém. O que você lembra daquele dia, Lima? Você era um menino, 20 anos de idade. É verdade que o Assis Chateaubriand quebrou uma garrafa de champanhe numa câmera e quebrou a câmera? Ou isso é lenda? Isso é lenda, né?

LD: É lenda inventada por mim. Sabe como era, Bial? Era tudo muito no começo. Não tinha nada. Não tinha câmera, não tinha nada. Era um gabinete – como se diz –, um cenário, um sofá, uma poltrona e outra poltrona. Três câmeras: uma atirava aqui, no geral, essa atirava para lá e essa atirava para lá. Como é até hoje, acho que é meio assim ainda. E o Oduvaldo [Vianna Filho]: "Inaugurada a televisão, a primeira televisão na América do Sul" e *pá*, arrebentou a câmera, e ela foi para o ar já meio assim, torta. Mas é muito linda a história. Não é lenda, não. Eu inventei, mas é fato. [Risos]

PB: Ah, meu Deus. Que maravilha. Lima, como você está levando essa quarentena aí? Você assiste à televisão? O que você faz aí no sítio?

LD: Estou de quarentena há 40 anos, porque moro aqui no sítio sozinho. Gosto de ler e tenho visto muito *streaming*, umas coisas engraçadas, interessantes. Acho que, se alguma coisa vai mudar, é o cinema. O cinema, no caso, acabou, né? Agora vai ser tudo *streaming*. Li uma coisa. Vi que fizeram um filme aí, um *blockbuster* qualquer de Hollywood, e esperaram para lançar. Aí veio a pandemia, não lançaram, esperaram. Depois, falaram: "Não podemos esperar muito." E lançaram no *streaming*. Cem milhões de espectadores. Que filme tem isso? Então acho que o cinema, como casa, acabou. E o fato de não ter mais cinema, agora vai ser *streaming*, exige um outro ator. Porque é muito coloquial, é muito cotidiano... Rapaz, você vê esses filmes até transando. Está transando, dá uma espiadinha lá na série. Vai exigir um ator, um outro ator, um ator mais coloquial, que entre na televisão, que fale direto com você. [Bertolt] Brecht há de nos salvar com o que ele cunhou maravilhosamente, que é o *realismo crítico*, em que o ator é também autor. Interpreta e critica o seu personagem. É muito difícil, mas é uma delícia de fazer. Então não fica só a gente decorando e falando, decorando... Claro que você não vai poder fazer isso com Shakespeare, mas, no mais, acho que vai ser muito bonito se um ator penetrar sua casa e disser: "Olha como esse cara é. Olha que sujeito safado. Olha o que ele está falando. Mas que nobreza de sentimento." Será muito bonito. E os atores, os brasileiros que se cuidem, porque não vão conseguir entrar na casa de ninguém sem cerimônia, muito amigão, e ficar cochichando no seu ouvido: "Vim trazer para você um cara, não sei se você vai gostar, vê se você gosta ou não." Faço um pouco isso. E o Sinhozinho Malta[2] era muito isso.

PB: Muito, muito. Você estava falando isso, eu estava lembrando. Queria te mostrar uma cena do Sinhozinho Malta de 1975, da versão censurada [de *Roque Santeiro*³], e tem a mesma cena, reescrita, reencenada, em 1985. Vamos assistir e aí você comenta?

LD: Eu nunca vi, quero ver isso.

[Mostram um primeiro trecho em que Lima Duarte, como Sinhozinho Malta, contracena com Betty Faria, como Viúva Porcina, na novela de 1975.]

LD: A estrada Salvador-Asa Branca vai ser construída. O projeto já está na Câmara para ser votado. E eu conversei com dois deputados amigos meus. A verba vai sair.

BETTY FARIA: Estão dizendo por aí que você só está lutando por essa estrada porque ela vai valorizar suas terras.

LD: Mas que gente mais ingrata, meu Deus do céu. Que ingratidão, minha Nossa Senhora. Uma estrada é uma coisa que beneficia todo mundo. Quando é que esse cafundó do Judas que tem aqui pensou em ter uma estrada, asfaltada, ligando diretamente à capital?

[Mostram um segundo trecho em que Lima Duarte, Sinhozinho Malta, contracena com Regina Duarte, como Viúva Porcina, na versão da novela de 1985.]

LD: Quando é que se imaginou que um cafundó do Judas como esse pudesse ter um aeroporto? Uma ligação com as maiores capitais do mundo, aérea, que vai beneficiar todo mundo. Agora, só porque esse aeroporto vai ser construído em terras que eu comprei? Mas o que é que tem isso de mais, meu Deus do céu? O que é que tem? Ia ter que ser construído em algum lugar mesmo. Ora, se vai ter que beneficiar alguém, que beneficie eu, que foi quem pariu a ideia. Estou certou ou estou errado?

LD: [Risos] Puxa vida.

PB: Lima, o "Estou certo ou estou errado?" ainda sem a marca do... [sacode o punho, imitando o icônico gesto do personagem de Lima Duarte em 1985.]

LD: É verdade. E um Sinhozinho Malta enfeitadíssimo, com esporas e tal. Você sabe que esse negócio do Sinhozinho era a coisa mais brechtiana que tinha na novela, porque ele tinha pulseiras de ouro, né? O bom dele, o nobre, o chique, são espetáculos circenses, atores de décima categoria. Isso que ele imitava, entendeu? Ele se encheu de ouro. E, quando eu estava gravando, o rapaz do som falou: "Seu Lima, o senhor fala muito com a mão e faz muito barulho." Eu falei: "Não, vamos incorporar. É ouro, meu amigo. Então, quando você me propuser alguma coisa, eu digo: 'Estou certo ou estou errado?' e sacudo o ouro na tua cara. Para um homem que sacudir uma pulseira de ouro na tua cara, você vai falar que ele está certo." Não é? Então é: "Estou certo ou estou errado? [Sacode o punho] Olha aqui, ó [aponta para o punho]." E a insídia do ouro ali. E ele emendava uma cascavel mesmo, né?

PB: Está certo, seu Lima, está certo.

LD: Foi um grande momento. Entre uma cena e outra, há dez anos de diferença. Eu estava gravando a novela em Vassouras. Na hora da janta, o [diretor] Paulo Ubiratan encontrava comigo e dizia: "Lima, o que você acha? Marília Pêra." "Marília Pêra? É mesmo? É uma grande atriz. Vamos, eu acerto com ela. Vamos, vamos." E eu já ia gravar pensando na Marília Pêra. A Porcina, né? Aí, voltava de noite, no jantar: "Não acertaram com a Marília Pêra. Sônia Braga." "Ótimo, Sônia Braga." Ia gravar pensando na Sônia Braga. E foi um: "Vera Fischer." Foram várias, até que: "Lima, fecharam com Regina Duarte." Eu falei: "Meu Deus, a namoradinha do Brasil contra o Mazzaropi da Era Moderna? Nossa Senhora, o que vai ser de mim? Eu sou um caboclo, com a namoradinha do Brasil?" Afinal, teve isso, não sei se eles negam ou falam assim. Ela, na [segunda] versão, ali: "Mas é difícil, como é que eu vou fazer?" Disseram para ela: "Imita ele." E é mesmo. A Porcina não é um pouco Sinhozinho, não? Aquelas coisas. "Imita ele." [Risos]

PB: Cara, agora que você diz, está na cara. Mas até pensar nisso... Que coisa.

LD: A Regina caiu, hein?

PB: A Regina caiu. O que você acha? Você acha que é bom ou mau para ela?

LD: Acho que ela caiu quando entrou, né? Agora, quando ela entrou, vieram falar comigo essa coisa aqui e tal. Eu falei assim: "Ah, ela está assim [simula risadinhas]." Me lembrou Chapeuzinho Vermelho. O caçador tinha sido assassinado, com essa pletora de armas que andou por aí, e o Chapeuzinho, perdido, encontrou com o Lobo. Aí se abraçaram e continuaram [simula risadinhas]: "Vamos casar, não casou, vamos casar." Casou. Eu estava esperando o resultado do casamento. [Risos]

PB: Acho que o Lobo Mau só queria comer a Chapeuzinho. Não queria casar, não.

LD: [Risos] Jantou ela.

PB: Jantou ela. Mas, Lima, você, um cara formado no Teatro de Arena,[4] com compromisso político, fez teatro político, qual é o perigo de ator entrar na política institucional assim como a Regina o fez?

LD: Sabe que eu tenho, conforme você já disse, 90 anos. E vi muito colega ser deputado, não sei o que lá. Nunca vi nenhum dar certo. Nenhum. Ronald Reagan deu certo, né?

PB: Acho que Ronald Reagan é a exceção que confirma a regra, talvez. A Fernanda Montenegro já foi convidada para ser ministra da Cultura. Ela nunca chegou perto. Você já teve convite para entrar em política?

LD: Mas você não imagina que convite. Muito mais importante. E uma história muito interessante, muito bonita. Eu posso contar. Eu estava gravando o último capítulo de O salvador da pátria,[5] o Sassá Mutema. Era um sábado. Estava gravando. Veio o pessoal, e Maitê [Proença], que era esperta nessas coisas aí, chegou para mim e falou assim: "Quem é esse pessoal que está aí na porta querendo falar com você?" Eu falei: "Não sei. Tem gente querendo falar comigo?" "Tem." E me sequestraram. "Você vai conosco para São Paulo, você tem um encontro. O

Franco Montoro aceitou, topou. Na casa do Mário Covas, do velho." Eu falei: "Mas o que é isso? Não, não." A novela acabou muito no auge. Tinha 73% de audiência e tal, *Salvador da Pátria*. E me levaram para a casa. Quem dirigia o carro, do aeroporto até a casa do Covas, era o Fernando Henrique Cardoso, com aquele jeito *blasé*, até de dirigir o Opala. Ele tem um jeito blasé. Eu conheço ele.

PB: Que chofer.

LD: Aquele jeito de dirigir Opala, *by* Fernando Henrique Cardoso. E os outros falavam: "A política, a política, coisa e tal." Chegaram lá, eles colocaram o Mário Covas: "Lima, nós tentamos na vice-presidência um cara de Pernambuco." Lembra? Depois descobriram que ele era anticomunista, não sei o que lá. Não pode. Depois tentaram um outro aí. Não pode. E chegaram: "O nosso candidato a vice é você." "Eu?" "É, Sassá Mutema." E tinham bolado tudo, assim [com tom de quem lê um *slogan*]: "O sonho não acabou, o sonho tenta o poder, Sassá Mutema é o nosso candidato a vice-presidente."

PB: Mas, vem cá, eles estavam querendo que o personagem fosse candidato? Mas e o ator, o Lima Duarte? [Risos]

LD: Telefonei à noite para o Mário Covas: "Ô, seu Mário, não posso, não aceito e tal." Tudo bem, não aceitei. A Maitê até falou assim: "Vai lá, ele sofre do coração. Numa dessas, ele morre, você é presidente." [Risos]

PB: Do jeito que tem essa maldição de vice assumir no Brasil, as chances eram enormes. [Risos] Mas, na tocante homenagem que você fez ao Flávio Migliaccio, agora, quando ele decidiu ir embora, você falou que houve muitas vezes que vocês subiam no palco e não sabiam se iam tomar um tiro. Eram ameaçados pelo telefone. Atuavam, com: "Ah, aquele cara com cara de militar ali, na última fila, é dali que vem [o tiro]." Era assim mesmo?

LD: O Arena resolveu fazer uma série, depois de 1964, *O Arena conta*, para recontarmos a história do Brasil, e das revoluções, e do que tentamos, e do que conseguimos ou não conseguimos. Fizemos *O Arena* conta Bolívar, *O Arena conta Tiradentes*, *O Arena conta Zumbi*,[6] que foi o clássico.

PB: É.

LD: O *Zumbi* é todo fruto de muito estudo. O [Augusto] Boal dizia: "Lima..." – o Paulo José também estava conosco – "...a gente não tem 300 mil negros, 400 mil soldados, não temos como contar a epopeia do Zumbi." Quer ver uma coisa interessante que eu vou te contar? Então ele disse: "Vocês têm que fazer tudo." Ele inventou o Sistema Coringa, que é muito lindo, que é formidável. A gente procurava gestos icônicos, correspondentes a uma categoria. Por exemplo, os nossos militares, soldados, falavam assim [faz um movimento com o corpo], como se estivessem a cavalo. Se eu falasse assim [repete o movimento], você sabe que era um militar que estava falando. Os negros falavam assim [faz uma pose com o corpo], que é uma estátua linda que chama *O Semeador*. Os negros falavam semeando, assim [faz gesto, como se semeasse], o Zumbi. Os padres, todos, falavam assim [une as mãos, como se rezasse]. O sistema era maravilhoso. Às vezes, eu conversava comigo mesmo. Eu falava: "Mas, meu filho, como é que vai você?" [Faz o gesto referente aos padres] "Ah, padre..." [faz o gesto referente aos negros] Entendeu? É lindo o sistema.

PB: Que coisa linda.

LD: E o público percebia. Foi assim o nosso *Zumbi*. Então cada um tinha um gesto. E o meu Domingos Jorge Velho? O Antonio Pedro diz que é a maior criação do teatro mundial em todos os tempos. Modéstia à parte, porque o Domingos Jorge Velho era um guerreiro paulista, que foi levado para destruir o [Quilombo dos] Palmares. Ele foi chamado para lá, era um bandeirante.

PB: Um selvagem. Um bandeirante e um selvagem, né? Um homem terrível. Só de você falar que você estava fazendo o Domingos Jorge Velho, já fico com medo. Quando você começou a falar do Domingos Jorge Velho, sabe o que me veio à cabeça? O seu sargento Getúlio.[7] Não que os personagens tenham nada em comum, mas o ódio, a raiva dentro do personagem. Tem algum parentesco?

LD: O que é mais impressionante no sargento Getúlio é que esse ódio, esse desespero odioso, era contra o conhecimento.

PB: Isso.

LD: Contra a cultura. Tem uma hora que ele fala para o preso assim: "Você tem ginásio, é? Você tem ginásio?" O cara: "Não..." "Você tem ginásio, é? Olha o que eu faço." *Bau*, e dá um murro na cara do [homem]. "Isso é o que eu faço com quem tem ginásio." Está destruindo a sabedoria, o que está acima dele, o conhecimento. É muito bonito esse personagem.

PB: É muito bonito. Esse ressentimento contra o conhecimento, contra o saber e a arte, hoje em dia, está muito manifesto no Brasil. Tem um conto do Guimarães Rosa que é isso também, o *Famigerado*.[8] Ele tem ódio do conhecimento. Hoje, a gente tem uma força política muito representativa, não só no Brasil, mas no mundo, que se revolta contra a ciência, contra o saber, contra o conhecimento. De onde vem isso, Lima, esse ressentimento todo?

LD: Contra o que caminha sobre todos nós, sobre o que acontece sobre todos nós, sobre o que nós não vamos alcançar, ou não podemos. A ciência, Einstein, não é verdade? Quando eu estive preso... Essa é uma história linda também. Fui lá prestar depoimento, aquele negócio que eu contei. Eu estava na escada e veio a Veraneio.[9] Todos nós ficávamos esperando a nossa Veraneio. Veio uma, parou, e o sujeito: "Seu Ariclenes e tal." "É esse aqui." Esse momento, Bial, é verdade, tem uma coisa de tumor, fundo e úmido. Quando virei para o Dionísio Azevedo e disse: "Eles vieram. Avisa lá em casa que eles vieram me buscar. Fala para as minhas meninas que eu volto." Sem saber para onde ia. Esse momento é muito difícil, muito difícil. Entrei, fui e, afinal, era só um depoimento. Não tinha telefone celular, não tinha essas coisas. Quando passei, vi o [delegado Sérgio] Fleury, sentado ali do lado, e o [Romeu] Tuma. E o escrivão que tomou depoimento era fã de novela. Eu fazia uma novela chamada *A gata*,[10] e ele falava: "Ô, ô..." E eles não perguntam, eles afirmam, né? Ele falou: "Você é comunista, né?" Eu falei: "Não, rapaz. Eu sou comunista? Não sou comunista." "Como é que tem esses livros aqui, o Lênin, *O 18 brumário*,[11] Engels e tal?" "Não, meu amigo. Eu posso ter que interpretar o Lênin, então estou estudando a vida dele. Aliás, ele tem a minha cara, com aquele *oclinho*. Hein? Você não acha?" E ele disse: "Esses putos." E veio comigo, e descemos aos porões do DOPS.[12] Chegamos numa sala gradeada, eu vi, sentado no meio da sala, com um paletó de pijama e o torso nu, o paletó puído e uma bermuda também meio puída, mal-arrumada, jogando xadrez com o [Eugenio] Chemp, um líder sindical, Mário Schenberg.

PB: Gente, para quem não sabe, um físico, um grande cientista, conhecido internacionalmente, reconhecido em todo o mundo. Desculpe interromper, Lima.

LD: Ele foi o único na América Latina a ser citado pelo Einstein. Eu falei: "Schenberg. O que eles estão fazendo?" Aí, eu tive a consciência de que eles estavam com muito ódio do conhecimento e iam nos destruir a todos. Nossa Senhora, o Schenberg! E o Chemp levantou, veio... E o esbirro aqui [aponta para trás]. O Chemp levantou e disse: "Ah, pegaram você também?" E eu [faz um som, como se pedisse silêncio, e aponta para trás]. Ele olhou e falou assim: "Ah, não. Mas você é viado. Viado é tudo puta. Ator é tudo viado." Eu olhei para ele, e ele olhando para mim, com olhos de companheiro, e dizia: "Ator é tudo viado. Você não vai nunca..." E eu, ó [passa os dedos pelo rosto, como se fossem lágrimas]. E ele aqui atrás.

PB: Que coisa linda, Lima.

LD: Eu passei por isso. Aí eu tive a consciência disso aí, de tudo. De maneira que não me assustam nada essas barbaridades que você está vendo aí. Hoje, está rindo dos 5 mil mortos, não sei o que lá. "Toma tubaína." O que é isso, hein? Você viu hoje?

PB: É demais, é demais, é demais.

LD: Isso que você está sentindo não dá nem para pensar mais, né? Não dá para responder, não dá para analisar, não dá para mais nada. Não quero ouvir falar nisso, não quero.

PB: Lima, no mesmo dia em que o Jair Messias Bolsonaro disse isso – "A direita toma cloroquina, a esquerda, tubaína" –, o Lula vira e diz: "Ainda bem que veio esse coronavírus, para mostrar que só o Estado resolve."

LD: Isso me deu uma dor também, uma mágoa. Volta a mesma besta, né? Puxa vida. Sabe que, quando o Lula foi candidato na primeira vez, vieram falar comigo. Eu disse: "Eu não voto nesse homem, porque ele promove a glamourização da ignorância." Num país como o Brasil, isso é um crime de lesa-pátria. Não pode ficar falando: "Eu sou ignorante, minha mãe não sabe ler, mas eu sou presidente." Que é isso? Então eles ficaram contra mim. Agora, eu esperava que ele voltasse um pouco mais... Mas voltou com o mesmo papo. Estamos perdidos, viu?

PB: Ai, meu Deus.

LD: Eu separei um negócio do nosso tão querido Guimarães para ler, sempre eterno Guimarães. Tem muitos que a gente cita. Mas ele diz aquela coisa muito bonita, de que eu gosto, eu queria abrir essa nossa conversa, que já está quase fechando, com ele. Diz assim: "Eu quase que não sei nada, mas desconfio de muita coisa."[13] Maravilha, o Guimarães. Mas, a propósito de estar aqui, falando com você... É assim, ó [dramatiza]: "Contar, contar? Ah, contar é muito dificultoso. Não pelos anos que já se passaram, mas pela astúcia que certas coisas têm, de ficar remexendo dentro da gente, fazendo balancê. A vida da gente vai em quadros, em quadros. Assim, uma coisa depois da outra, certinha. Eu acho que, se misturar elas, não vai dar certo, não."[14] Não é lindo? Nossa Senhora.

PB: Ah, Lima.

LD: "É muito dificultoso, é muito dificultoso contar. Astúcia que certas coisas têm, de ficar remexendo dentro da gente."

PB: Assim você acaba com a gente.

LD: Não, querido amigo. Olha, eu tenho uma ideia sobre o *Grande sertão*, e evidentemente é um livro que não fala de um acidente geográfico. É o grande sertão que todos nós temos cá dentro [aponta para o próprio peito]. E as pequeninas veredas [aponta para a própria cabeça].

[Mostram uma cena de *O salvador da pátria* em que Lima Duarte, como Sassá Mutema, contracena com Tássia Camargo, como Marlene Machado.]

LD: A senhora me chamou?

TÁSSIA CAMARGO: Não, eu estava tentando decorar seu nome.

LD: É. Sassá é de Salvador, que é meu nome de batismo. Mutema é o nome da fazenda que eu nasci.

PB: Lima, para a gente encerrar este nosso encontro... Infelizmente, porque, pô, conversa mais deliciosa. Quero mostrar um pedaço da primeira entrevista que fiz com você, que, para mim, foi inesquecível. Foi em 1983, a gente gravou no Retiro dos Artistas. E você lembrou de um fenômeno da natureza que o Ibsen usou. Eu vou mostrar. Você contando sobre os patos selvagens.

LD: Tem uma peça do Ibsen, *O pato selvagem*.

PB: Isso, isso. Olha aí.

[Voltam ao vídeo.]

PB: Você contou uma história bonita para a gente, sobre os patos selvagens e os atores em atividade, os velhos atores. Eu queria pedir isso para você. Para terminar, conta essa história para a gente.

LD: Um fenômeno natural, que é fantástico, que o Ibsen aproveitou na peça *O pato selvagem*, e que depois eu encontrei outra vez, no *Terra dos homens*, do Antoine de Saint-Exupéry, uma referência a esse fenômeno. Porque você tem esses patos domésticos, esses aí que a gente come à califórnia, esse pato bobo aí. Esse patão bobo, quando um pato selvagem passa voando, quilômetros, quilômetros lá em cima, esse aqui é acometido de loucura. Ele se atira e tenta alçar voo, e fica patético, e cai de costas, e grita, e grita, até o selvagem sumir no horizonte. Essa coisa, essa linha invisível e fantástica, que liga um ao outro, é que me preocupa muito, sabe como é? Essa linha é uma coisa fascinante. Eu acho que toda dramaturgia está mais ou menos em cima dela, sabe? Entre o que é e o que poderia ser, o que gostaria de ser e o que não consegue ser.

PB: O que foi.

LD: O foi. O que será. O que já é. O que talvez seja. Não é verdade? Aí, nesse universo, nesse terreninho, é que se movimenta grande parte da dramaturgia, e especialmente os atores. Quando eu venho aqui. Assim, um ator... Acabei de ganhar um prêmio como Zeca Diabo,[15] estou mais ou menos aí, né? E, agora, fui me encontrar ali com velhos amigos meus, velhos atores, já no Retiro. Quantos deles eu vi tentando ali alçar um voo. Alguns até caíram para trás. Meu querido amigo Sadi Cabral, com os olhos cheios de lágrima: "Lima, tem um papel para mim em São Paulo. Me leva para São Paulo, que estão querendo que eu faça uma novela." Eu me lembrei tanto do Ibsen, do pato selvagem, daquele pato. Essa coisa toda me comove muito.

LD: É lindo mesmo. Puxa vida, que linha nos liga a esse voo fantástico que todos nós queremos dar, pretendemos dar. Às vezes, cai de costas. Às vezes, levanta um voozinho.

PB: Muito obrigado, Lima. Muito obrigado pela sua generosidade. E que você continue voando alto, como os patos selvagens. Que a gente fica aqui, apreciando o seu voo e aplaudindo.

LD: Muito obrigado a você, companheiro. Que tentemos nos enxergar, um ao outro. Um abraço e muito obrigado.

PB: Um grande abraço. Te cuida, tá?

LD: Deixa comigo.

Notas

1. Francisco de Assis Chateaubriand Bandeira de Mello (1892-1968), o Chatô, foi um jornalista, escritor, advogado, professor de Direito, empresário, mecenas e político brasileiro. Foi um dos homens públicos mais influentes do Brasil entre as décadas de 1940 e 1960. Era dono do Diários Associados, o maior conglomerado de mídia da América Latina na época, com jornais, emissoras de rádio e TV, revistas e agência telegráfica. Ao lado de Pietro Maria Bardi, fundou o Museu de Arte de São Paulo (MASP). Em 1950 inaugurou a primeira emissora de TV do país, a TV Tupi.
2. Sinhozinho Malta, personagem icônico interpretado por Lima Duarte na novela *Roque Santeiro*.
3. Novela de Dias Gomes, de 1975, que teve trinta capítulos gravados, mas foi censurada pelo DOPS antes de ir ao ar. Em 1986, foi ao ar uma segunda versão, estrelada por Lima Duarte, José Wilker e Regina Duarte. Devido ao seu grande sucesso, foi reprisada duas vezes: em 1991, na extinta *Sessão aventura*, e em 2001, no *Vale a pena ver de novo*.
4. Teatro de Arena foi uma importante companhia de teatro, que iniciou suas atividades em 1953, em São Paulo.
5. *O salvador da pátria*, novela de Lauro César Muniz, exibida pela TV Globo em 1989. Nela, Lima Duarte encarnou o personagem Sassá Mutema.
6. Série de peças musicais do Arena dirigidas por Augusto Boal. *Arena conta Zumbi* (1965), de Augusto Boal e Gianfrancesco Guarnieri, contava a história de Zumbi dos Palmares. No elenco, atores como David José, Lima Duarte e Marilia Medalha, entre outros. *Arena conta Tiradentes* (1967), de Augusto Boal e Gianfrancesco Guarnier, protagonizada por David José, sobre a história do mártir da Inconfidência mineira. *Arena conta Bolívar* (1969), sobre a história de Simón Bolívar, com os atores Lima Duarte e Zézé Motta, entre outros. Esta última não pôde ser encenada no Brasil, devido à censura instaurada pelo AI-5. Teve sua estreia na Cidade do México, em 1970.
7. Personagem do filme *Sargento Getúlio*, de 1983, dirigido por Hermano Penna, versão cinematográfica do romance homônimo de João Ubaldo Ribeiro.
8. Este conto foi publicado no livro *Primeiras estórias*, em 1962.
9. Veraneio, modelo de carro usado pela polícia no período da ditadura militar no Brasil, virou símbolo da repressão da época.
10. *A gata*, novela de Ivani Ribeiro, exibida pela Rede Tupi em 1964.
11. *O 18 de brumário de Luís Bonaparte*, trabalho escrito por Karl Marx e publicado em 1852.
12. Departamento de Ordem Política e Social
13. Trecho de *Grande sertão: veredas*, romance de João Guimarães Rosa, publicado em 1956.
14. Aqui, Lima faz uma paráfrase de trechos de *Grande sertão: veredas*.
15. Zeca Diabo, personagem da novela *O bem-amado*, exibida pela TV Globo em 1973.

BETTY FARIA
A luz é toda dela

PEDRO BIAL: A formação dela não poderia ter sido melhor. Jogo de cintura, sabedoria de rua ela ganhou andando nas pedras portuguesas de Copacabana. Morou? Ritmo, graciosidade? Bailarina, ora. Uma vida na ponta dos pés, fazendo o calo pela beleza. Atuação? Aprendeu vendo aquela gente de três metros de altura, nas telas dos cinemas-templo, cinemas-palácio da década de 1950 em Copacabana. Quando a televisão chegou, e quando ela chegou à televisão, estava tudo pronto. De papel secundário a papel melhorzinho. Galgou, galgou e, passo a passo, alcançou o protagonismo vitalício. E quiseram os deuses da criação que ela ficasse para sempre associada à ideia de coragem e de liberdade de um personagem que Jorge Amado criou, Aguinaldo Silva adaptou, e o Brasil adotou. Trinta anos mais tarde, agora, *Tieta*[1] é sucesso renovado – desta vez, no Globoplay – e continua atualíssima. A disputa da mulher libertária com sua irmã vilã Perpétua pode até servir como alegoria para este nosso país que está rachado entre a sua vocação generosa e sua tradição sovina. Precisamos, mais do que nunca, daquilo que Tieta e a mulher que a encarnou representam. O Brasil precisa de Betty Faria. Boa noite, Betty.

BETTY FARIA: Uau. Depois dessa, eu já começo emocionada. Boa noite. Ui.

PB: Que bom que eu pude dizer isso para você, Betty. Que bom, minha querida.

BF: Boa noite a todos que estão assistindo a esse programa. Eu quero dar o meu abraço, a minha solidariedade, o meu carinho para todas as pessoas que perderam os seus entes queridos, seus familiares. É um momento em que nós temos que ter muito respeito, muita solidariedade, por tanta gente sofrendo.

PB: Betty, agora, nós que temos a oportunidade de cumprir o isolamento, de... Porque é uma oportunidade, para não dizer um privilégio e tudo. O que você tem feito de bom nesse confinamento, nesse isolamento forçado?

BF: De bom? Assim, gratidão à vida, de poder estar aqui. Gratidão à vida, de poder estar dando uma entrevista para você, dando um abraço no Brasil, que está assistindo a esse programa, e que está tão sofrido. E tenho visto muito cinema. Porque o cinema foi o meu sonho. Desde pequena que vejo o cinema. Sou louca pelo cinema. O cinema brasileiro, que precisa tanto desempacar e que me deu tantas alegrias na vida. Com o cinema brasileiro, conheci muitos lugares no mundo e vi como o cinema brasileiro é bem-recebido. Nos festivais internacionais, pude ver isso tudo. Este ano, ele esteve no Festival de Berlim com quatro representantes. Esteve no festival de Cannes. Tem recebido prêmios, elogios, por todos os lugares por que passa. E, aqui no Brasil, ele está empacado há dois anos.

PB: Empacado, Betty, é bondade sua. Na verdade, há uma política de governo de sabotagem do cinema brasileiro. Eu posso falar assim, com essa clareza, porque isso é declarado. A gente tem, por exemplo, verbas que pertencem ao cinema, que são geradas pela indústria do audiovisual, e que são destinadas à própria indústria, e que estão contingenciadas. O que os caras que estão no poder agora não estão entendendo sobre a importância do cinema brasileiro, não só como formação de identidade, mas econômica, de gerar empregos...?

BF: Eu quero te interromper. Você sabe que a indústria audiovisual emprega mais gente do que a indústria automobilística?

PB: [Acena com a cabeça, concordando.]

BF: E que nós temos, em média, 350 mil técnicos do audiovisual desempregados neste momento? Essa verba que você falou é do Condecine [Contribuição para o Desenvolvimento da Indústria Cinematográfica Nacional]. Essa verba é nossa, e o importante, que a gente tem que esclarecer para o público no Brasil, é que essa verba não é mamata, essa verba é nossa, é do cinema brasileiro, que está ali, rendendo juros. E esses juros também são nossos, do cinema brasileiro. Nós temos direito. O cinema brasileiro tem direito a essa verba e aos juros que estão rendendo. Porque tudo isso está empacado. Quero abrir um parêntese, que é importantíssimo que as pessoas entendam que o cinema não pega dinheiro do povo, não é mamata. É uma lei que está há anos [em vigor], que todo audiovisual deixa um pingadinho ali, que é exatamente esse dinheiro que estaria alimentando esses 350 mil, 400 mil técnicos do audiovisual agora, nesta pandemia. Isso tem que se resolver, porque o país precisa de educação, saúde e cultura. Um país sem cultura não é nada, é uma caixa de papelão.

PB: O que está ficando absolutamente evidente, inclusive na quarentena. Porque o que as pessoas fazem para se distrair, fechados em casa?

BF: Vê filme.

PB: Exato. E vê televisão, consome arte, consome cultura.

BF: Vê série. É, consome arte. Até a museu pode ir online.

PB: Assim que a gente combinou a entrevista, você falou que queria mostrar uma coisa. E vou mostrar agora. Vamos assistir, tá?

[Mostram Betty Faria com seus troféus e prêmios.]

BF: Quero apresentar alguns dos prêmios que ganhei na minha carreira. Este coral bonito negro aqui é do Festival de Cinema de Cuba, que ganhei com *Romance da empregada*.[2] Este aqui é o troféu Air France de Cinema, com o filme *A estrela sobe*.[3] Aqui é uma homenagem do Festival de Gramado: Troféu Oscarito.[4]

Aqui também é outro Air France de Cinema, que eu ganhei com *Romance da empregada*. Aqui, é o Kikito [troféu do Festival de Gramado], *Os anjos do arrabalde*,[5] do Carlos Reichenbach. Este ganhei com *For all – o trampolim da vitória*,[6] direção de Luiz Carlos Lacerda, o Bigode. Foi o primeiro festival do Mercosul, em Punta del Este [no Uruguai]. Aqui, é um prêmio lindo, do Festival de Cinema de Huelva, na Espanha, que ganhei também com *Romance da empregada*. Este é o [Troféu] Candango, do Festival de Cinema de Brasília, que ganhei com *Perfume de gardênia*,[7] de Guilherme de Almeida Prado. Aqui, o Troféu Vittorio De Sica, que ganhei no Festival de Sorrento, na Itália. Tenho Festival de Miami. Festival de Fortaleza, que ganhei com *Bens confiscados*,[8] de Carlos Reichenbach. Aqui, foi uma homenagem do Festival de Gramado. Aqui, são outros prêmios de televisão, mais antigos. Ufa. Mas ainda está vago ali em cima, olha [mostra um nicho da estante]. [Risos]

PB: Ai, que maravilha. Olha para tanto canto que o cinema levou você. E levou o Brasil, né? Porque cada troféu desses no exterior é você encarnando o Brasil, levando o Brasil para o mundo.

BF: Pois é, Pedro. E eu tinha muito orgulho do Brasil, porque fui criada ouvindo em casa que o petróleo é nosso, que meu pai não concordava com militar na política e que o Brasil era o país do futuro. E o futuro chegou, e não estou orgulhosa. Quero voltar a ser orgulhosa. Mas já faz alguns anos, eu estava gravando no interior, e gravei num hospital, e depois gravei numa escola, e fui vendo a precariedade da saúde, do ensino, dos colégios. Os professores ganhando tão pouco. Eu falei: "Gente, falavam que o Brasil era o país do futuro. Mas o futuro já chegou, e isso aí continua." Eram hospitais com uma seringa só, no interior da Bahia. Eram colégios com goteira, com infiltração. As professoras ganhando tão pouquinho. Uma falta de investimento no povo. E isso junto com a falta de cultura. É isso que quero voltar a ter: orgulho do Brasil. Quando eu estiver num festival de cinema internacional, quero poder dizer: "Eu sou do Brasil, eu trouxe um filme brasileiro." Não tenho mais esse orgulho.

PB: É. Acho que, para a gente voltar a enxergar tudo o que o Brasil pode ser no futuro, vai ter que recapitular algumas coisas. Por exemplo, este ano, faz 40 anos que você e seu amado amigo José Wilker estrelaram um filme que era dedicado... No fim, aparecia nos créditos assim: "Ao povo brasileiro do século XXI." Era *Bye-bye, Brasil*. O filme *Bye-bye, Brasil* tem esse nome porque realmente, em 1980, o Brasil estava se despedindo de uma era. E a televisão é a personagem que percorre essa transformação que o filme retrata. A gente pediu para o Cacá [Diegues], diretor do filme, comentar uma sequência-chave de *Bye-bye, Brasil*, em que você, o seu personagem, comete um ato terrorista em praça pública. Vamos lembrar. Vamos ver, e o Cacá comentando a cena.

[Mostram cena do filme *Bye-bye, Brasil*: os personagens de José Wilker, como Lorde Cigano, e Betty Faria, como Salomé, estão na frente de uma lona de circo.]

JOSÉ WILKER: Casa fraca, hein?

BF: Deve ser dia de procissão.

JW: Não. Não é, não. Nem choveu hoje, nem teve final de futebol, e este é um lugar onde a gente sempre se deu bem. Só se... Só se esse prefeitinho de merda andou inaugurando um...

[Cacá Diegues aparece numa segunda tela.]

CACÁ DIEGUES: Esta cena foi concebida desde o início. Ela está no argumento mesmo. E é o momento em que a televisão dá o seu passo definitivo em relação ao circo, à caravana. Essas dramaturgias populares que desaparecem por causa da televisão. Então a televisão é a inimiga do circo nesse momento. Como a televisão ainda era uma coisa mais difícil de [as pessoas] terem, o prefeito que botasse uma televisão na praça pública era um herói da cidade. Era um herói da cidade. A novela que está ali [na cena] é *Dancin' days*,[9] que era a novela da moda, com Sônia Braga. Era a novela mais popular que tinha no momento. Estava lançando a música popular daquele momento. Quando a Betty Faria se aproxima dos caras, os caras não conseguem olhar para ela, só olham para a televisão. Aquilo foi uma ideia da Betty também, que foi muito boa ideia.

[Na cena do filme.]

BF: Buenas noches, seu Prefeito [a personagem de Betty Faria entrega um folheto ao prefeito da cidade, que pega o papel sem tirar os olhos da tela à sua frente].

[Voz em off de Cacá Diegues]

CD: A ideia de explodir a televisão, é claro que essa é uma ideia maluca minha, porque ninguém explode uma televisão mudando somente um fusível da televisão, como a gente vê a Betty fazer, né? Foi uma ideia que é uma espécie, assim, de *overacting*. Para ser realmente dramática essa cena. Para ser realmente uma disputa radical com a televisão.

[Na cena, o personagem de José Wilker gesticula e diz algumas palavras, como se lançasse em encantamento em direção à TV que está diante do público. A personagem de Betty Faria troca um fusível de lugar no aparelho de TV e ela explode. O público levanta-se, assustado.]

CD: Betty Faria foi uma pessoa fantástica no filme, porque ela representou não só o que ela era mesmo, a grande atriz que ela sempre foi, mas também uma perspectiva de Brasil, uma perspectiva de coisas que podiam acontecer ainda.

[Na cena do filme.]

BF: Eu acho que a gente não agradou nadinha.

PB: Ah, Betty. Vocês viajaram. Era um *road movie*, né? Um filme de estrada. O que que você lembra que ficou dessas viagens? Foi uma aventura fazer aquele filme, né?

BF: Pedro, às vezes penso que eu deveria ter escrito um livro, um [A] *noite americana*,[10] "uma noite brasileira". Eu deveria ter escrito um livro, porque foi tudo tão diferente. Conheci realmente o Brasil ali. Filmei na [rodovia] Transamazônica. Fiquei hospedada no acampamento do DNER

[Departamento Nacional de Estradas de Rodagem], ficamos presos ali, porque tem muita chuva, muito grossa. Pegamos um avião Bandeirante, e a bagagem vinha de tarde. Passamos por incêndio em Belém do Pará. E, seis meses depois, estávamos subindo as escadas do Palm d'Or Festival, de braço dado, Wilker e eu. Produção de Lucy e Luiz Carlos Barreto. Wilker, Zaira Zambelli, Fábio Júnior. Direção do Cacá Diegues.

PB: Você é uma menina de cinema, que frequentava os cinemas de Copacabana... Eram cinemas meio palácios, né? Era uma coisa linda. Mas você lembra de quando curtiu televisão pela primeira vez?

BF: Lembro.

PB: A que você assistia?

BF: *Grande teatro Tupi*.[11] Eu já devia ter uns 12 anos. Meu pai comprou uma televisão. Porque, antes, via na casa da vizinha. Aos sábados à noite, eu via *Grande teatro Tupi*. E eu queria aquilo, eu queria ser aquilo, eu queria fazer aquilo. Também porque eu era louca por musicais da Metro. Então via os filmes que tinham no Metro Copacabana – que minha avó me dava um dinheirinho para eu ir ao cinema. E tinha, ao lado do Metro Copacabana, o Arte Palácio, onde eram exibidos os filmes europeus. E, na televisão, era o *Grande teatro Tupi*. Eu era louca por aquilo.

PB: Mas, aí, quando você entra na televisão, ainda não entra como atriz, você entra como bailarina, como dançarina. É isso?

BF: É. Fiz o teste – ridículo, inesquecível – com o Geraldo Casé, o pai da Regina [Casé]. Porque ele dirigia o programa, que aceitava as bailarinas. Elas eram muito importantes no corpo de baile da *Noite de gala*.[12] Botei o *tutu* de bailarina clássica, com sapatilha de ponta, e fui fazer o teste me achando, né? E cheguei lá, o Geraldo Casé olhou para mim... E veio o Juan Carlos Berardi, o coreógrafo, e disse: "*Nena, no es nada de eso. Saca todo esto.*" E tirou meu *tutuzinho*, me deu um sapato alto de cetim, de sete centímetros e meio. E eu estreei cantando [entoa a melodia e simula a coreografia com os braços]: "*Les girls, les girls.*"[13] Foi assim. [Risos]

PB: [Risos] Que maravilha, que maravilha. E este ano, da desgraça de 2020, tem efemérides. Olha: 70 anos de televisão, 40 anos do *Bye-bye, Brasil*, 40 anos – não dá nem para chamar de morte – da entrada na eternidade de Vinicius de Moraes. E como você conheceu o Vinicius, para ele te chamar para ser a voz, para dialogar com ele, no "Canto de Ossanha"?[14]

BF: [Risos] É uma história inacreditável. Eu trabalhava num show, com Grande Otelo. Foi meu primeiro show como estrela do Carlos Machado: *Xica da Silva 63*. E Grande Otelo "se guardou"... Eles chamavam assim, o termo era assim. Ele "se guardou" na clínica São Vicente, onde estava também, "guardadinho", Vinicius de Moraes. E Grande Otelo saía da clínica São Vicente para ir fazer o show. E, nessa história, eu conheci Vinicius, fiquei amiga de Vinicius, e Vinicius gostava muito da minha voz. Quase que eu entrei nessa e fui cantora. [Risos] Ele gostava da minha voz.

PB: Vamos ouvir um pouquinho do "Canto de Ossanha", porque pouca gente se lembra que é você. E esses *afro-sambas*,[15] do Baden [Powell] e do Vinicius, são um momento lindo da cultura brasileira. [Canta] "O homem que diz 'dou'...".

BF: [Canta] "...não dá". [Risos]

PB: Vamos lá.

> [Inicia-se um áudio com um trecho da música. Betty Faria e Vinicius de Moraes fazem um dueto.]

"O homem que diz 'dou' não dá, porque quem dá mesmo não diz/ O homem que diz 'vou' não vai, porque quando foi já não quis/ O homem que diz 'sou' não é, porque quem é mesmo é 'não sou'/ O homem que diz 'tô' não tá, porque ninguém está quando quer/ Coitado do homem que cai no canto de Ossanha, traidor/ Coitado do homem que vai atrás de mandinga de amor/ Vai, vai, vai, vai, não vou/ Vai, vai, vai, vai, não vou/ Vai, vai, vai, vai, não vou/ Vai, vai, vai, vai, não vou/ Que eu não sou ninguém de ir..."

PB: Isso é Brasil, né, Betty? Que coisa maravilhosa.

BF: Você, hoje, me pegou duas vezes seríssimo. *Bye-bye, Brasil*, com Wilker... E agora você me pegou. Estou emocionada. Eu estou: "Glupt" [põe a mão na garganta]. Sabe?

PB: Mas é emocionante mesmo. Você lembra dessa situação? Vocês gravaram juntos, no estúdio? Microfone com microfone?

BF: Claro, claro. [Imita a voz de Vinicius de Moraes] "Betinha, vem. Vem, Betinha, vem. Vamos cantar isso aí. Você tem uma voz boa. Vem, Betinha, vem." [Risos]

PB: [Risos] Pois é, olha quanta coisa bacana a gente está falando, que é Brasil, só poderia ter sido feita no Brasil. Pode ser um pouco de ilusão minha, mas 70 anos de televisão... A criação da televisão brasileira, uma televisão de excelência, comparada à televisão do mundo inteiro, foi uma grande aventura, muito bem-sucedida, que prova que a gente pode fazer um país, né? E você é parte tão luminosa dessa história. Eu ia te propor de: eu falar os nomes de algumas pessoas que viveram essa aventura da televisão brasileira com você, e você falar uma frase de cada uma delas.

BF: Ui. Ai, Pedro.

PB: Janete Clair.

BF: Ai, essa foi tudo de bom. Ela acreditou em mim. Porque as pessoas, nesses anos, no começo dos anos 1970, tinham muito preconceito, porque me achavam muito rebelde, me achavam muito diferente. E a Janete me deu a quinta mocinha, quarta, terceira, segunda, primeira mocinha. Ela acreditou em mim. Tenho toda a minha gratidão, toda a minha gratidão. Tudo o que eu consegui, começar na televisão, foi Janete Clair que me deu a chance.

PB: E o nosso querido Boni?[16]

BF: Ah, o Boni. [Risos] Ele puxava as minhas orelhas. Mas ele tinha razão. [Risos] Eu era muito, muito...

PB: Rebelde.

BF: Muito rebelde. Porque é isso, eu contestava: "Não quero fazer." Ele ficou louco comigo. Ele praticamente cortou relações comigo, porque, depois de tudo que a TV Globo sofreu com a censura, tendo o *Roque Santeiro*[17] sido censurado... Anos depois, eles conseguiram botar o *Roque Santeiro*. "Vamos fazer *Roque Santeiro*?" Eu disse: "Eu não vou fazer, eu não vou fazer o *Roque Santeiro*." "Mas como? É o melhor que a TV Globo tem para você." Eu disse assim: "Eu não tenho condições psicológicas de fazer." "Mas como você não pode?" Eu tinha dois motivos muito sérios. Primeiro, eu odiava a Viúva Porcina. Achava ela de quinta. Era uma pessoa detestável. Hoje, ela estaria naquele grupo que ficava lá na frente do Palácio da Alvorada, de bandeira [na mão]. Detestava ela, eu tinha uma implicância com ela. E, depois, foi um momento muito sofrido para mim, afetivamente. Porque, quando gravei, meu filho estava bebezinho. Eu deixava com uma pessoa da minha confiança, e a minha mãe ia lá para casa, mas aquilo era uma violência, deixar aquele bebê e ir gravar a Viúva Porcina, de quem eu nem gostava. Eu gostava da Tieta. Anos depois, fiz a Tieta.

PB: Mesmo porque, quando a primeira versão do *Roque Santeiro* é censurada, vocês fazem aquela novela maravilhosa *Pecado capital*,[18] que foi extraordinária. Com o mesmo elenco. E que Janete tirou da cartola, assim, de uma hora para outra.

BF: Tirou da cartola. E a gente tem que jogar tapete vermelho para Daniel Filho, que modernizou. Porque era uma história de rádio da Janete Clair. E ele ia para a casa da Janete todas as noites, e eles modernizaram a história, e começamos a gravar no subúrbio dos trens. E aquela trilha sonora [canta]: "Dinheiro na mão é vendaval, é vendaval."[19] Aquilo era uma coisa linda.

[Mostram um trecho da novela *Pecado capital*, em cena, Lima Duarte, como Salviano, e Betty Faria, como Lucinha.]

LIMA DUARTE: A senhora. Ué, me disseram que era o contato.

BF: É, eu agora sou o novo contato.

PB: Então vamos falar da personagem que virou você, e você virou a personagem. Porque simboliza coragem, a coragem que você deu e dá para muitas mulheres. Olha só, vamos lembrar da Tieta.

[Mostram cena de *Tieta*. Betty Faria, como a personagem título, contracena com Joana Fomm, Perpétua.]

BF: A primeira vez que eu entrei no seu quarto, abri essa caixa, eu fiquei tão horrorizada. Como é que eu podia imaginar que a minha irmã, uma viúva honesta, temente a Deus... Não, eu não posso entender. É demais. Isso aqui é sórdido e é indecente.

JOANA FOMM: Como? Como foi?

BF: Como foi o quê? Que eu descobri essa caixa? Pois se a cidade inteira sabe. Até aposta já fizeram para saber o que é que tem aí dentro.

PB: O que tinha naquela caixa da Perpétua?

BF: Ah! [Risos] Eu não conto, eu não conto. Esse é um assunto de Perpétua. [Risos] Mas a *Tieta* é um sucesso. Está agora no Globoplay. Fico tão feliz. Porque ela simboliza a liberdade, a esperança. Ela chegou em um momento do Brasil em que o país tinha muita esperança na renovação, na liberdade, na igualdade. Ela sempre mostrou ser contra qualquer tipo de preconceito: racial, de sexo, de classe. Tieta era uma pessoa do bem, que pregava a amizade, a fraternidade. Então é uma coisa que eu sinto tanta falta agora. E o respeito. Tanta falta. Se você dá uma opinião que seja, numa rede social, tem tanta gente agredindo, dizendo tantas coisas pesadas. O Brasil tão dividido. Eu estranho, eu desconheço esse Brasil. Espero que isso passe logo e que as pessoas voltem a se respeitar, sem essa coisa, essa paranoia: "É comunista", "É de direita", "É de esquerda". Essa coisa horrorosa. Espero que isso acabe logo.

PB: Ô, Betty. Esperança. Lembra do espetáculo que Paulo Gracindo ficou um tempão [em cartaz], *Brasileiro, profissão: esperança*.

BF: Pois é, pois é.

PB: A gente está precisando exercer esse ofício, né?

BF: É, [a gente] está precisando exercer esse ofício, mas não só esse ofício. Uma reeducação. De valores, de solidariedade, de humanidade.

O Brasil está precisando, além de tudo, de humanidade. Quando uma pessoa joga uma criança de cinco anos no elevador, porque a criança deve estar incomodando, é humanidade que está faltando. Esses valores de que estão precisando. Estão precisando respeitar os professores. Estão precisando respeitar os índios, que estão tendo as terras invadidas e pegando a covid-19. Estão precisando pensar no outro, olhar o outro. Estão precisando acabar com a banalização... Porque tem esses crimes, né? Muita arma, entrou muita arma. Então os traficantes brigam com as milícias... E aí morrem. Dizem que este ano morreram 16 crianças de bala perdida. É uma banalização. Isso não é normal. Estou, aqui, me solidarizando com todas as mães, com todas as famílias, com todas as pessoas que estão perdendo os seus entes queridos. Não só com a peste, que não está sendo bem administrada no país, mas também com as crianças que morrem de bala perdida no país, na favela, no subúrbio, na rua. O brasileiro está precisando de solidariedade. "Brasileiro, profissão: esperança" era no Brasil que a gente acreditava, achava que tinha futuro. Agora, precisa ter uma reeducação moral e cívica. Mesmo.

PB: Betty, poxa, é sempre muito bom estar com você. Espero que a gente saia dessa. E que você seja ouvida, que tudo isso que disse realmente cale fundo nas pessoas. Vem cá, Betty, se você pudesse, agora, onde você queria estar?

BF: Adoraria estar com toda a minha família, bem abraçadinha, em qualquer lugar.

PB: Faz uma falta abraço, né? Nossa. Que coisa.

BF: Ui. [Cruza os braços, em sinal de abraço] Meu abraço para todos vocês. [Risos]

PB: [Risos] [Bial repete o gesto de Betty Faria] Muito, muito, muito obrigado, Betty. Sempre adoro te ver e conversar com você. Te cuida, tá?

BF: Eu também, Pedro. Você também. Um beijo. Um beijo para todo mundo. Um beijo.

Notas

1. *Tieta*, novela exibida pela TV Globo entre 1989 e 1990, adaptação do livro *Tieta do Agreste*, do escritor baiano Jorge Amado.
2. *Romance da empregada*, filme brasileiro de 1988, dirigido por Bruno Barreto.
3. *A estrela sobe*, filme brasileiro de 1974, dirigido por Bruno Barreto e baseado no livro homônimo de Marques Rebelo.
4. O Troféu Oscarito é uma deferência do Festival de Gramado, entregue àqueles que são considerados grandes nomes do cinema brasileiro.
5. *Os anjos do arrabalde*, filme brasileiro de 1987.
6. *For all – o trampolim da vitória*, filme brasileiro de 1997.
7. *Perfume de gardênia*, filme brasileiro de 1992.
8. *Bens confiscados*, filme brasileiro de 2004.
9. *Dancin' days*, novela de autoria de Gilberto Braga, exibida pela TV Globo entre 1978 e 1979.
10. O filme de François Truffaut de 1973 conta a história de um cineasta durante a produção de um filme, seus imprevistos, os bastidores e os improvisos para terminar o projeto.
11. *O Grande teatro Tupi* foi um programa de teleteatro criado por Sérgio Britto e produzido pela TV Tupi nos anos 1950.
12. *Noite de gala*, programa de variedades exibido nas décadas de 1950 e 1960.
13. Canção do filme de comédia musical norte-americano *Les girls*, de 1957, estrelado por Gene Kelly.
14. "Canto de Ossanha", faixa do álbum *Os afro-sambas*, de Vinicius de Moraes e Baden Powell, lançado em 1966.
15. A expressão serviu para identificar o conjunto de composições de Baden Powell e Vinícius de Moraes, que criam a fusão de cantos africanos e gregorianos com elementos rítmicos do candomblé, e resultou no álbum *Os afro-sambas*, em 1966.
16. José Bonifácio de Oliveira Sobrinho (1935-), diretor de televisão e publicitário. Trabalhou na Rede Globo de Televisão como diretor de 1967 a 1997. Depois disso, prestou consultoria à empresa até 2001.
17. *Roque Santeiro*, novela da TV Globo de 1975, foi censurada pelo governo militar quando ainda estava na fase de gravações. Em 1985, já no período pós-abertura política, *Roque Santeiro* ganhou uma nova versão na emissora. A versão de 1985 era praticamente a mesma que havia sido censurada em 1975, tendo poucas adaptações.
18. *Pecado capital*, novela exibida pela TV Globo entre 1975 e 1976. Para a realização desta novela, parte do elenco e dos cenários de *Roque Santeiro*, produção que havia sido censurada pelo governo militar, foi aproveitada pela sua autora, Janete Clair.
19. Versos da música "Pecado capital", de Paulinho da Viola.

GLÓRIA PIRES
A favorita das lentes

PEDRO BIAL: Para ela não há palco como um estúdio de televisão. É a primeira grande atriz brasileira 100% formada na TV. Quando criança, era levada pelo pai para acompanhar as gravações. Depois que se tornou adulta, fez a mesma coisa com as filhas. As duas filhas também se tornaram atrizes. Ela tinha cinco aninhos quando apareceu pela primeira vez na telinha, na abertura da novela *A pequena órfã*.[1] Depois, aos nove anos, ganhou o primeiro personagem numa novela, em *Selva de pedra*.[2] É uma exceção. Caso raro de uma criança prodígio que faz a transição da adolescência e vai se tornando cada vez melhor com o tempo. Ela brilhou em todas, todas, em todas as dezenas de papéis que defendeu. Mas, para muita gente, ela é especialmente inesquecível como a vilã com nome de santa, Maria de Fátima, em *Vale tudo*.[3] E, nessa nossa série de conversa celebrando os 70 anos da televisão brasileira, ela não poderia deixar de estar ali, na linha de frente das protagonistas. A grande dona da TV nacional, a coisa mais querida, a glória da vida: Glória Pires.

GLÓRIA PIRES: Ah, mas que coisa linda. Muito obrigada. Que palavras tão lindas, Bial.

PB: Imagina. Linda é você. Tudo o que você já nos deu de alegria e emoção, a gente tenta agradecer sempre que pode.

GP: Ah, obrigada.

PB: Glória, antes, como menina, espectadora, quais são as suas lembranças mais antigas da televisão brasileira? A que programas você gostava de assistir? Você lembra a primeira novela que você acompanhou?

GP: Acho que era da TV Excelsior, uma novela em que a Regina Duarte fazia uma extraterrestre.[4] Eu acompanhava essa novela. Não me lembro se diariamente. Nem sei se passava novela diariamente naquela época, eu era muito criança. Tenho a lembrança de ver aquilo, achar incrível aquele negócio de seres extraterrestres que vinham para a Terra e se alimentavam de partículas de íons. E eu vibrava com aquilo.

PB: E programa infantil? Você tinha algum? Lembra de alguma coisa?

GP: *Vila Sésamo*[5] acho que foi o primeiro.

PB: Sônia Braga.

GP: Sônia Braga, Armando Bógus. Era uma galera também de responsa.

PB: E olha só quem você já citou aí. Numa novela, Regina Duarte. Em *Vila Sésamo*, Sônia Braga, Armando Bógus. Olha o nível da dramaturgia através da história da televisão. É incrível.

GP: É incrível mesmo. E nossos atores são maravilhosos. Não ficam nada a dever para nenhum outro do mundo. São maravilhosos.

PB: Como uma escola que tem uma cara nacional. Não é papel-carbono, não é uma coisa de macaquinho de imitação.

GP: É, totalmente brasileiro.

PB: São atores *brasileiros*.

GP: Um tempo muito diferente, um estilo muito pessoal, muito nosso. Mesmo na época em que as novelas eram mais...

PB: Mexicanas?

GP: É. Acho que desde *Beto Rockfeller*[6] começou essa busca por trazer a realidade para as novelas. Se aproximar mais da realidade.

GP: E, depois, o nosso Daniel [Filho]. Ele também inovou demais. E que coisa incrível que foi *Ciranda cirandinha*.[7] Todas aquelas séries daquele período, que foi o mesmo período de *Dancin' days*.[8] Foi uma época muito rica, muito importante mesmo. Mudou complemente os padrões.

PB: Daniel era muito ousado. Todo mundo tinha gosto pela ousadia. Por se arriscar um pouquinho. Queria voltar ao Daniel daqui a pouquinho. Mas, antes, só para dar uma passada nessa sua infância, porque vivi uma coisa parecida, de frequentar bastidores. Eu era muito fascinado, me lembro de ficar olhando, de baixo para cima, e de ficar ouvindo as conversas dos atores e atrizes, aprendendo com aquilo. Que lembranças você tem de quando o seu pai levava você para as gravações e você via a televisão por dentro?

GP: É engraçado, porque ainda hoje tenho isso. Cada vez que vou começar um trabalho, cada vez que vou a um novo set, conhecer ou reencontrar colegas em um novo trabalho, ainda sinto isto: a mão gelada, o coração parece que vai sair pela boca, um monte de borboletas na barriga. E essa sensação era o que acontecia comigo. E ficava observando os atores, como se comportavam, como interagiam. Não relacionado ao meu pai. O meu pai sempre foi igual, no trabalho e em casa. O mesmo brincalhão, piadista, debochado, amoroso, muito camarada com todo mundo. E isso me encantava, a maneira de ele tratar as pessoas. Porque eu sempre tinha o feedback... As pessoas sempre diziam: "Poxa, o seu pai é tão bacana, que figura, que cara bacana." Então isso ficou muito forte para mim. Como uma maneira correta de se comportar no trabalho.

PB: Para quem não está ligando o nome à pessoa, o pai de Glória é Antônio Carlos Pires. Ainda hoje ele é lembrando com muito carinho pelos fãs da *Escolinha do Professor Raimundo*,[9] onde era o Joselino Barbacena. Você não considerou se tornar comediante, com o pai sendo comediante? Essa não foi a primeira escolha?

GP: Na verdade, eu tinha tanto medo de estar ali. Acho que tem alguma explicação freudiana para isso, porque, realmente, tinha verdadeiro pavor. Cada vez que eu ia fazer uma cena, era como se tivesse duas mãos aqui, me estrangulando. Isso durou muito tempo. Levou um bom tempo para eu conseguir digerir isso e respirar normal, curtir estar em cena.

PB: Muito estranho ouvir isso de você, Glória. Esse medo, essa paúra. Porque, para a gente, que vê a sua relação de total intimidade com a lente, parece que você já nasceu abraçada na câmera, feliz da vida. Como se desenvolveu essa intimidade, de você gostar tanto da câmera e da câmera gostar tanto de você?

GP: Treino, né? Treino, treino, treino. Muito treino. Muito trabalho de respiração. Fonoaudióloga. *Mindfulness*. [Risos] Muita técnica.

PB: Glória, muito se fala da interpretação televisiva. Tem que ser tudo muito pequenininho. As emoções, tudo tem que ser transmitido com muita delicadeza... É um veículo hiperbólico, que exagera tudo. Como é? É tudo no olho, Glória?

GP: Sinceramente não sei descrever esse processo. [Risos] É o momento da ação. Meu primeiro grande trabalho foi com o Daniel, *Dancin' days*. E ele trazia muito essa vontade de colocar as pessoas, na novela, como se elas estivessem em suas casas. Sempre fui bem-comportadinha, e ele dizia: "Você não senta assim no sofá da sua casa. Você põe o pé em cima do sofá." E eu falava [risos]: "Não, eu não ponho o pé em cima do sofá." "Não, mas aqui na novela você vai botar o pé em cima do sofá. Porque não tem adolescente que não ponha o pé em cima do sofá. E quero uma novela realista." Então o Daniel trouxe muito essa cara. De falar sem projetar a voz, de agir com naturalidade, sem estar posada. As marcas que ele propunha sempre eram muito orgânicas.

PB: A gente sabe que o Daniel é um monstro de um artista, mas que ele também pode ser um monstro, ou pôde ser um monstro. Como foi com você? Você tinha oito anos e fez um teste para a novela *O primeiro amor*.[10] O famoso diretor de televisão já, Daniel Filho, disse que você não passou no teste. Como ele explicou para essa menina de oito anos que ela não levaria o papel?

GP: [Risos] Porque tinha outra menina que era mais bonita.

PB: Ele falou que ela era mais bonita ou que você era mais feia? [Risos]

GP: Não, ele falou que ela era mais bonita. Mas entendi, por isso, que eu era mais feia. Porque, para mim, não tinha sentido. "Mas por que eu não passei?", eu falei. "Seu teste foi muito bom." "Mas, então, por que não passei?" "Ah, porque ela tem uma carinha, assim, mais... Como eu posso dizer? Mais... Ela é mais bonita, tem uma carinha mais de bonequinha." [Risos] E aquilo, para mim, foi uma facada, que durou muito tempo. Durou, sei lá, sete anos.

PB: Você ficou com isso engasgado com o Daniel, presumo, durante muito tempo.

GP: Muito.

PB: Glória, você teve essa DR com o Daniel alguma vez? Você contou para ele? Ele não devia nem se lembrar que fez isso com você quando criança.

GP: Exato. A gente fez alguns trabalhos. E claro que cada vez que eu encontrava com ele... Aquilo estava lá guardado, estava adormecido, em algum lugar do passado. E um dia, do nada, a gente se cruzou. E eu tinha dado uma entrevista e falei bem de alguém. Acho que falei que eu devia ao Gilberto [Braga] – alguma coisa assim – o papel de *Dancin' days*, que foi a personagem que me projetou nacionalmente. Foi um enorme sucesso aquela novela. E falei do Daniel, mas, na matéria, só saiu o nome do Gilberto, não saiu o nome do Daniel. E, aí, encontrei com ele: "Oi, Daniel. Tudo bem?" A gente tinha uma relação cordial. Aí ele falou: "Vi uma matéria sua, você estava muito bonita, não sei o quê." Aí eu falei: "Ah, viu? Gostou?" "Não, não gostei, porque você não me agradeceu." E aí veio tudo aquilo que estava represado. Foi uma cena de novela. E ele ficou assustado... Depois ele me ligou. Porque vomitei tudo nele e saí puta da vida. Magoada. Aquilo tudo aflorando. E ele me ligou, falou: "Olha, vamos nos encontrar? Quero conversar com você. Tenho uma proposta para lhe fazer e quero muito conversar sobre aquilo que você me falou." E a gente se encontrou, e ele não se lembrava daquilo. Se desculpou. E eu o perdoei. Desde então, esse muro se desfez e viramos irmãos. E fizemos.

PB: Quantas coisas maravilhosas vocês fizeram juntos. Na televisão e no cinema também.

GP: No cinema, muito.

PB: Vem cá, *Vale tudo*, de 1988. A novela diz tanto sobre o Brasil de hoje. Diz mesmo?

GP: Muito. Fui assistir. Não costumo assistir a novelas que eu tenha feito. Mas quis assistir. Considero a melhor novela que a gente já fez. Fiquei impressionada revendo, porque as personagens eram muito reais. Sem ter mocinho e sem ter o bandido. Todas humanas, com seus dramas humanos. E cenas enormes. Mas nada ao acaso.

PB: Mesmo sendo cenas enormes, o que você acha do ritmo, quando assiste hoje? Porque tem gente que acha: "Não, elas eram mais lentas." Tenho minhas dúvidas se eram mais lentas. Algumas, pode ser que fossem lentas. Mas e no caso de *Vale tudo*?

GP: No caso de *Vale tudo*, não. Porque todas tinham uma função. Em todas as cenas, alguma parte da história estava sendo contada. E, como as personagens eram muito interessantes... Você também não tinha uma apresentação: "Primeiro capítulo, tem que estar todo mundo." Não. Eram personagens que iam entrando, iam temperando. E aí a trama que estava muito num núcleo, ia para outro. As personagens se cruzavam, sem se conhecerem ainda, nas cenas. É uma estrutura muito inteligente.

PB: Você falou desses personagens que eram bons e ruins ao mesmo tempo. Então vamos da vilã Maria de Fátima para aqueles dois papéis que você fez? Não, eram *quatro* papéis. Porque era a Ruth, Raquel, era a Ruth fingindo que era Raquel, era a Raquel fingindo que era a Ruth. *Mulheres de areia*.[11] Tirando composição de penteado, cabelo, maquiagem, o que, na expressão, num gesto, numa postura, fazia a Ruth virar Raquel ou a Raquel virar Ruth?

GP: Era bem interno. Primeiro que não tinha nem tempo nem espaço. Foi um trabalho realmente insano. Você levar em conta que eu tinha uma bebê de quatro meses quando comecei a gravar a novela e que eu amamentava.

PB: Antônia.

GP: Antônia. Eu amamentava e decorava aquele mundo de texto, e fazia aquela mágica acontecer, que, àquela altura, era trabalhosíssima quando tinha as duas em cena. Teve um dia que a gente conseguiu fazer cinco cenas, num dia inteiro de gravação. Realmente não tinha um estudo, era muito instintivo.

PB: Além da bebezinha no camarim, no meio dessa novela, você ainda perdeu a sua mãe de uma hora para a outra.

GP: É.

PB: E você pôde ter algum intervalo entre o enterro e a próxima gravação?

GP: Wolf Maya, Ignácio Coqueiro e Carlos Magalhães[12] me deram cinco dias. Pegou um final de semana mais três dias para poder cair a ficha. Porque foi uma coisa realmente inacreditável. Mas acho que tem essa coisa: "O show não pode parar." O trem está em movimento, não dá para descer agora.

PB: É isso que eu ia te perguntar. É cruel essa máxima do *show business*, mas é verdadeiro, o show não pode parar.

GP: É. Mas acho que o trabalho, pelo menos a mim, ajudou muito. A vida toda, por tudo, mas também, nesse momento especificamente, foi muito importante... Ter minhas filhas ali, dependendo da minha sanidade, e ter a novela a todo vapor, um sucesso absurdo. E Orlando [Morais], claro, o meu companheiro, que segurou todas as pontas. Impecável. Mas o trabalho ajuda muito.

PB: Glória, vamos lembrar agora a sua primeira protagonista, com 17 anos. Foi em *Cabocla*.[13]

GP: Fiz 17 anos. [Risos]

PB: Fez 17. Começou a novela com 16, fez 17, e foi dar entrevista para a Marília Gabriela, *TV Mulher*,[14] fumando um cigarrinho.

GP: Não fiz 17, não. Eu tinha 16 anos naquela novela. Foi quando comecei a namorar o Fábio [Júnior]. Eu tinha 16 anos.

[Mostram uma cena de *Cabocla* em que Glória Pires aparece com Fábio Júnior.]

GP: Te peço, Pai do céu, deixa a gente ser feliz daqui para frente, na vida ou na morte. Deixa a gente ficar junto.

GP: E a entrevista da Marília? [Risos]

PB: Vamos ver você, no auge da adolescência, fumando um cigarrinho, falando com a Marília Gabriela sobre feminismo.

[Mostram trecho de *TV Mulher*.]

MARÍLIA GABRIELA: Você é uma representante – acho que, no momento, é a que mais desponta... Você é a representante de uma nova geração de atrizes. E também é a representante de uma nova mulher que vem aí, né? Você está começando tudo. Para você, como é a tal "nova mulher"?

GP: Isso eu não sei direito, porque... É uma coisa engraçada. Ao mesmo tempo que estão pintando todos esses movimentos feministas, né? De emprego, de vida melhor, de condições melhores. Ainda tem uma parte que é muito século passado, né?

MG: Por exemplo? O que você acha que a gente ainda está lá, no século passado?

GP: Eu não sei. Não que a gente esteja... Mas por toda uma questão de educação, sabe? De meio [em] que a gente vive. Tem muita coisa que a gente ainda não faz. Determinadas coisas que acontecem que a gente fica com vergonha ou com medo que as pessoas saibam, porque vão falar. Sabe esse negócio?

PB: Mas que amorzinho, Glória. Que amorzinho.

GP: Cheia de sardinha.

PB: E aquele cigarrinho. Era outro mundo, né? A gente não só fumava como fumava na televisão, no ar.

GP: Os médicos fumavam quando estavam em consulta com os pacientes. [Risos]

PB: Fumava-se no avião. [Risos] Ficava aquela fumaça.

GP: No avião. [Risos] Que coisa insana, né?

PB: Você, com essa vida começando cedo no trabalho, tanto sucesso, e tem uma saúde mental... Eu ia falar *invejável*, mas é uma sacanagem usar esse adjetivo. Uma saúde mental visível. Como você segurou a sua cabeça nesse processo todo? Você já fez terapia? Como é que você se cuidou?

GP: A coisa de focar muito na vida real. Sempre tive muito claro na minha cabeça que o que conta é o que a gente vive em casa. São seus hábitos, as suas práticas, as boas práticas. De oração, de meditação. Agora existe *mindfulness*, que é incrível, que me ajuda muito. Botar sempre os pés no chão. Sempre que possível, ter contato com os animais, com a terra. Contato comigo, com a minha essência.

PB: Glória, você foi descrevendo esse seu processo de cuidar de você, eu estava ouvindo uma pessoa dizendo: "Sempre procurei ser muito honesta comigo."

GP: Sim.

PB: Era isso que você estava dizendo. Você faz um exercício de honestidade consigo mesma. E aí, por consequência, com os outros também. Outro lance de honestidade seu que divertiu a internet toda. Foi no Oscar. Quando você virava e falava: "Olha, não sou capaz de opinar." E aquilo virou meme. Você tirou sarro também, fez camiseta. Você acha que tem uma coisa de "opinionismo" hoje em dia, que todo mundo quer dar opinião na internet?

GP: Ah, sim. Nas redes sociais, acho também que tem que separar isso aí. Porque nas redes sociais, o intuito é esse. É engajar, é trazer as pessoas para aquilo como se fosse uma realidade. E, para as pessoas que são mais velhas, que estão pegando essa loucura das redes sociais, é uma coisa muito difícil. Eu mesma não frequento. Não consegui achar tempo no meu dia para ficar passeando pelas redes sociais. Vou pontualmente. Recolho material que acho que é importante postar. Porque hoje é um fato. As redes sociais balizam muito o que você vai fazer, o tanto que as pessoas sabem de você, o tanto que as pessoas querem você. Então cumpro essa coisa bem profissionalmente, com muito cuidado, com muita crítica, com muita consciência. A minha vida nas redes sociais é muito cuidada. Não que às vezes não tenha vontade de botar um post xingando alguém, detonando alguém. Lógico que tenho. [Risos] Mas: "*Om.*" Respira, conta até dez, bebe um copo d'água, vai lá na janela, olha a paisagem, brinca com o cachorro. [Risos]

PB: Vem cá, Glória, você realmente podia ter sido cantora. Mãe cantora, marido músico e cantor, filhas cantoras. Pô, você gravou até um compacto, lá atrás. Imitava a Wanderléa. Como você não virou cantora?

GP: Porque eu já tinha vencido um problemão sendo atriz, não ia procurar outro problemão sendo cantora. [Risos] Muita função. O bom de ser atriz é que a gente pode ser cantora também, interpretando. De repente, um musical. Até tenho um projeto, pelo qual tenho muito amor. Quero desenvolvê-lo. É uma série musical. Tenho muita vontade de fazer. Tenho ainda vencido desafios, né? Você imagina que, agora, sou presidente de uma associação de gestão coletiva dos artistas do audiovisual.

PB: Interartes.

GP: Interartes Brasil. E é uma coisa que nunca imaginei em toda a minha vida. Mas estou tão apaixonada por isso. Porque é uma coisa tão importante. Na minha adolescência, fazendo *Dancin' days*, os atores conquistaram o direito de ter a sua profissão reconhecida na carteira de trabalho. E isso foi um enorme passo. Só que não foi o suficiente, porque ainda não temos os nossos direitos de intérprete reconhecidos. A gente não recolhe esses direitos no Brasil. Recolhe fora, mas, aqui, ainda não. E estou nessa luta, junto com artistas muito engajados. Nessa luta para conscientizar os colegas da importância de a gente se associar, da importância de a gente estar unido, fortalecendo a nossa categoria. A gente não pode esperar isso passar, porque agora temos o *streaming*, temos a internet. Cada vez mais, se a gente não agir, isso vai se perder.

PB: E agora a sua liderança ganha mais peso ainda, porque o mundo das artes e dos espetáculos passa pela maior crise de todos os tempos, com a pandemia.

GP: Exato.

PB: É um negócio feito de aglomerações.

GP: Exato. E aí a gente vê a importância de ter esse lugar reconhecido no audiovisual. Como o audiovisual está ajudando as pessoas. Embora quem faça o audiovisual esteja passando fome, as pessoas que estão quarentenadas, e às vezes também passando fome, estão podendo ter essa bênção, essa coisa maravilhosa que é a novela, o filme, a série.

PB: Você que sabe tudo de televisão, Glória, o que você acha que vai acontecer com a televisão com essa pandemia? O que está acontecendo e que tipo de renovação pode representar isso?

GP: É muito difícil imaginar o que será e quando será. Enquanto não tivermos uma vacina, vai ser muito complicado fazer alguma coisa. Como você faz uma novela ou uma série sem beijo, sem tapa na cara...? E o próprio ritmo de trabalho. Isso tudo vai sofrer uma grande alteração. Estamos todos rezando para que o auxílio seja liberado para os profissionais da cultura. E estamos rezando para uma vacina surgir e a gente poder ter um pouco mais de paz, um pouco mais de alegria.

PB: Você está aí com a família toda quarentenada? Está todo mundo aí?

GP: Graças a Deus. Todo mundo aqui, bem juntinho.

PB: Manda beijos gerais para todos. Um beijo muito grande. Um abraço muito apertado.

GP: Obrigada. São todos seus fãs. Todos te amam, adoram o teu trabalho. Parabéns. Muito bacana mesmo, muito importante.

Notas

1. *A pequena órfã*, novela de Teixeira Filho, produzida pela extinta TV Excelsior, exibida entre 1968 e 1969.
2. *Selva de pedra*, novela de Janete Clair, produzida pela TV Globo e exibida entre 1972 e 1973. Em 1986, *Selva de pedra* ganhou uma regravação.
3. *Vale tudo*, novela de Gilberto Braga produzida pela TV Globo e exibida entre 1988 e 1989.
4. Trata-se de *Os estranhos*, novela de Ivani Ribeiro transmitida pela TV Excelsior em 1969.
5. *Vila Sésamo* era programa infantil exibido pela TV Globo na década de 1970, baseado na produção norte-americana *Sesame Street* (1969), da *Children's Television Workshop*.
6. *Beto Rockfeller*, novela da TV Tupi criada por Cassiano Gabus Mendes e escrita por Bráulio Tavares, foi exibida entre 1968 e 1969.
7. Seriado da TV Globo exibido em 1978.
8. *Dancin' days*, novela de Gilberto Braga produzida pela TV Globo, exibida entre 1978 e 1979.
9. *Escolinha do Professor Raimundo*, era um programa humorístico, começou na Rádio Mayrink Veiga em 1952. O sucesso do programa o levou à televisão em 1957, como um quadro do programa *Noites cariocas*, na TV Rio. A Escolinha passou ainda pelas TVs Excelsior, como um quadro do programa *Times Square* e TV Tupi. Em 1973, chega à TV Globo como quadro do programa *Chico City*, e em 1988 como quadro do *Chico Anysio show*. De 1990 a 1995 — e ao longo de 2001 —, tornou-se um programa autônomo, produzido e exibido pela TV Globo. Em 2015, ganhou uma nova versão exibida no Canal Viva.
10. *O primeiro amor*, novela de Walther Negrão, de 1972, produzida pela TV Globo.
11. *Mulheres de areia*, novela de Ivani Ribeiro produzida pela TV Globo em 1993.
12. Diretores da novela *Mulheres de areia*.
13. *Cabocla*, novela de Benedito Ruy Barbosa, da TV Globo, exibida em 1979. Ganhou uma segunda versão em 2004.
14. *TV Mulher*, programa de variedades, apresentado por Marília Gabriela e Ney Gonçalves Dias, voltado para o público feminino. Ele era transmitido ao vivo e ficou no ar de 1980 a 1986.

ALCEU VALENÇA
A sua valência

PEDRO BIAL: Ele é um bloco do eu sozinho, mas ocupa vastidões. Incontrolável, incontível, não cabe, nem nunca coube, em gêneros ou movimentos. Não foi bossa nova nem Tropicália nem Jovem Guarda nem MPB, e, mesmo entre os nordestinos, foi sempre um coringa. Mas traz no nome a sugestão de *valência*, a capacidade de combinar e de se combinar a diferentes elementos. Na sombra frondosa e generosa de Luiz Gonzaga, ele é fruto que caiu longe da árvore. Contém multidões esse homem. Bem disse José Eduardo Agualusa: "Por um lado, lembra de aboios, toadas cantadas pelos vaqueiros e das histórias narradas da saga dos cangaceiros. Por outro, entrega os poetas de que é herdeiro: e fugi com meus poetas Bandeira, Quintana, Pessoa, Ascenso, Drummond, [João] Cabral."[1] Só que a poesia dele quer dançar, quer cantar, sacudir, e é o que ele faz com a gente. Ele, você, eu. Alceu.

[Alceu Valença canta e toca no violão a música "Anunciação"[2]]

ALCEU VALENÇA: Essa música foi feita na cidade de Olinda, rapaz. Quando peguei uma flauta transversa e saí andando pela rua. Ia perder a música, *pá, pá, pá...* E aí, *pá*, tocando pela rua, como um maluco, entrei no mosteiro de São Bento. E vi o anjo, em cima, desci, fui para um canto, saí do outro, entrei em casa e fui no quintal, e vi as roupas nos varais. Tocando o tempo todo. Uma pessoa que estava lá na minha casa disse para mim: "Que música linda essa sua?" "Qual? Que música?" "Essa que você está cantando." "Essa?" "É." Na hora H, compus essa música. Ela é bacana, porque promove a esperança. Foi uma música que tocou muito na época das "Diretas Já". E que promove demais a esperança.

PB: E que hoje é entoada pela multidão, pela torcida mais bonita do mundo, a torcida do Fluminense.

AV: Tu és Fluminense, né?

PB: Ah, que que você acha? [Risos] Você é Náutico?

AV: Eu, não. Sabe a maior? Eu era Sport, mas jogava basquete no Náutico. Eu tinha 12 anos. Não podia torcer pelo Sport, porque estaria traindo o Náutico, o clube que estava me acolhendo. Também não queria torcer pelo Náutico. Torcia, quando eu ia jogar, pela turma do basquete. Aí perdi e nunca mais consegui ter clube por causa disso. Um trauma. Mas gostaria muito de torcer.

PB: A torcida do Fluminense te elege tricolor honorário, não tem problema. Agora, Alceu, me dei conta disso hoje, quando estava me preparando para te encontrar, falei: "Caramba, hoje é junho. A esta altura do campeonato, o Nordeste estaria coalhado de fogueiras. Aquele céu de fogueirinhas, a constelação das festas juninas. E agora, Alceu? Como vai ser? Você vai fazer live junina?"

AV: Vou fazer uma coisa para Caruaru, para Arcoverde. Vou homenageando essas cidades todas. São inúmeras, são tantas... Porque as festas juninas se estenderam. Estão em Minas Gerais. E, aí, o que acontece? Tenho uma música que faço assim [canta]: "Campina Grande se faz tão formosa/ Caruaru está com todo tesão/ A minha vida é um palco sobre rodas/ Na *tournée* nordestina de São Pedro e São João."[3] Aí, falo em Arapiraca, em muitas cidades por onde passo. Porque minha vida é viajar, né? Viajo em urbes paralelas. Ou seja, para mim, moro, mas não namoro, namoro mas não moro em nenhuma delas. Ou seja, hoje, a coisa minha é tanta viagem que não sei onde é que... Só estou entendendo onde moro, sinceramente, nesta quarentena. Na quarentena, estou entendendo onde é a minha casa. Porque eu não sabia nem que era aqui. Minha relação era muito mais com um hotel do que com a minha casa. Minha mãe me chamava de "meu OVNI". "Onde anda meu OVNI?" Morei em Paris. Às vezes eu estava em Berlim. Estou em Portugal. Às vezes estou na França. Às vezes estou em Jupi, fazendo show. Às vezes estou em São Bento.

PB: Essa quarentena, então, te serviu para você descobrir que tem um lar. Agora, falando em Berlim, quero que conte a história de como você fez a previsão de que o Muro de Berlim ia cair. Você estava na Alemanha Oriental. Como você sacou essa jogada?

AV: Eu estava fazendo uma turnê na Europa. Nessa época, o Brasil estava indo muito bem. A música brasileira ia muito bem. E, de repente, quando eu ia para Berlim, a gente tinha que passar pela Alemanha Oriental. Passei muitas vezes. Passava pela fronteira. Atravessava para ir para o outro lado. De repente, vi que a questão não foi muito só política, não. Foi uma questão tecnológica. Teve um momento em que eu estava na fronteira, na Alemanha Oriental. E, de repente, fui ao banheiro. Quando volto, estava com um pedaço de papel higiênico que peguei. Cheguei para Clávio de Melo Valença, meu primo, que estava me acompanhando, e com os músicos, que estavam numa van, e disse: "Rapaz, o muro vai cair". Eles disseram: "Por quê? Por política?" Eu digo: "Não, vai cair por causa do papel higiênico." E ele: "O quê?" Eu disse: "Não existe bunda de comunista que aguente com esta lixa." [Risos]

PB: Raspa, raspa, derrubou o muro. [Risos]

AV: A tecnologia que derrubou.

PB: Você falou que sua vida é viajar, e agora você deve estar há uns 70 dias confinado na sua casa, como todos nós. Ao mesmo tempo, você está no mundo inteiro, é o artista da sua geração que tem mais visualizações na internet. São quase 100 milhões de visualizações do *La Belle de Jour*.[4] Como você explica esse negócio? Você tem mais visualização que o Paul MacCartney, que um Beatle. Não esculacha, Alceu, pô. [Risos]

AV: [Risos] [Começa a falar simulando um sotaque inglês] Eu quero dizer a você que essas visualizações todas eu não sabia que tinha, de maneira nenhuma. Não acompanhava nada disso. Mas, um dia, eu ia viajando, eu, o Julio Moura, e o Artur, que foi um cara que trabalhou na produção do meu filme, *A luneta do tempo*.[5] Pegaram um telefone, entraram no YouTube e mostraram ali. Eu disse: "49 mil." O cara disse: "Não, 49 milhões." "Milhões? Aí, pô, que história é essa?" E as pessoas perguntam a mim como isso aconteceu, como esse fenômeno acontece. Eu, de minha parte, não sei. Sinceramente, não sei por quê. Teve um viral que deu, por exemplo, quando eu estava andando pelo Leblon, e um cara tava tocando clarineta, o outro, guitarra, uma mulher tocando piano e tal. Eles eram todos estrangeiros. A mulher era do Canadá. O cara, da França. E outros, de outros países. E tinha um brasileiro no meio. O francês tocou [entoa a melodia de "Anunciação"]. Aí fui lá. Quando cheguei, disse: "Vocês sabem acompanhar essa música?" Aí o brasileiro: "Eles não são brasileiros, não falam português, não. A gente sabe." Aí: "Bora cantar." Era perto de uma padaria chamada Rio-Lisboa. Eu cantei. A minha mulher, Yanê [Montenegro], que estava presente, gravou, como outras pessoas gravaram, no celular. Aí deu um pipoco. Então o tal do viral, essas questões de internet... Não dá muito para a gente racionalizar.

PB: "La Belle de Jour" é uma música de 1991. Já tem mais de 96 milhões de visualizações. Quase 100 milhões, como eu disse. Como você fez essa música? Você fez por causa do filme do Luis Buñuel?[6]

AV: *Oui*. Não, em tudo existem as correlações. Morei em Paris, e o primeiro show que fiz lá foi no Campagne Première, na Rue Campagne Première. Diziam, quando eu era menino, que parecia o Jean-Paul Belmondo. Só que meu nariz não era quebrado, porque ele lutava boxe, então levou uma porrada.

PB: Estavam te chamando de feio, hein? Porque o Belmondo era um feio.

AV: Mas era feio por causa do nariz, que era todo quebrado, por causa do boxe. Aí, rapaz, a coisa mais louca que você pode imaginar. Comecei a assistir a muito filme francês. Eu volto para Paris, depois, em 1976, para participar de um festival que acredito que era o Couleur de Brésil, que tomou conta de Paris. Ao terminar o show no La Villette, fomos comemorar e voltamos ao Bar dos Filósofos. Começo a conversar. Você sabe que eu falo para caramba. E começo a falar. De vez em quando: "*Pá, pá, pá* e *quá, quá, quá*", fazia uma coisa. De repente, fui ao banheiro. Tinha duas moças e dois senhores, bem mais velhos do que elas. E a moça ficava olhando para mim. Mas eu estava com uma paquera que tinha arranjado naquele dia, que era *brésilienne*.[7] Mas ela pensou que eu estava só. Quando fui passando, ela perguntou: "Quem é você?". Eu não tinha o que falar. Eu disse: "Eu sou um poeta." Aí ela: "Faça uma poesia para mim." Peguei um guardanapo branco e disse: "Poema branco." Entreguei. [Risos] Aí ela: "*Super. C'est merveilleux. Il est fantastique.*"[8] [Risos]

PB: E quem era essa mulher?

AV: Eu não sabia. Depois do Bar dos Filósofos, Wellington Lima, meu produtor à época, disse: "Alceu, você não estava vendo. Tu sabe quem era aquela que estava ali?" Só eu que não estava sabendo. Ele disse que foi Jacqueline Bisset. Eu não bebo mais, mas, naquela época, eu tinha tomado uns vinhos, então me esqueci. No outro dia, veio à minha cabeça Catherine Deneuve. Aí veio aquilo. Tinha uma moça do Recife, que até tive um namorico com ela, que foi estudar balé em Paris. Isso na década de 1970. Ela morava em Boa Viagem, e aquilo ficou na minha cabeça. E eu não fiz logo. Porque as coisas você não faz imediatamente. Pode até ser, mas... Passou o tempo, de repente, misturei a moça de Boa Viagem com aquela mulher que eu tinha visto lá no Campagne Première. Mas pensando em Catherine Deneuve, por causa do filme de Buñuel. Qual é o nome dele?

PB: *La Belle de Jour*.

AV: Então, *La Belle de Jour*. Dali em diante, fiz a música. Só que o tempo passa na velocidade de um cometa. E, depois, me vejo no *Programa do Jô*, e o Jô pergunta sobre a história dessa música. Contei que tinha sido Catherine Deneuve que tinha visto nesse bar. E encontro com o Wellington Lima, que diz: "Alceu, você anda mentindo no *Programa do Jô*, mentiu muito." Eu perguntei: "Por quê?" Ele disse: "Porque aquela era a Jacqueline Bisset." Aí eu: "Porra." Aí é que me veio um filme de Truffaut chamado *A noite americana*.⁹ É lindo. E ela também, lindíssima. Pronto, eis a história.

PB: A primeira vez que te vi, e que me causou uma impressão, e a todo mundo, foi "Vou danado pra Catende",¹⁰ que tinha a sua raiz, a sua formação nordestina, mas tinha rock 'n' roll para caramba também. Mas era muito intuitivo.

AV: Uns diziam que eu não era MPB, porque usava guitarra, e era instrumento elétrico. E os caras da MPB, muitas vezes, diziam que eu era rock 'n' roll. Eu tentava explicar isso. Até que, um dia, vou fazer o show de Juazeiro do Norte. Quando olho do lado direito, achei o cara parecido com o Luiz Gonzaga. "Será que é?" Fiquei com medo, porque Luiz Gonzaga podia ser o tradicionalista. Por causa do instrumental, que era guitarra e botava a flauta. Faz um dueto, né? De banda de pife. E aí o que acontece? Quando saio, vejo ele e digo: "Seu Luiz, o senhor aqui?" Aí ele: "Hã? O quê? Sou eu mesmo. E aí?" Eu digo: "O senhor vai fazer algum show?" "Não, vim só para assistir ao seu show." Digo: "Foi? E o senhor gostou?" "Gostei." Eu digo: "E o conjunto?" Aí ele: "O conjunto eu adorei. Olha, sabe o que você tem que fazer, meu filho? Uma banda de pífanos elétrica." Pronto, explicou tudo. Onde eu vou fazendo, a guitarra entrava fazendo parceria... Era a guitarra com a flauta. Agora, na banda de pífanos, bota duas flautas. Pronto.

PB: Pois é. Isso te deu uma versatilidade, um repertório. Você faz vários tipos de shows. Então me explica que tipos de shows são esses. Você faz sob medida? Sob encomenda? Vai, me apresenta um cardápio de Alceu Valença, por favor.

AV: Cardápio, lá vai. Primeiro, show de violão. Eu, sozinho, no violão. Tem show com um trio acústico, para teatro. Eu, Paulinho [Rafael] e [André] Julião, sanfoneiro, doidão, de Caruaru. Três. Agora faço show de forró em festas juninas, respeitando a tradição. Tenho dois discos de forró, que foram premiados. E tem Luiz Gonzaga, Jackson do Pandeiro e tal. Forró. Aí só Carnaval. Tem frevo com metais. Tenho show para festivais de rock e de jazz. Fiz cinco Montreux, fiz dois SummerStage, nos Estados Unidos. Tenho um show com a Orquestra Ouro Preto, que são concertos. Nós já fizemos dois. *Valencianas I* e, agora, *Valencianas II*, que fizemos na cidade do Porto, em Portugal.

PB: O que são as *Valencianas*? São o seu repertório com arranjo para orquestra sinfônica?

AV: É, exatamente.

PB: Em Portugal, eles piraram lá, com as *Valencianas*. Foi um sucesso. Eu soube disso, foi um barato. Alceu, sem dúvida a pandemia veio atrapalhar e prejudicar muito a indústria cultural. Mas, antes mesmo, já estava havendo um desprezo à indústria cultural por parte dos poderes públicos, que não estão entendendo. É o que você está falando. O que gera de emprego, de renda, além da alegria e de tudo mais que a arte traz. Por que essa rejeição aos artistas? Achar que artista fica mamando nas tetas do governo, que artista é rico. Noventa por cento são duros para caramba, cara.

AV: Exatamente essa coisa que preocupa muito. Nunca na minha vida, pessoalmente, usei Lei Rouanet. Teve um dia que estava num táxi. Aí o cara me deixa em casa e diz: "Só uma coisa mudou, artista não mama mais na Lei Rouanet." Dei até uma risada. Ou seja, não é essa a questão. Inclusive, a Lei Rouanet, quando ela acontece, favorece a indústria também. Mas essa estigmatização do artista não vem de agora, vem de longe. Como bêbado. Artista era para ser bêbado. Artista era para ser irresponsável. Quando eu era menino já ouvia essas histórias assim. Artista era como se fosse, quase sempre, uma pessoa fora de prumo. Claro que o artista também tem que ser um pouco fora de prumo... A maioria filosofa o tempo todo, são filósofos, que pensam o mundo, no aqui e agora, e que pensam outro tipo de mundo... O artista tem uma relação de se antecipar ao tempo.

PB: Você falou do artista que tem que ser um pouco fora do prumo. Por quê? Porque, no processo de criação, ele frequenta lugares da cabeça da gente que nem todo mundo frequenta. E da cabeça geral. Você sabe que, em 1983, na Rua Nascimento Silva, você me recebeu, e a gente fez a nossa primeira entrevista? E, aí, você fala do seu processo de criação, e até me brinda com uma embolada. Vamos assistir a esse momento.

AV: Não sabia, não.

[Mostram o vídeo]

PB: Quer dizer, é assim que você compõe? Você fica com as anteninhas ligadas e as coisas vão... Como é que você trabalha?

AV: O processo?

PB: De compor.

AV: O processo é o seguinte. É quando a música vem desembestada, ela entra, bate na minha porta, e ela entra, entendeu?

PB: Como é a história do jumento? [Risos]

AV: Eu estou dizendo que é o seguinte, é até um ato sensual, né? Na feira de Caruaru, um jumento correndo – tarado, né? – atrás de uma jumenta. Não há quem segure ela. Isso é inspiração. Não há quem segure. Quando ela vem com sensualidade, vem com força, ela vai sair, vai ser uma loucura, e não vai obedecer a marketing, nem coisa nenhuma. Depois, evidentemente, desse processo criativo, aí vem o teu suor, o teu trabalho em cima disso. Vêm os arranjos que você vai fazer, certo? Vem a roupagem da música. A organização. Mas ela, como ato da criação, é simplesmente o barro e o sopro. Soprou, nasceu. Aí, a gente pode botar a roupa no boneco. Uma vez, eu fiz um improviso, que eu faço umas emboladas. Vou até fazer para você [canta]: "Ô, Bial, meu caro amigo. Você está me entrevistando. Veja aí, você é meu mano. Vamos botar para quebrar. A TV Globo está gravando a entrevista. Veja aí, olha essa vista. Meu amigo, é de lascar." Saiu massa mesmo, né?

PB: Ficou bom, né?

PB: Ah, garoto. Que legal.

AV: Eu não me lembrava disso, não. Nem me lembrava da embolada, feita na hora. "O Bial é muito legal."

PB: Maravilhoso.

AV: Que maravilha. Me lembro de tudo, de quando você foi lá em casa. Disso daí tudinho. Que coisa maravilhosa. [Começa uma embolada] "O tempo volta. Na minha cabeça, eu vivo três tempos – presente, passado futuro –, tudo ao mesmo tempo. Vivo na embolada do tempo. O tempo em si não tem fim, não tem começo. Mesmo pensado ao avesso. Não se pode mensurar. O tempo é um buraco negro, a existência do nada, noves fora, nada, nada. Por isso nos causa medo. Tempo é segredo, senhor de rugas, e marcas, e das horas abstratas, quando paro para pensar. Então vamos voltar no tempo, e eu estarei no apartamento da Rua Nascimento Silva, quando você chega para me entrevistar. E aí, eu bobo, bola e balão, cantei uma música de São João, composta por mim, em homenagem a Jackson do Pandeiro e Gonzagão."

[Alceu Valença começa a cantar "Coração bobo".[11]]

"Meu coração 'tá batendo/ Como quem diz não tem jeito/ Zabumba bumba esquisito/ Batendo dentro do peito// Teu coração 'tá batendo/ Como quem diz não tem jeito/ O coração dos aflitos/ Pipoca dentro do peito.../Coração bobo coração bola/ Coração balão coração São João/ A gente se ilude/ Dizendo já não há mais coração."

PB: [Aplaude] Alceu, queria saber uma opinião sua. O Brasil é um dos países que vêm enfrentando de maneira mais incompetente a pandemia. Nós já somos o segundo país em número de casos. Os números não param de subir. E parece que diálogo no Brasil, hoje, não rola. No máximo, entre pandeiro e violão. O diálogo mesmo virou coisa do passado. Quero saber quando e por que essa capacidade de o brasileiro conversar se perdeu. Você que canta tão bonito a doçura da cana caiana, da nossa cultura pernambucana, cultura brasileira... O Brasil anda num amargor. As pessoas só querem saber de brigar. Ninguém conversa, ninguém dialoga. Como a gente foi parar nessa situação, Alceu?

AV: A internet tem coisas boas e coisas ruins. A coisa boa, por exemplo: a gente se comunicar. Inclusive, comunicando contigo aí. Todos os dias falo com amigos meus da França, de Portugal, de vários países. De São Bento do Una, de tudo que é canto. A gente vai se comunicando. Mas a internet é isso, as pessoas não saem do seu ponto de vista que está ali. E ela é alimentada por sites, por outras coisas. De uma corrente... Então o mundo está dividido. Ficou nisso. Bem, para mim, como é que é? Eu não entro, tá? Escrevo no meu Facebook, escrevo no meu Instagram. Mas não tenho grupos, não falo com grupos. A não ser, claro, com minha família. E pessoas amigas. Sobretudo pelo telefone. Sei que a internet é muito boa para muitas coisas, mas, para determinadas coisas, não é legal. E pode fazer das pessoas os senhores da verdade. "É isso e ponto final." Quero agradecer a você. Um abraço bem grande. Estou aqui. Tchau e tudo de bom para você.

PB: Eu que agradeço. Para a gente concluir, Alceu, leva "La belle de jour", então. *S'il vous plaît, monsieur*.[12]

AV: [Fala, tocando no violão a melodia de "La Belle de Jour"] Me lembro do Bar dos Filósofos, *à côté* do teatro Campagne Première, de uma moça linda que me pediu sabe o quê? Para eu fazer um poema para ela. E aí fiz para ela, mas pensando que ela era uma pessoa e ela era outra. E era uma moça bem bonita da praia de Boa Viagem. Misturei tudo. O artista pode misturar tudo. A loucura do artista é assim. [Começa a cantar "La Belle de jour"] "Eu lembro da moça bonita/ Da praia de Boa Viagem/ E a moça no meio da tarde/ De um domingo azul/ Azul era *Belle de Jour*/ Era a bela da tarde/ Seus olhos azuis como a tarde/ Na tarde de um domingo azul/ *La Belle de Jour*."

Notas

1. Trecho do prefácio de *O poeta da madrugada* (Chiado Editora), livro de Alceu Valença, lançado em 2015.
2. Música de Alceu Valença, faixa do álbum *Anjo avesso*, de 1983.
3. Trecho da música "Tournée nordestina (Lua do Lua)", de Alceu Valença, faixa do álbum *Andar, andar*, de 1990.
4. "La Belle de Jour", música de Alceu Valença e faixa do álbum *7 desejos*, de 1991.
5. *A luneta do tempo*, filme dirigido por Alceu Valença e lançado em 2014. Em 2015, foi publicado um livro sobre os bastidores do filme, escrito por Julio Moura: *A luneta do tempo: um diário dos bastidores do filme A luneta do tempo de Alceu Valença* (Chiado Editora).
6. *Belle de jour* (em português, *A Bela da Tarde*), filme de 1967, dirigido por Buñuel e estrelado pela atriz francesa Catherine Deneuve.
7. Em português, "brasileira".
8. Em português, "Ótimo. Isso é maravilhoso. Ele é fantástico".
9. *A noite americana*, filme de 1973, dirigido por François Truffaut e estrelado por Jacqueline Bisset.
10. "Vou danado pra Catende", poema de Ascenso Ferreira musicado por Alceu Valença, faixa de *Molhado de suor*, de 1974.
11. "Coração bobo", do álbum de mesmo nome, lançado em 1980.
12. Em português, "Por favor, senhor".

RICARDO DARÍN
O namorado de Sueli

PEDRO BIAL: Será que ele é simpático apesar de ser argentino ou justamente por causa disso? E se, como nos ensinou Casimiro de Abreu, "Simpatia é quase amor",[1] a gente pode afirmar que ele é o argentino mais amado do Brasil, mesmo sem ter jogado na Raposa, no Timão, no Colorado, no Fla ou no Flu. Ele é um ator, um ator extraordinário, reconhecido em todo o mundo, apesar de ter feito toda a carreira em sua língua, dentro de sua própria cultura. Aliás, talvez seja isso, justamente, que explique a sua universalidade. É um ator de sua aldeia e, assim, fala com todo mundo. E, agora, fala com a gente, direto de Buenos Aires, Ricardo Darín.

RICARDO DARÍN: Oi.[2]

PB: Oi. Vejo que você fala bem o portunhol, fala melhor do que eu.

RD: [Em português] Não. Você fala bem, eu não falo bem.

PB: O verdadeiro poliglota é o que tem boa vontade para se fazer entender e entender os outros.

RD: [Em português] Exatamente. Tentar falar já é uma vantagem.

PB: Ricardo, no Brasil, você é o contrário da imagem preconceituosa dos brasileiros com relação aos argentinos. Falam assim: "Ricardo Darín é simpático, apesar de ser argentino."

RD: [Risos] Acho que todas as generalizações são injustas. Porque há argentinos maravilhosos, e outros que não são. E há brasileiros maravilhosos, e outros que não são.

PB: Sim. E toda generalização é precipitada, inclusive esta.

RD: Isso, injusta.

PB: Uma vez um argentino me falou que as pessoas confundem os portenhos, aqueles de Buenos Aires, com os outros argentinos. E que os portenhos é que teriam essa tendência a uma certa arrogância. Qual é a diferença entre os portenhos e os argentinos, os outros?

RD: Acho que não são os portenhos. São as pessoas que moram nas cidades grandes. Elas têm uma dinâmica e um modo de vida que parece antipático, porque vivem de forma muito veloz. Não podem parar para aproveitar, apreciar e contemplar as coisas simples, mais sentimentais. Vivemos, na cidade grande, numa velocidade injusta. Quando nos afastamos um pouco das grandes cidades, parece que encontramos pessoas maravilhosas, que seguem outro tempo, outro ritmo, outra dinâmica. De qualquer forma, insisto que as generalizações são sempre injustas... Não acho que seja um problema ou uma condição do lugar de onde alguém vem, e sim da educação que recebeu, como foi criado, quem são seus amigos, como trata as pessoas, como pensa no mundo à sua volta e nos seus semelhantes. Há argentinos que andam pelo mundo e, porque têm um pouco de dinheiro, acham que podem menosprezar todo mundo. Também já vi brasileiros, americanos, espanhóis, gente de todas as partes do mundo... Existe uma condição social, política, econômica que faz algumas pessoas se acharem superiores às outras. Aí não tratam bem seus semelhantes. Mas não acho que seja um patrimônio exclusivo de certos lugares. Tem a ver com a educação e a sensibilidade que cada um tem no seu jeito de ser.

PB: E, como você disse, tem a ver com o modo de vida moderno, das grandes cidades, a velocidade. Agora houve esse breque, esse freada, provocada pelo coronavírus. Você tem alguma esperança de que esse trauma coletivo mude um pouco o nosso estilo de vida? E que nos faça expandir um pouco a consciência humana?

RD: Bom, para ser absolutamente sincero...

PB: Não. [Risos]

RD: Acho que vamos sair mudados deste confinamento, desta quarentena, mas há jeitos de ser que são difíceis de mudar. Notei, nos últimos tempos, que há pessoas que se abriram mais, se revelaram mais sensíveis, se interessaram mais pelos vizinhos, por seus semelhantes. Inclusive estão dispostos a dar a mão, oferecer ajuda, atender aos idosos e às pessoas mais frágeis e vulneráveis. E há outros que continuam pensando só neles mesmos. Acho que esses não vão mudar. Voltamos à questão anterior: é uma questão de sensibilidade e educação. Não sou muito otimista nesse quesito, mas tento pensar positivo. Trato de acolher as pessoas sensíveis, as pessoas que estão na linha de frente da batalha diante desta pandemia: os médicos, os enfermeiros, o pessoal da segurança e dos serviços, os que socorrem os outros o tempo todo. Em muitos casos, eles não podem ver a família por uma questão de segurança sanitária. Há pessoas fazendo um esforço enorme. Diante desse tipo de pessoa que dá a vida por nós, para que possamos sair desta situação na melhor condição possível, aqueles que só pensam neles mesmos ficam cada vez piores, devido ao egoísmo ao qual nos acostumaram e do qual tentaram nos convencer nas últimas décadas. Isso de nos fazer acreditar que o individualismo é a salvação é um grande equívoco. O momento que estamos vivendo no mundo é uma demonstração drástica e muito contundente de até que ponto os seres humanos dependem uns dos outros. Está muito claro. E quem não quer ver isso está olhando para o lado errado.

PB: De tal forma que a única maneira de nos proteger é protegendo ao outro, com o isolamento.

RD: Sem dúvida.

PB: É uma lição clara.

RD: Acontece que já dissemos isso tantas vezes na vida e poucas vezes tivemos ao nosso alcance uma demonstração tão contundente de que essa sensação é real. Essa ideia, essa filosofia de vida, é real. É como se a natureza, perversa e tragicamente, tenha jogado isso na nossa cara para mostrar como estamos errados quanto ao individualismo, quanto ao desprezo pelos outros. Estou cansado daqueles que dizem: "É terrível o que acontece na África, é terrível o que acontece com as populações vulneráveis, o que acontece nos cortiços e nas favelas, com as pessoas que vivem abaixo da linha da dignidade humana", mas não fazem nada. Não fazem absolutamente nada. Sabem que pega bem dizer isso, mas, no fundo do coração, nada mudou, nada se alterou. Então essa é uma oportunidade para quem quiser interpretá-la direito... Tem os que não vão interpretá-la nunca. Mas, para quem quiser interpretá-la direito, é uma oportunidade de comprovar como a nossa segurança depende da segurança dos outros.

PB: Nessa crise sanitária, nessa pandemia, o combate da Argentina ao coronavírus tem sido muito mais bem-sucedido do que o brasileiro. Hoje, o Brasil é o epicentro da covid no mundo. Como a população argentina reagiu ao isolamento imposto pelo governo? Houve resistência?

RD: A população argentina – não toda, mas a maioria – reagiu de modo muito prudente e inteligente. Mas o governo atual, que está no poder neste momento, tomou medidas muito adequadas no momento certo. Fez coisas muito arriscadas em termos políticos, porque iam contra os interesses da economia, como todos nós sabemos, mas o governo teve coragem para fazer isso. Acho que isso nos ajudou na primeira etapa deste confinamento. Nos ajudou muito a deter a entrada dos chamados contágios externos, que vinham de fora. Agora estamos enfrentando uma nova etapa deste confinamento, que é pensar de que modo começaremos a flexibilizar esta quarentena, para que uma grande maioria das pessoas possa retomar as suas atividades, porque precisa alimentar uma família. Essa é a realidade. Há uns poucos privilegiados que podem se dar ao luxo de ficar em casa, porque a condição econômica permite. A grande maioria não pode. E precisa, de modo imperativo, dar um jeito na sua própria economia, nas próprias finanças. E o governo está trabalhando nisso, eu os vejo trabalhar. A verdade é que, nesse sentido, comparando aos políticos de outros países, me sinto orgulhoso do que fizeram.

PB: Li uma declaração sua em que você dizia que, infelizmente, o trabalho de ator não é um serviço essencial. Tenho as minhas dúvidas. Acho que discordo de você...

RD: [Em português] Eu também.

PB: [Risos] De tantas imagens terríveis dessa tragédia humanitária no mundo, uma das mais chocantes não tem sequer uma pessoa em quadro. Veja só. [Corta para a foto: imagem de um teatro com várias fileiras de poltronas vazias, vistas de cima] Eis o Teatro do Berliner Ensemble[3] antes da pandemia e agora [corta para outra foto: local adaptado para receber o público no pós-pandemia, assentos individuais e para casais ficam separados uns dos outros por cerca de um metro]. O que vai ser do teatro, meu ator?

RD: Bom, o que eu disse em relação ao nosso ofício, à nossa atividade não ser considerada...

PB: Essencial...

RD: Uma atividade essencial. Eu disse com dor na alma. Porque, para mim, é essencial. Para mim, para os meus colegas, para uma quantidade de amigos. Não só argentinos. Tenho colegas argentinos, brasileiros, espanhóis, peruanos, uruguaios, colombianos, cubanos, franceses, italianos, do mundo todo. Para nós, é uma tragédia que a nossa atividade, logicamente, neste momento, não esteja na primeira fila do que é considerado essencial. Porque há coisas que têm a ver com a saúde. Tem a ver com isso. Mas, de qualquer forma, quando disse isso, fiz uma ressalva, abri um parêntese, e disse que, paradoxalmente, o que acontece é que estamos em casa, confinados, fechados, e dependemos muito de tudo que foi feito pelos artistas. E não só atores, mas músicos, a literatura, a cultura em geral, que podemos acessar, graças à maravilha da tecnologia – a internet e as conexões que temos hoje em dia –, e podemos aliviar o confinamento de um jeito melhor. Então surge uma dicotomia. Há uma contradição entre o que é essencial e o que não é.

De qualquer modo, se devemos lutar contra um inimigo que é um vírus que está causando tanta dor, tanta angústia, tanta tristeza no mundo, com a perda de tantos seres humanos, o mais importante é respeitar isso. Claro que isso vai mudando quando o confinamento dura mais. Porque surgem outros tipos de questão no plano mental, no emocional, no sexual, na convivência das pessoas trancadas entre quatro paredes. São questões que não calculamos no início. Porque, diante do perigo, primeiro fechamos tudo. Agora que estamos fechados, temos que aprender a redesenhar a vida, e isso não é fácil. É aí que vai aparecer, sem dúvida nenhuma, a importância da educação e da cultura. Tomara que encontremos a melhor maneira, a melhor saída desta situação. Porque, em muitos lugares, não dá mais. Tomara.

PB: Oxalá. Os seus filmes costumam fazer muito sucesso no Brasil. E o mais recente, *A odisseia dos tontos*,[4] assim traduzido para o português. O que você descobriu sobre o seu filho que o pai dele não sabia?

RD: O que eu descobri sobre ele?

PB: Trabalhando, como colegas, companheiros. É diferente.

RD: Descobri um grande colega de trabalho. Me senti profundamente orgulhoso de vê-lo tratar seus semelhantes, seus colegas... Não só como ator, mas também como produtor. Porque o vi como uma referência do sangue novo dos jovens, que está em detalhes diferentes do que você ou eu observamos, Pedro. Em coisas muito banais e simples, mas muito inteligentes. Aproveitei e gostei de ver como ele se comportava numa equipe de muitas pessoas, que sempre precisam de algo. Gostei de vê-lo assim. Quando vemos nos filhos traços que parecem importantes para um ser humano, ficamos satisfeitos com o trabalho que fizemos. Quer dizer, pensamos: "Caramba, acho que fizemos certo, a mãe dele e eu, para que ele se comporte assim." Não estou falando por mim. Por onde eu andava, durante os três meses de filmagem, passava por técnicos, caminhoneiros, pessoal de maquiagem e figurino, de iluminação, de locação, todos eles, cada um em algum momento, me felicitava, me dava os parabéns pelo filho que tenho.

PB: Você já veio muitas vezes ao Brasil, conhece o Brasil. Onde e quando você foi mais feliz no Brasil?

RD: Uau. Se tenho que ser totalmente sincero... Alguns amigos meus brasileiros vão se irritar, mas eles me conhecem e vão me perdoar. A vez que fui mais feliz no Brasil foi quando eu tinha 17 anos.

PB: Onde?

RD: Morei três meses no Rio. Eu morava na Rua Duvivier, em Copacabana.

PB: Opa. [Risos]

RD: Sim.

PB: *Night life* [vida noturna]. Boemia.

RD: É. Fui com um grupo de amigos. Alugamos um apartamento grande, por meio da embaixada no Brasil. E passamos três meses lá. Acho que, na minha adolescência, na minha juventude, foram os três meses mais felizes da minha vida. Porque não tínhamos nada, mas dividíamos o pouco que havia. Para você ter ideia, naquele apartamento, começaram morando quatro pessoas, que fomos nós que alugamos. Terminamos morando 14.

PB: [Risos] Foram mulheres que foram agregadas?

RD: [Risos] Também. Mas conhecíamos pessoas, garotos e garotas, na rua. E alguns não tinham onde morar, então iam chegando. Fazíamos amigos na praia, saíamos para beber e comer juntos, e alguns não tinham onde dormir, então ficavam lá em casa. E passamos três meses assim. Eu tive uma namorada, chamada Sueli.

PB: Sueli.

RD: Sueli, que morava em Paquetá.[5] Na Ilha de Paquetá.

PB: E você ia de barca para Paquetá?

RD: Eu ia para Paquetá na barca. Gostava muito de Paquetá. Não sei como está hoje, mas, naquela época, não havia carros. Não era permitida a entrada de carros.

PB: Só bicicleta.

RD: Só bicicleta. E aquelas praias minúsculas de Paquetá, que são tão exclusivas, eram uma maravilha. Uma maravilha, o paraíso.

PB: Você torce para o River Plate,[6] na Argentina. Para o Barcelona,[7] na Espanha. E no Brasil?

RD: Na verdade, tive a sorte de ver o Santos do Pelé jogar. Então não posso esquecer isso.

PB: Então você é Santos.

RD: Vi muitos jogos do Santos, mas não significa que eu seja torcedor do Santos, porque também vi outros times bons, como o Flamengo. Vi jogos do Botafogo, do Vasco da Gama, do Inter. Enfim, vi muitos times bons, em épocas diferentes. Mas não esqueço do Santos do Pelé. Às vezes, era a perfeição do futebol.

PB: Ricardo, o que o Pelé tinha que o [Diego] Maradona nunca teve? E o que o Maradona tinha que o Pelé nunca teve?

RD: Acho que, tecnicamente, Pelé era superdotado. É difícil comparar um atleta com outro, de épocas diferentes. Porque o dinamismo também muda. Os jogos seguem ritmos diferentes, há considerações técnicas para levar em conta. Enfim, é muito difícil.

PB: E física, é.

RD: Exatamente. O futebol de hoje é muito mais físico do que naquela época. Mas, do mesmo jeito, por exemplo, hoje temos que valorizar a agilidade do Ronaldinho [Gaúcho] com uma bola no ar. Não posso esquecer o talento do Pelé, essa autoridade para se mover com a bola nos pés. O coração de Maradona. A força, o coração de Maradona, é incomparável. Hoje em dia, se me permitem, a velocidade do [Lionel] Messi, sem olhar a bola, olhando o campo e levando a bola nos pés. São características de épocas diferentes, que os tornam jogadores únicos. Como Neymar, ou como foi Ronaldo [Fenômeno]. Mas não podemos esquecer Romário. Não podemos esquecer ninguém. Não vamos esquecer ninguém. E não vamos nos comparar, porque cada um foi grandioso no seu próprio time e significou muito para os times em cada momento. Temos que agradecer pelo bom futebol.

PB: E o que vai ser do esporte agora com a pandemia? Não dá para pensar num jogo de futebol ou na NBA sem gente, sem público. Como vai ser? Como você imagina? E a indústria do esporte, assim como a da cultura, do entretenimento, gera muito dinheiro, muito emprego, estabilidade social, alegria. O que vai ser disso?

RD: Tem algo acontecendo, Pedro. E não sei se você concorda comigo. Mas essa crise sanitária, que acabou causando uma crise financeira e econômica... Me parece que o setor dos esportes é tão bem-remunerado no mundo todo que eles estão fazendo uma reacomodação. Os times de diferentes esportes estão propondo aos atletas uma redução de salários, para se adequarem à lei. Claro que isso não vai agradar a nenhum dos jogadores. Mas, do fundo do coração, de verdade, já vimos, já lemos e escutamos isso milhares de vezes: num mundo tão injusto em termos de ganhos, em que tantas pessoas vivem com um salário mensal mínimo, e que são torcedoras fanáticas dos esportes, ver os jogadores que admiramos ganhando essa quantidade de dinheiro... Entendo que tem relação com o que produzem, entendo perfeitamente. Mas a verdade é que a defasagem é quase obscena. Infelizmente, essa reacomodação, que será obrigatória para muitos times de futebol, basquete e tudo mais, não vai acontecer em outros lugares. Porque também é fato que há muitos artistas que ganham cifras exorbitantes e obscenas. Temos que falar disso também. Por isso acho que, quando sairmos desta crise, deste confinamento, vamos encontrar um mundo mudado, modificado. E teremos que ficar atentos, com calma, mas preparados, para nos acostumarmos a esse novo desenho de mundo. Vão acontecer coisas estranhas na primeira vez que nós todos sairmos. Porque, em algum momento, poderemos sair livremente na rua. Ainda passaremos uma fase de olhar uns para os outros para ver como vão ser as coisas. Isso vai levar um tempo. Felizmente, o ser humano é uma espécie que cresce com a adaptação, que tem grande facilidade para se adaptar. Mas vamos mudar, tenho quase certeza.

PB: Nada, nada será como antes.

RD: Acho que não.

PB: É. Falando de valores, dinheiro, de que você falou há pouco... Uma entrevista que você deu, respondendo por que que não trabalhava em Hollywood, viralizou no mundo inteiro, ficaram todos muito admirados. E você falava disso, da diferença entre valor e preço. Queria que você explicasse quais são essas diferenças. E me dissesse qual é o significado, para que serve, o sucesso, *el éxito*.

RD: Acho humildemente que todos nós gostamos de ter reconhecimento pelo nosso trabalho. Ou seja, se fazemos algo que submetemos à opinião dos outros, sempre preferimos, e isso é natural, que as pessoas gostem. Então, somando várias camadas disso, pode surgir o que podemos chamar de prestígio. Com cuidado, com prudência, podemos chamar de prestígio.

PB: *Status*.

RD: Um *status* dentro da atividade. Perfeito. Todos nós gostamos disso, em todas as áreas, e não só na vida artística. Em todos os níveis e todas as áreas que alguém pensar. Para mim, a diferença entre valor e preço é óbvia. Porque há coisas que não podem ser compradas. Neste momento, temos uma demonstração disso. Apesar de alguns trapaceiros que dão alguns golpes. A verdade é que estamos todos na mesma situação, seja qual for a classe social. Todos nós estamos iguais. Mas não significa que estamos na mesma condição diante disso. Os mais frágeis e vulneráveis estão numa condição inferior. Mas acho que algumas coisas não têm preço porque têm um valor muito elevado. Quando alguém realiza algo porque deseja, porque é aquilo que quer fazer da vida, isso não tem preço. E, para mim, isso está acima de tudo. Não tenho nada contra Hollywood. Aliás, fico agradecido. Vi coisas extraordinárias, que encheram meu coração e minha cabeça com ideias, que me alimentaram e me nutriram, que me fizeram ser feliz e mudar de opinião. Não tenho nada contra Hollywood. Ganhei essa fama, infelizmente, porque uma ou duas vezes recusei uma oferta de trabalho, mas foi porque a oferta em si não me interessava. Devo ter o direito e a liberdade de dizer se algo me interessa.

Naquele momento, o que falou mais alto foi a necessidade de voltar para casa. Ver minha mulher e meus filhos, que fazia meses que não via. Então é claro que algumas pessoas acham que, pela chance de trabalhar em Hollywood, temos que deixar tudo para trás. Mas acho isso engraçado, porque Hollywood é uma abstração. É como uma nuvem, é intangível, não podemos pegar. Não há um endereço: Hollywood, endereço tal, Rua Duvivier, 1467. Não. Temos que ir a Los Angeles, parar numa esquina e olhar para todos os lados, esperando alguém se aproximar. Mas isso não vai acontecer nunca. Então ganhei essa fama injusta porque disse "não". E alguns não entenderam, mas acho que a maioria entendeu.

PB: Muito obrigado, Ricardo. Qual vai ser a primeira coisa que você vai fazer quando puder sair?

RD: [Em português] Eu vou viajar para Paquetá. Vou tentar recuperar uma garota.

PB: Sueli. [Risos]

RD: [Risos] Sueli. Não, não sei. Não sei. Acho que vou me reunir com o resto da minha família, com os meus amigos. Se possível, viajar. Enfim, tenho projetos de trabalho... Eu ia fazer uma turnê de teatro na Espanha, que foi suspensa. Tenho que cumpri-la. E tenho vontade de cumpri-la, porque tenho muitos amigos do outro lado do oceano. Há tantas coisas que posso pensar neste momento que entediaria você. Tenho uma lista enorme. Mas o mais importante não é o que vou fazer, o mais importante, já que estamos pagando um preço tão alto por esse ataque inesperado que recebemos, e que, em muitos casos, aceitamos com ingenuidade, porque não sabíamos muito bem de onde vinha isso... Só o que espero é que, quando passarmos a régua para fazer o cálculo do que perdemos, primeiro, que tenhamos respeito pelos nomes das pessoas que ficaram pelo caminho. E, para aqueles de nós que sobreviverem, que tenhamos a sensação de que fizemos de tudo para ajudar os outros. Porque só isso vai nos deixar ficar tranquilos com nós mesmos. Tomara que a gente saia desta do melhor jeito possível. Tomara. Desejo isso de coração.

PB: Oxalá. Muito obrigado, Ricardo. E acho também que é importante com que estado de espírito nós vamos sair. Então proponho, para terminar, que nós saiamos com o espírito daqueles musicais da Metro,[8] da década de 1950 do século passado. Como, por exemplo, nos inspirando numa cena do início da carreira de Ricardo Darín, ao lado de Arturo Puig,[9] na televisão.

[Trecho do musical *Sugar*. Darín e Puig cantam e sapateiam.]

PB: [Bate palmas] Nada mau, hein?

RD: Nada mau. Isso era *Sugar*. Foi muito legal fazer isso, um grande aprendizado. Tive que aprender a dançar, a sapatear. Foi um grande sucesso.

PB: Um grande sucesso. Muito obrigado, Ricardo, porque você nos deu o que tem mais valor no mundo: tempo. Obrigado pelo seu tempo. Um abraço.

RD: Para você também, Pedro. Muito obrigado. Um grande abraço. E que tudo acabe do melhor jeito possível para os nossos povos. Porque eles não têm que sofrer mais. Já sofreram muito. E sempre respeitando as pessoas que perdemos. Um abraço e um beijo para todos.

PB: Um abraço, um beijão. Obrigado.

RD: Tchau, amigo.

PB: Tchau, tchau.

RD: [Em português] Falou, bicho.

PB: [Risos] Falou, bicho.

Notas

1. Verso do poema "O que é simpatia", de Casimiro de Abreu (1839-1860).
2. N.E. Quando não há indicação entre colchetes do idioma usado, Ricardo Darín está falando em espanhol.
3. Berliner Ensemble: companhia de teatro alemã, fundada por Bertolt Brecht e Helene Weigel, localizada na cidade de Berlim.
4. *La odisea de los giles*, de 2019, dirigido por Sebastián Borensztein, tem no elenco Ricardo Darín e seu filho, Chino Darín, entre outros atores e atrizes.
5. Ilha de Paquetá, bairro do Rio de Janeiro que se localiza na parte nordeste da baía de Guanabara.
6. Club Atlético River Plate, clube de futebol da Argentina.
7. Futbol Club Barcelona, clube de futebol com sede em Barcelona, na Espanha.
8. Metro Pictures Corporation foi um estúdio de cinema norte-americano. Em 1924, foi comprado para formar a Metro-Goldwyn-Mayer (MGM).
9. Arturo Puig (1944-), ator argentino de teatro, televisão e cinema.

CAETANO VELOSO

Ex-liberaloide

PEDRO BIAL: Este ano, o centésimo nonagésimo oitavo aniversário da independência do Brasil será celebrado, em grande estilo, na Itália. Pelo segundo ano consecutivo, um documentário brasileiro tem sua excelência reconhecida pela seleção oficial do mais antigo festival de cinema do mundo, o de Veneza. Desta vez, o filme é *Narciso em férias*, de Renato Terra e Ricardo Calil. O narciso em questão é Caetano Veloso, e essas férias foram 54 dias de prisão semiclandestina nos quartéis da ditadura militar. De 27 de dezembro de 1968 à Quarta-Feira de Cinzas de 1969, um 19 de fevereiro. Na época, a mera notícia da prisão foi censurada. Ninguém ficou sabendo, nada se falou a respeito. Tirando algumas canções clássicas feitas na cadeia – como "Irene" –,[1] a partir de algo vivido na cadeia – como "Terra" –,[2] ou na libertação – como "Aquele abraço",[3] de Gilberto Gil –, o único relato tinha sido feito pelo Caetano no livro *Verdade tropical*.[4] De viva voz, nem ele nem Gilberto Gil tinham dado um testemunho detalhado da experiência do cárcere, até que, dois anos atrás, documentos até então considerados perdidos chegaram às mãos de Caetano: a transcrição integral do interrogatório dele, além de denúncias diversas. Caetano leu os tais prontuários e decidiu falar. O resultado é o filme *Narciso em férias*, que vai ser exibido em Veneza, no dia 7 de setembro. Para conversar sobre o filme, o Brasil de sua prisão, o Brasil de hoje e de sempre, recebemos, com muita honra, Caetano Veloso.

[Caetano canta "Hey Jude", canção dos Beatles, ao violão.⁵]

PB: *Hey*, Caetano.

CAETANO VELOSO: Opa! Boa noite. Muito bom, bacana estar aqui.

PB: Muito bacana estar com você aqui. Caetano, para informar ao público, o nome *Narciso em férias* se deve ao fato de você ter ficado todo o período da prisão sem se ver no espelho?

CV: É, isso marcou muito. Mas eu conhecia o título *Narciso em férias* de um livro de F. Scott Fitzgerald que se chama *Este lado do paraíso – This side of Paradise –*,⁶ e um dos capítulos é intitulado "Narciso em férias." Quando escrevi *Verdade tropical*, já nos anos 1990, há um capítulo que narra a experiência na prisão, que coloquei o título "Narciso em férias". Em parte, porque, de fato, na cadeia não vi espelho nenhum. Foram quase dois meses sem espelho. Voltei a ver um espelho quando saí. E não foi logo. Foi quando cheguei em Salvador, na casa de minha família.

PB: Caetano, como foi assistir ao filme pronto? Com quem você viu? Você viu com os seus filhos?

CV: Não, vi com Paulinha [Lavigne]. Porque era para decidir se ficava como os diretores tinham decidido. Tinham escolhido somente a minha entrevista. Porque a entrevista tinha sido feita como uma primeira coisa para se fazer um documentário, com locações e, enfim, outras entrevistas, depoimentos de outras pessoas. Mas, ao ver essa série de takes feitos com a minha entrevista, os diretores – o Renato e o Ricardo – acharam que se ater à minha entrevista daria um filme melhor. E consultaram o João Moreira Salles, que foi veemente em dizer que aquela forma era a forma de um belo filme.

PB: Por que você quis, por que precisou falar da prisão agora? Quer dizer, você falou justo quando fazia 50 anos da prisão.

cv: Eu nem tinha ideia de que fazia exatamente 50 anos. Mas eu tinha escrito *Verdade tropical*. Gosto do meu livro, acho que é legal. Mas, de todos os capítulos, o de que eu mais gostava e mais gosto é o "Narciso em férias". E sempre pensei em um dia tirar uma separata, lançar esse capítulo como um livro independente, autônomo. Mais recentemente, o Luiz [Schwarcz] falou: "Vamos fazer então o *Narciso em férias* e publicar o livro em separata?" Aí a Paulinha disse: "Então vamos filmar, fazer um documentário que saia paralelamente." E eu topei. E fui fazer a entrevista, para poder se fazer o documentário. E a entrevista virou o documentário. O filme é simplesmente... Consta desta figura aqui, sentada, na frente de uma parede cinza, de concreto, falando, contando, desde a hora em que os policiais apareceram em minha casa em São Paulo até a chegada em minha casa em Salvador.

pb: Vocês gravaram o filme às vésperas do primeiro turno da eleição de 2018. O momento político teve que peso na sua decisão de fazer o filme e de falar sobre a prisão?

cv: Na decisão não teve um peso propriamente grande. Mas a coincidência do estado político em que estamos no Brasil é significativa. E acho que é como se fosse uma conversa oportuna. É uma conversa oportuna. Senti e vi que era uma conversa oportuna. Inclusive para muita gente jovem, que não viveu o período da ditadura, e que às vezes, pode ser conquistada por esse mito de que era melhor. Porque existe esse aspecto mais conservador e reacionário da população brasileira, que está se manifestando muito agora, numericamente e, também, em intensidade. Não se inclina tanto em elogiar a ditadura, dizer que sente saudades, mas há gente que faz isso. E uma minoria se inclina a demonstrações públicas, faz manifestações pedindo a volta do AI-5. Aquilo me dói muito, porque o AI-5 saiu – com a assinatura de Delfim Netto[7] e todo mundo mais –, e duas semanas depois eu e Gil fomos presos. Foi uma consequência imediata do AI-5. Quando vi que ia sair o *Narciso em férias* no livro e a gente estava fazendo o filme, achei que era oportuno, era adequado, entendeu?

pb: Vamos falar um pouco da pré-prisão? Vamos explicar o seguinte: em outubro de 1968, Caetano Veloso, Gilberto Gil e Os Mutantes fizeram uma temporada na boate Sucata, na Lagoa, no Rio de Janeiro.

Não ficaram imagens imediatas daquele show, mas ficaram umas fotos daquele momento. Você quer comentar alguma coisa das fotos?

CV: O espetáculo na Sucata era muito bom. Era radical. E, assim, foi talvez um dos mais altos momentos da história do rock no Brasil.

PB: José Carlos Oliveira – o Carlinhos Oliveira –, que era um cronista do *Jornal do Brasil*, foi ver o show, e ele escreve o seguinte: "Quem quiser saber o que é liberdade tem que ir à boate Sucata. Ali, toda noite, acontece um *happening*." "Acontece um *happening*" é um pleonasmo adorável, né? Muito bom. [Risos] Ele fala: "Alegria, alegria. Muita gente, inclusive pessoas que têm ido à Sucata, demonstra fúria: 'É que se trata de um show alienado'. Ora bolas, Deus nos dê doses cavalares dessa alienação." O pretexto dos militares para prender você e Gil teve a ver com o show da Sucata. E qual foi esse pretexto?

CV: Totalmente. Era uma, como a gente chama hoje, fake news. Porque foi o jornalista televisivo Randal Juliano que fez uma coisa sensacionalista, falando no programa dele. Eu não ouvi, mas me contaram. E, depois, quando a gente estava preso, realmente foi isso que eles apresentaram como queixa. E foi isso que eu desmenti, porque era mentira, e provei que era mentira. E esse Randal Juliano dizia que nós, no nosso show, cantávamos a letra do hino nacional mudando de ritmo, desrespeitando. Que rasgávamos a bandeira brasileira, fazíamos alguma coisa com a bandeira brasileira. Eu não ouvi, mas dizem que foram os militares em formação em Agulhas Negras – e também seus professores lá, enfim – que ouviram o Randal, ficaram revoltados e pressionaram os seus colegas e os seus superiores a nos punirem de algum modo. E foi isso. Mas, ao mesmo tempo, a esquerda estava vaiando a gente – jogaram até um pedaço de madeira que feriu Gil no palco –, dizendo que nós éramos entreguistas, que éramos a favor do imperialismo. Fizeram até uma passeata contra a guitarra elétrica em São Paulo, da qual o Gil participou. Por causa de Elis [Regina], que pediu a ele, ou estava lá. Eu e Nara Leão ficamos olhando da janela do hotel, dizendo: "Mas que negócio é esse?" Nara Leão dizia: "Parece uma passeata integralista. Parecem os integralistas." [Risos] Nara era muito boa.

PB: Em 1982, o Randal Juliano foi questionado pelo Jô [Soares] sobre esse episódio. Ele diz que tinha apenas comentado uma nota que tinha chegado, com informações sobre o show. Vamos ouvir o Randal.

[Mostram vídeo de Randal Juliano no programa *Jô Soares Onze e Meia*, de 1982]

RANDAL JULIANO: E a nota dizia que Caetano e Gil haviam causado uma baderna numa casa noturna do Rio de Janeiro, ao cantarem uma paródia do hino nacional. E eu comentei o fato: "Tem tanta coisa para cantar paródia. Vai cantar paródia de 'Asa branca', vai cantar paródia de tanta coisa. Cantar paródia do hino nacional não fica bem, *pô*. É uma falta de respeito". Jô, eu já disse e repito: se eu tivesse noção de que as coisas aconteceriam como aconteceram, que os fatos se desenrolariam de maneira... Sinceramente, de maneira tão ruim para o Gil e para o Veloso, eu, naquele instante, teria me recusado a cumprir inclusive uma ordem da produção e não teria comentado a nota.

CV: Olha, o que eu posso lhe dizer, Pedro, é que, ouvindo essa fala do Randal, achei que parece umas pessoas que falam hoje em dia. Teve até um "pô" no final de uma das frases dele [risos] – "Se eu soubesse que não sei o quê, pô" –, que tem essa cafajestice que está no poder atualmente. Do tom dele eu não gostei nessa hora. E depois tem um fato terrível, que se contrapõe a isso, ao que ele disse – que não é nem louvável, nem que fosse só o que ele disse seria aceitável, mas é muito pior. Porque o major Hilton pediu aos seus superiores a vinda do Randal Juliano para ser acareado comigo, e os superiores disseram a ele que não, blindaram o Randal. Ou seja, estava combinado com o Randal.

PB: Vamos ver um pedaço do filme agora, em que você lê o relatório, o tal relatório, em que lhe faziam acusações em tom gravíssimo, como essa aqui, por exemplo.

[Mostram trecho do filme *Narciso em férias*.]

CV: [Lê o relatório] "Cantor de música de protesto, de cunho subversivo e desvirilizante." [Risos] Essa é demais, né? "Ataca o regime e exalta os sistemas socialistas". Olha, "desvirilizante". Legal, eu gostei. "Subversivo e desvirilizante" é uma combinação que tem a ver comigo. Eu sou essa pessoa, está certo. Agora, "exalta os sistemas socialistas", não. Nunca exaltei. Nem quando tinha 15, nem 17, nem 23, nem 34. Nunca exaltei, sempre odiei.

PB: A desvirilização parece incomodar muito até hoje, a julgar pela base do atual governo. Por que, hein?

CV: Porque a organização social tem uma base machista. Então isso tem que ser mantido. E os conservadores se agarram nisso com uma paixão danada. Já naquela altura, falavam que era desvirilizante, porque eu dançava. Eu não faço o número do macho. Aliás, você também não, você não tem muito o jeito daquele machão. Então nós somos suspeitos quanto a isso. Eu gosto de Tabata Amaral.[8] Li um livro da Tabata Amaral e adorei ela falando. Acho muito desvirilizante, no bom sentido. Agora, achei curioso, eu me ouvindo... Isso foi gravado no ano passado.

PB: Foi no ano retrasado, 2018.

CV: É, tem dois anos. Tem pouco tempo. E digo que nunca louvei, em nenhuma medida, Estado socialista. E é verdade. Hoje, tendo mais a respeitá-los, pelo menos. Mudei quanto a isso. Sou menos liberaloide do que eu era até dois anos atrás.

PB: Não seria apenas uma formação reativa ao atual estado de coisas, Caetano?

CV: Poderia ser, não é? Mas não foi isso. Foi uma revisão da história do liberalismo que me atraía muito mais, antes de eu encontrar essa revisão, que me foi muito convincente. E tive contato com essas críticas, com essas leituras da história do liberalismo, por intermédio de um moço de Pernambuco que se chama Jones Manoel, que é um youtuber. Fiquei muito impressionado, gostei dele falando e tal. Esse rapaz, o Jones Manoel, cita um autor italiano chamado Domenico Losurdo, que tem uma contra-história do liberalismo. Li três livros dele, e tem um sobre as visões modernas da crítica às experiências socialistas. É muito inteligente. Sou outra pessoa. Esse rapaz que dois anos atrás falou: "Eu sou liberal, não admito nada de raiz socialista..." Não sou mais aquele rapaz. São dois anos, eu tenho 78 anos, mas houve uma mudança desse tamanho. Não atribuo apenas a uma reação ao mundo muito reacionário – uma reação à reação que se instaurou no Brasil –, não. É uma questão de desenvolvimento intelectual mesmo. É uma questão de você ser avisado de certos aspectos da argumentação racional a respeito da experiência social e histórica, que foi inevitável para mim acontecer, por causa do contato com esse pensador, Domenico Losurdo, através de Jones Manoel – que é um rapaz preto, pernambucano, jovem e muito inteligente. E ele escolheu os autores muito certo, muito bem.

PB: Vou ler. Porque acho que mudar de opinião é importante.

CV: Vou ser mil por cento sincero com você. Quando ouço pessoas como você – e outras, e leio, e tal – dizendo: "O comunismo e o nazismo são igualmente horríveis, são autoritarismo." Essa equalização das tentativas socialistas com o nazismo eu acho meio... Não engulo mais como engolia. Não gosto mais quando dizem: "A extrema-esquerda é igual à extrema-direita." Não acho mais, não consigo. Mas não é por causa de como o Brasil ficou. Já fui preso, vivi a ditadura militar e não pensei isso.

PB: Mas, Caetano, são experiências totalitárias.

CV: Saí da ditadura militar pensando: "Eu sou liberal." Mesmo sendo preso, exilado. Mas agora, não. Agora li Losurdo. A minha inteligência, a minha capacidade crítica... [Olha para alguém que está fora do enquadramento da câmera] Pessoal está mandando eu ficar mais calmo aqui. [Risos]

PB: [Risos] Está todo mundo calmo. É muito bom ver...

CV: Estou calmo mesmo. É minha... Porque eu tenho...

PB: Veemência.

CV: Minha veemência só aparece em argumentação. Eu não gosto de briga, mas argumentação, para que a gente ponha uma inteligência trabalhando com a outra... Aí eu fico muito enfático. [Risos] Mas deu para você entender que é um passo intelectual da minha vida? Darei outros. Pode ser até que as coisas que mais admiro no liberalismo voltem com mais força, tendo eu passado por isso. Vamos ser um pouco dialéticos.

PB: Sempre.

CV: Mas, no momento, vou dizer: sou diferente do que eu era dois anos atrás.

PB: Bacana ver um homem de 78 anos dizer isso. Muito legal.

CV: Dê uma lida em Domenico Losurdo.

PB: Depois de ficar ouvindo você agora, você acha o quê? É claro que eu vou ler, Caetano. [Risos]

CV: [Risos]

PB: Vocês foram presos no 27 de dezembro. Como foi esse *réveillon* de 1968 para 1969?

CV: Foi uma coisa muito estranha. Porque tenho muita dificuldade de dormir. Nessa noite, fiz força para me manter acordado, para participar do negócio. Acho difícil dormir. E, na noite de Ano-Novo, a gente tinha a tradição de não passar a meia-noite dormindo. No entanto, eu dormi. Dormi, perdi, não vi nada disso. No outro dia, fiquei angustiado. Pensei: "Puxa, passei a meia-noite dormindo." Todo mundo lá em casa dizia: "Isso não dá sorte. É ruim você passar a meia-noite do 31 de dezembro para 1º de janeiro dormindo."

PB: É, a sorte já não estava sorrindo muito.

CV: É, eu já estava sem sorte nenhuma mesmo ali.

PB: Você conta que desenvolveu superstições, que interpretava eventos, como a aparição de uma barata ou uma música que tocava. E, a partir desses eventos, você fez previsões. Você acertou a previsão do dia e da hora em que ia ser libertado?

CV: Acertei. Até o que estaria acontecendo. Eu ia botar um garfo na boca e seria interrompido. É estranho como fui calculando, pelas canções que tocavam no rádio do soldado. Umas canções eram bom agouro, e outras, não. Eu intuía isso. E a aparição de barata, que é um bicho de que até hoje tenho medo, era o pior sinal possível. Então, fazendo um cálculo, acertei. Acertei várias coisas, e essa bem nítida.

PB: Que músicas que davam sorte ou falta de sorte?

CV: As músicas que tocavam no rádio que mais anunciavam sorte ou azar? Sorte era "Hey Jude". E azar era uma música francesa, de Gilbert Bécaud, que era...

PB: [Canta] *"Et maintenant..."*. Não era essa, não?

CV: "Et maintenant", "Et maintenant".[9] [Canta] *"Et maintenant que vais-je faire."*

PB: [Canta ao mesmo tempo que Caetano] *"Que vais-je faire."*

CV: Essa daí tem que cantar "Hey Jude" para compensar. [Risos] Antes de ser preso, eu estava cantando algumas músicas lá em casa, de noite, e algumas liguei a isso e deixei de cantar. Vou dizer, curiosamente, quando eles me gravaram para fazer o filme, dei entrevista e fiquei de cantar as músicas todas depois.

PB: "Súplica",[10] de Orlando Silva.

CV: É, "Súplica", de Orlando Silva; "Assum preto",[11] do Luiz Gonzaga; e "Onde o céu azul é mais azul".[12] Esta eu tenho uma pena, acho estranho. Tomei coragem: "Não tenho que ter superstição com essas músicas mais." E ia cantar. Mas não calhou de cantar. Porque o que eles tinham filmado nas duas primeiras noites – foram as únicas duas noites de filmagem – virou o filme.

PB: Você quer cantar uma delas agora?

CV: Não. É que agora vou ficar com um pouco de medo delas. Por exemplo, "Onde o céu azul é mais azul". Até dizer o título eu fico meio estranho. Fico com vontade chorar, com pena da canção. Porque ela é muito bonita. Vi numa peça de teatro, em que o elenco todo cantava. Era uma gravação do Francisco Alves. Alguém veio me perguntar um dia: "'Onde o céu azul é mais azul', de quem era a gravação?" Acho que foi o Renato Terra. Eu disse: "Acho que era de Francisco Alves." Aí me lembrei, na voz de Francisco Alves. Fiquei com vontade de chorar. E, dessa hora que o Renato falou comigo, toda vez que penso nessa... [Para] as outras eu não ligo nada. Mas não é que eu sinta que dá azar, sinto vontade de chorar. Se eu pensar em "Onde o céu azul é mais azul"... [Emociona-se]

PB: O Gil, seu companheiro de música e de prisão, gravou uma pergunta, especialmente para este programa. Você quer ouvir?

CV: Puxa! Quero.

[Mostram imagem de Gilberto Gil.]

GILBERTO GIL: Na música "Irene", no livro *Verdade tropical* e em muitos outros momentos em que você refletiu sobre aquele tempo, aquele período da reclusão, da prisão, fica muito evidente o seu desgosto, a sua revolta, o seu protesto contra tudo aquilo. Enfim, o silêncio do sexo a que você foi obrigado e tantas outras coisas. Eu fico pensando. Cinquenta anos depois, o que isso tudo ainda tem de resíduo? Ou se não, ou se tudo está filtrado, de uma certa forma. O passar do tempo, a idade, tudo isso foi suficiente para filtrar aquilo? Ou não?

PB: Só a sua reação ao lembrar de "Onde o céu azul é mais azul" já responde a essa pergunta, né, Caetano?

CV: Curiosamente, a pergunta do Gil parece se referir a esse caso do "Onde o céu azul é mais azul", que é exemplar do que acontece comigo a esse respeito. Evidentemente, há um filtro. Esse caso do "Onde o céu azul é mais azul", para mim, é uma surpresa que, quando fui tentar me lembrar mais, tenha me levado para uma comoção, uma vontade de chorar pela canção. Uma coisa comovente. Não assustadora, não ameaçadora, uma coisa comovente. Tive pena de não ter cantado essa canção todos esses anos. E uma certa pena atual de não ter talvez coragem de cantar agora, quando fui procurar cantar. Mas, quando falo no assunto, me mexe, Gil. Falando com você, se você estiver me ouvindo na hora que eu estiver respondendo a Bial a sua pergunta. Fiquei muito impressionado... Gil tem uma ligação. É muito curioso o negócio meu com Gil, porque há sempre um companheirismo, um paralelismo, e um contraste. É muito interessante. E ele sabe, a gente fala muito nisso, há muitos anos. E ele perguntar isso é como se estivesse do lado de lá da filtragem, como quem diz assim: "Depois de tantos anos, de 50 anos, sei lá, não sei quantos anos, quero saber se o Caetano filtrou." E ainda estou perguntando. Porque acho que sim; porém, vejo que a filtragem resulta em coisas diferentes. Há muita coisa em que sou muito como era, mesmo naquela época. E parece que... Trazer um negócio como esse, falar: "Essa canção blá-blá-blá..." Me balança. E é engraçado. Ele falou: "O silêncio do sexo."

PB: O que você narra é que se ressecou, o seu corpo ressecou. É isso?

CV: É, porque eu não chorava e não tinha nenhuma excitação sexual, mesmo que eu buscasse. No período da solitária, nada. Era impossível. E, quando cheguei no Pqd [Brigada de Infantaria Paraquedista]... Porque a gente ficou em dois quartéis da PE, primeiro da Polícia Especial, na Tijuca, e o segundo na Vila Militar, em Deodoro. E, depois, no terceiro estágio da prisão, a gente foi transferido para os paraquedistas, onde fui interrogado. Só apareceu interrogatório, só se falou no assunto de "por que está preso, etc." já no final, já perto do final, entre os paraquedistas. E, lá nos paraquedistas, voltei a ficar numa cela sozinho. Mas era uma cela que tinha cama... Era meio uma suitezinha. Tinha um banheiro com chuveiro. E era separada de tudo o mais. Ficava na entradinha do quartel, que tinha uma ladeirona até chegar na sala dos oficiais. E aí, com esse relativo bem-estar... E também porque Dedé [Gadelha][13] me visitava. Só nesse lugar ela foi informada de onde eu estava. Nos dois primeiros, que durou muito tempo, mais de mês, ela não sabia. Mas aí ela já sabia oficialmente, podia ir. E me visitava. Então aí renasceu o desejo sexual, a excitação sexual. Mas eu me proibia terminantemente a masturbação. E obedeci a isso até sair.

PB: Também por alguma superstição?

CV: Superstição. A masturbação seria também perda da energia que resultaria numa possível soltura. Porque, quando você fica preso sem explicação, por muito tempo, e depois dizem: "Agora", depois de muito tempo. Parecia que eu nunca ia sair dali. Parecia que nunca tinha estado em nenhum outro lugar. Teve momentos, na primeira fase, que parecia que eu nunca tinha vivido o que vivi fora, que minha vida era aquilo. E que o resto tinham sido sonhos, fantasias que tinha tido. É estranho.

PB: Caetano, a Dedé, quando foi te visitar, levou para você uma coisa que, durante a gravação do *Narciso em férias*, 50 anos depois, Renato Terra entrega a você também. Vamos ver esse momento aqui.

[Mostram trecho de *Narciso em férias*]

CV: E Dedé trouxe a *Manchete* – ou a *Fatos e fotos* – que tinha a primeira foto da Terra, tirada de fora, tirada do espaço sideral.

RENATO TERRA: Era essa aqui [entrega a revista a ele]?

CV: [Pega a revista] É, é. [Lê] "É dia no hemisfério iluminado pelo Sol."

RT: Anos depois, você fez uma música inspirada nesse momento.

CV: Fiz [emociona-se]. Mas foi muitos anos depois.

PB: Por que essa lembrança emocionou você desse jeito, Caetano?

CV: Acho que foi porque principalmente eu nunca mais tinha visto essa página. É curioso. Tinha visto quando Dedé mostrou, ficou ali comigo, e depois eu falava nisso. Depois fiquei na Bahia, confinado, fui tentando voltar a viver. Dali a pouco, quatro meses depois, estava exilado. Nunca mais vi... Via muitas fotografias da Terra, porque, depois, começaram a aparecer muitas outras – com mais nitidez, e mais longe, e da Lua, a Terra vista da Lua. Enfim, milhões de coisas.

PB: Dez anos depois você vai fazer uma canção com essa lembrança.

CV: Fiz a canção que lembra essa imagem. Fiquei com vontade de chorar no filme porque nunca tinha visto aquela imagem mesmo. Vi tantas outras imagens da Terra, e aquela imagem da revista, tal como tinha saído na revista. Foi um pouco assustador. Assim, emocionante.

PB: Caetano, hoje a gente tem um presidente que diz que a ditadura militar foi ótima. Diz mais, diz que nem houve ditadura. O que há de diferente e similar entre 1968 e 2020? A história se repetindo como farsa? Porque não vivemos numa ditadura, é uma democracia o Brasil.

CV: Hoje há uma tendência, em vários lugares do mundo, de corroer a democracia, desmerecendo os valores da democracia. E várias coisas contribuem para isso, inclusive a existência da internet, as redes sociais... É toda uma série de fatores que possibilitam isso. E também as ondas da história. Nós tivemos um período em que havia uma certa louvação do progressismo, uma louvação esquerdizante, e agora há uma espécie de histeria reacionária. E, depois disso, foi se acumulando um ressentimento dessa esquerda festiva histórica política do país. Tem vários tipos de ressentimento. Tem luta de classe. Quem tem dinheiro do jeito que tem no Brasil, quem tem poder econômico do jeito que o Brasil é estruturado não quer que mexa em nada. Não quer perder. Isso aí é a base da luta de classes. E, também, tem os grandes ressentimentos, as grandes mágoas intelectuais, de pessoas que se sentem como que humilhadas por uma elite intelectual que se diz de esquerda: "Então eles são melhores para as outras pessoas do que eu e falam difícil." Sei lá. Ou mesmo, às vezes, um cara com grande formação intelectual tem muita raiva de não ter uma presença no mundo acadêmico como ele vê outros colegas terem, ou ele não está no mundo acadêmico propriamente como gostaria de estar, como pode já ter tido o desejo de estar.

PB: Ressentimento para tudo que é lado, né?

CV: Ressentimento para tudo quanto é lado. E há também uma coisa inevitável, que é o desejo de liberdade de pensar. Muita gente se sentia presa a ter que obedecer a esses valores que estavam mais ou menos jogados aí, como se fossem comuns. Aí junta tudo isso e dá numa... São as ondas da história. Aí vêm umas maluquices: "O Brasileiro é conservador." Quando a pessoa fala isso, eu penso: "Mas que diabos quer dizer isso?"

PB: E assim como o povo brasileiro, digamos, é conservador, ele também é tolerante, na mesma medida, em momentos diferentes.

CV: E também anárquico e inventivo. E solidário, muito solidário.

PB: Sim!

CV: Acham o quê? Revelou-se agora que todo brasileiro é mesquinho? Não é, não é.

PB: Você, na sua live, há algumas semanas, falou: "São situações muito graves que nós, os brasileiros, estamos enfrentando. Mas a gente vai? A gente vai. O Brasil é o Brasil." Caetano, a gente vai aonde? E o que quer dizer "o Brasil é o Brasil"?

CV: Salvar o mundo.

PB: [Risos] É Jorge Mautner ou é Caetano que está falando?

CV: Jorge Mautner é meu mestre nessas coisas. [Risos] O meu desejo é que o Brasil tirasse dessas desvantagens que ele tem na sua história – e algumas anomalias – uma oportunidade – que se oferece por causa disso – de criar, digamos assim, de instaurar o Império do Espírito Santo. Ou seja, um império que não tivesse nada a ver com o que a gente chama de imperialismo. Acabar com esse negócio, passar para um negócio maior, poder aprofundar a democracia, resolver as questões sociais de um jeito. Esse negócio de o Brasil ter jeito. Por exemplo, quando a pessoa fala: "Isso é uma jabuticaba", e parece que já é uma coisa pejorativa. Por quê? A jabuticaba é uma coisa maravilhosa. Dá até na raiz. É uma fruta que dá até na raiz. E é linda, com aquela cor muito escura, concentrada, e um gosto maravilhoso. Qual o problema da jabuticaba?

PB: Isso. Eu gosto de usar essa expressão, mas não uso sempre como pejorativo, não. Porque tem coisas que realmente só no Brasil.

CV: Por exemplo?

PB: [Risos] Caetano Veloso.

CV: Ah, mas não tenho muita pinta de jabuticaba.

PB: [Risos] É uma árvore tão bonita também. É uma árvore que você vê o esforço que ela fez para crescer. Ela é toda expressionista, a jabuticabeira.

CV: É, ela é expressionista. E quando tem a jabuticabinha na raiz eu acho lindo. Mas falando sério: a gente tem uma oportunidade de fazer um negócio... Contribuir de uma maneira muito abrangente para uma virada que o mundo precisa dar. O mundo ou dá, ou acaba.

PB: Você está falando com tanta esperança. Como se a esperança não precisasse de motivos.

CV: Acho que nem tanto. Porque disse agora que acho que há, no nosso caso, na nossa situação, um esboço de oportunidade. A gente deve trabalhar pensando nisso, pensando na oportunidade. O Brasil tem uma oportunidade especial, tem algo de peculiar: o Brasil foi colonizado por portugueses. A moda no Brasil, há muitas décadas, é se lamentar o fato de nós termos sido colonizados por portugueses. É o tipo da desvantagem que pode ser a grande vantagem, se a gente agir pensando assim. O único rei da Europa que foi à colônia foi D. João VI. Os outros não foram nem visitar. O rei da Bélgica nunca botou a ponta do pé no Congo. Nunca. D. João VI viveu aqui e não queria voltar, demorou a voltar.

PB: É, fez da colônia metrópole.

CV: Fez da colônia metrópole. Termos sido colonizados por portugueses dá um negócio diferente. E, depois, também, nós somos altamente miscigenados. Essa é uma coisa que está um pouco desmerecida hoje em dia, mas não deveria. Gosto muito de um livro que se chama *O Brasil inevitável*,[14] e esse livro fala que se tem o clichê de que o mestiço brasileiro é filho de um senhor branco com uma escrava negra, que a miscigenação, no fundo, é somente isso. É como se fosse uma visão negativa. E ele levanta vários documentos históricos que mostram que a intensidade da miscigenação no Brasil se deu muito mais em arraiais de pesca e de pequena agricultura entre índios e negros, e alguns poucos descendentes de portugueses pobres. Isso é uma coisa... Sou de Santo Amaro, de uma cidade do interior da Bahia. Quando leio isso no livro do Mércio, que fez esse livro – *O Brasil inevitável* –, digo: "Cara, isso está me dizendo muito mais uma coisa verdadeira, com que sinto, com que sentia desde menino." Fui sentindo quando cresci e pude ler quando entrei nas questões raciais de uma maneira mais responsável. E enfrento, penso, acompanho. Leio Djamila [Ribeiro]. Acompanho tudo isso. Mas há um lado um pouco americanizado demais, no mau sentido da palavra. Na observação desse aspecto da realidade social brasileira. O fato de nós sermos altamente miscigenados, e da miscigenação poder ser muito isso que é descrito no livro *O Brasil inevitável*. Pense bem, um país de dimensões continentais, como os Estados Unidos, só que no hemisfério sul, ou seja, onde, pelo menos nas Américas... Não é onde se é rico. Quando digo "salvar o mundo", "o Brasil tem esse dever", é porque vejo a possibilidade. Vai ver que esse negócio horrível que a gente está vendo, de muita cafajestada, tudo de ruim, as jabuticabas podres do Brasil, ou as deformadas, tomando conta e dizendo que nós somos assim mesmo, e falando mal e agindo mal, a gente pensa que não há esperança. Pode ser que seja um carma sendo pago para você fazer o que precisa ser feito. Pode ser. Tenho 78 anos. Já vivi 78 anos neste país, vi coisa para caramba e continuo achando que a gente tem que dar um jeito. Você tem que ver com um espírito profético.

PB: Bonito. Pensei agora: você vai fazer 80 anos no ano em que o Brasil vai fazer 200, e você fazendo esse discurso de esperança. Vamos terminar. Queria te agradecer demais – o seu tempo, a sua generosidade, a sua veemência também. E queria mostrar a imagem que foi a imagem da esperança para você na cadeia, e que fez você cantar e fazer a única música que você compôs na cadeia: "Irene."

[As imagens são exibidas na tela.]

cv: Que linda a Irene rindo nesse período. Que maravilha. Você sabe que o *Narciso em férias* em separata, como livro, foi dedicado a ela?

pb: Vamos terminar com "Irene", Caetano? Chamar a risada dela? Muito obrigado, viu, Caetano?

cv: Puxa, obrigado eu.

Notas

1. Canção de Caetano em homenagem a sua irmã Irene. Faixa do álbum *Caetano Veloso*, de 1969.
2. Canção composta por Caetano com base nas primeiras fotografias do planeta terra visto do espaço, tiradas pela missão da NASA Apollo 8 e publicadas no Brasil pela revista *Manchete* em 18 de janeiro de 1969. Faixa do álbum *Muito (Dentro da estrela azulada)*, de 1978.
3. Canção de Gilberto Gil, gravada no álbum *Gilberto Gil*, de 1969.
4. Autobiografia publicada em 1997, em que Caetano narra sua formação cultural, da infância até os anos 1990, passando pela emergência e efervescência do Tropicalismo em meio aos anos de chumbo, sua prisão em 1968, os anos do exílio em Londres, entre outros episódios.
5. Canção composta em 1968 pelo então Beatle Paul McCartney e creditada à dupla Lennon & McCartney.
6. Fitzgerald, F. Scott. *Este lado do paraíso*. Rio de Janeiro: Best Seller, 2011.
7. Antônio Delfim Neto (1928-), político brasileiro e então Ministro da Fazenda (de 1967 a 1974). Foi um dos signatários do AI-5.
8. Tabata Amaral (1993-), cientista política e astrofísica, eleita deputada federal em 2018 pelo Partido Democrático Trabalhista (PDT).
9. Canção composta em 1961 pelos franceses Gilbert Bécaud (1927-2001) e Pierre Delanoë (1918-2006).
10. Canção composta por Otávio Gabus Mendes, José Marcílio e Déo. Foi eternizada na voz de Orlando Silva (1915-1978), conhecido como "o cantor das multidões", que gravou a canção pela primeira vez em 1940.
11. Canção composta por Luiz Gonzaga e Humberto Teixeira.
12. Canção composta em 1943 por João de Barro (o Braguinha), Alcyr Pires Vermelho e Alberto Ribeiro e gravado por Francisco Alves na Continental.
13. Dédé Gadelha (1948-) é a primeira esposa de Caetano e mãe de seu filho, Moreno Veloso.
14. Gomes, Mércio Pereira. *O Brasil inevitável: ética, mestiçagem e borogodó*. Rio de Janeiro: Topbooks, 2019.

DAVID WILSON, ELIANE DIAS E SILVIO ALMEIDA

Vidas negras importam

PEDRO BIAL: É um daqueles momentos em que a História parece que para. Ou melhor, para para acelerar. Parece que é um corte antes e depois. Essas coisas que o jornalista fica pensando nesses momentos e fica com vontade de abrir um programa sobre isso com um editorial. Mas não há editorial melhor do que as palavras que George Floyd,[1] de 46 anos, falou durante os 8 minutos e 46 segundos que Derek Chauvin, o policial branco, manteve o joelho sobre o pescoço dele, sem nunca tirar a mão do bolso. As palavras de Floyd: "Cara, meu rosto. Eu não fiz nada de grave. Por favor, por favor. Por favor, eu não consigo, eu não consigo respirar. Por favor, cara. Por favor, alguém. Por favor, cara, eu não consigo respirar. Eu não consigo respirar. Por favor. Cara, eu não consigo respirar. Meu rosto, sai de cima. Eu não consigo respirar, por favor. Eu não consigo respirar. Droga, eu vou... Eu não consigo me mexer. Mãe, mãe, eu não consigo... Meu joelho, meu saco. Eu vou morrer, eu vou morrer. Me sinto claustrofóbico. Meu estômago dói, meu pescoço dói, tudo dói. Alguém me dê água, ou algo, por favor, por favor. Eu não consigo respirar. Policial, não me mate. Cara, eles vão me matar. Por favor, eu não consigo respirar, eu não consigo respirar. Eles vão me matar, eles vão me matar. Eu não consigo respirar, eu não consigo respirar. Por favor, senhor, por favor, por favor, por favor. Eu não consigo respirar."

A nossa conversa é sobre esse assassinato bárbaro, testemunhado pelo mundo todo, em detalhes, numa cena tétrica capturada em vídeo, e sobre as repercussões desse crime. Para isso, vamos conversar com a empresária Eliane Dias, com o advogado Silvio Almeida, professor da Universidade de Duke, nos Estados Unidos, e o cineasta americano David Wilson, radicado em Salvador, na Bahia. Eu queria começar pela Eliane. Há duas semanas, no Rio de Janeiro, um menino de 14 anos chamado João Pedro foi assassinado, dentro de sua casa, com um tiro de fuzil pelas costas, no Morro do Salgueiro, em São Gonçalo. Por que não houve nada perto, comparado à reação que aconteceu nos Estados Unidos depois do assassinato de George Floyd?

ELIANE DIAS: Falta pouco, Bial. O povo brasileiro demora talvez um pouco para entender a força e o poder que tem. Mas essa panela de pressão não vai aguentar muito tempo. E até torço para que ela resista um pouquinho, para que a gente tenha o discernimento. Porque, aqui, a nossa cultura é muito diferente de lá dos Estados Unidos. Então acho que falta pouco.

PB: Silvio, na sua opinião, quais são os vetores, as razões... O que difere, essencialmente, entre o racismo norte-americano, que é o racismo com um histórico institucional, do racismo brasileiro, que é mais sutil, disfarçado, finge que não é?

SILVIO ALMEIDA: O racismo no Brasil e o racismo nos Estados Unidos são igualmente violentos, se é que o racismo no Brasil não é mais violento. Esse é o primeiro ponto. O segundo ponto é que não existe racismo que não seja estrutural, e, portanto, que também não seja institucional. O racismo é um processo, em que condições sociais, históricas, que envolvem a economia culminam na naturalização da violência policial. E no que o Brasil é diferente. Por que a gente tem essa impressão de que é velado? Porque a sociedade brasileira é atravessada por condicionantes históricas que não se comparam aos Estados Unidos. O Brasil é uma sociedade de pouquíssima democracia, é uma sociedade autoritária, profundamente desigual e dependente economicamente. E o Brasil também é uma sociedade cujas instituições sempre se voltaram contra os pobres e os negros. Então não é que o racismo é velado, nós é que somos muito mais violentos. O nosso Estado é muito mais violento. E a nossa História é também de muito mais contradição do que a dos Estados Unidos, que também é uma História muito triste em vários pontos, inclusive nas relações raciais.

PB: Silvio, nunca ouvi uma explicação muito clara sobre racismo estrutural, essa expressão que se repete muito. Você consegue fazer uma explicação curta para a gente? Como assim a nossa sociedade é estruturada sobre o racismo? O que é o racismo estrutural?

SA: Quero começar por um exemplo. Estamos vivendo uma pandemia, uma doença, causada por um vírus: o coronavírus, sendo mais preciso. Só que, quando começamos a observar os números de mortos, percebemos que as pessoas que morrem são as negras e latinas, que são as pessoas racializadas. Como disse Cornel West,[2] estamos numa tempestade perfeita. Pandemia, governos autoritários e, juntamente, com uma crise sem precedentes, do ponto de vista econômico. Veja o que acontece: começamos no âmbito da economia. Os negros também são aqueles que têm as maiores perdas econômicas. Então o que significa o racismo estrutural? A sociedade funciona de maneira a reproduzir as condições de desigualdade das pessoas negras. Isso se reproduz no campo da economia. Funcionando normalmente, a economia reproduz as condições de desigualdade dos negros. A política, da mesma maneira. Da mesma forma, os processos de constituição do imaginário social sempre colocam as pessoas negras no mesmo lugar. Dizer que o racismo é estrutural, portanto, é dizer que o racismo acontece não no ato discriminatório, mas na indiferença e na naturalização da subalternidade das pessoas negras. Esse é o problema: o racismo não é discriminação tão somente direta, o racismo é indiferença. Esse ponto é fundamental.

PB: David, você tem as duas experiências: nos Estados Unidos e no Brasil. Você já sofreu violência ou abuso policial nos Estados Unidos ou no Brasil?

DAVID WILSON: No Brasil, há o mito da democracia racial, mas o problema desse mito é que ele faz os negros agirem contra os próprios interesses, ou serem desapegados em relação a coisas que afetam sua comunidade. Na primeira vez que vim ao Brasil, me disseram que não era uma sociedade racista, era uma sociedade elitista. Mas sempre digo que, se 80% dos membros das classes C e D da sociedade são negros, ela não é elitista, é racista mesmo. Durante toda a minha vida nos Estados Unidos – tenho 43 anos –, nunca fui abordado pela polícia. Tenho amigos que foram abordados inúmeras vezes e têm várias histórias horríveis. No Brasil, fui abordado quatro vezes em um ano, entre 2016 e 2017. E eu nem estava morando aqui, foram vezes em que visitei o país. Um policial me disse que nos Estados Unidos era pior, e tive que corrigi-lo: "Não, não é pior. Isso aconteceu comigo quatro vezes em um ano." Então acho que há também a ideia de que é pior nos Estados Unidos, porque se fala muito mais sobre isso lá. Mas isso está começando a mudar, à medida que tem cada vez mais diálogo no Brasil sobre a dinâmica racial do país.

PB: Eliane, queria que me explicasse uma declaração que você já deu. Você disse que, se fosse homem, já tinha morrido. Por quê?

ED: Porque tenho que controlar essa coisa impulsiva que trago comigo, de querer resolver as coisas, de não aceitar injustiça. Às vezes você está no trabalho e sofre um assédio, sofre um racismo, e tem que ter um autocontrole muito grande para não ser violento com o chefe, com o patrão, devido a racismo estrutural. E vejo muitas coisas, muito racismo, muita injustiça, que acho que, se eu fosse homem, mais impulsiva, se pensasse menos na questão maternal, que tenho pessoas que dependem de mim, eu já teria tomado atitudes violentas, que não resolveriam o problema, e com certeza eu morreria. Porque a gente tem que ter um autocontrole muito grande para ver jovens negros sendo assassinados dentro do carro com 111 tiros, como aconteceu no Rio de Janeiro recentemente, e não querer fazer justiça com as próprias mãos, né? É muito difícil ter autocontrole.

PB: Eliane, o que você identifica que mudou – como o David apontou, que as coisas estão mudando – de notável? O que vem mudando?

ED: A coisa que mais percebo que vem mudando é a nossa conscientização. Antes, muitas pessoas tinham aquela coisa de que o racismo era mais velado, não era tão sentido. E nós, negros, estamos mais conscientes da força do racismo, do que nos prejudica. Sabemos perfeitamente por que estamos neste lugar. A nossa mente está mais sadia, porque sabemos que a culpa não é nossa. Muitas pessoas já passaram por isso. Não consigo trabalhar por quê? Ah, talvez a culpa seja minha porque não trabalho? Não consigo uma vaga na faculdade pública por quê? Porque a culpa é minha? Hoje, essa coisa de a gente saber que a culpa não é nossa é uma das coisas que têm melhorado. Mas têm melhorado do nosso lado, não têm melhorado do lado do racista. Porque o racista está muito violento. Em contrapartida, tem pessoas que estão se conscientizando, estão se policiando, estão melhorando.

PB: Silvio, por que os protestos contra a violência, depois da morte do Floyd, vêm terminando em violência?

SA: A violência é um fenômeno que surge e ganha força toda vez que você não tem condições de estabelecer mecanismos dialógicos. E, aí, temos duas situações. A primeira é que a gente está vendo os protestos tomando conta do mundo, e as instituições, nos Estados Unidos e no Brasil também, em outras partes do mundo, estão se mostrando incapazes de resolver aos anseios das pessoas. A vida das pessoas está muito miserável, tanto do ponto de vista material como do ponto de vista, também, simbólico, imagético, cultural. As pessoas têm uma vida de repetição e de puro horror. Nesse sentido, a violência diante da ausência de resposta se torna, portanto, uma gramática de moralidade. A gramática de moralidade acaba sendo incorporada, muitas vezes, na forma de desobediência civil, na forma de legítima defesa. Concordo com Martin Luther King[3] e tanto outros: a violência tem um aspecto regressivo, à medida em que pode destruir o racista, mas não acaba com o racismo tão somente. Ao mesmo tempo, a violência tem que ser entendida como um fenômeno que surge justamente da ausência de alternativas. E veja que hoje, tanto na Casa Branca como no Palácio do Planalto, e em outros lugares do mundo, existem pessoas que não estão dispostas a diálogo, que, portanto, tiram todo o seu modo de ser de uma contrariedade radical com aquilo que as pessoas estão pedindo, que é o puro ódio, que é o racismo, o supremacismo branco. E esses governantes, como eles foram produtos do ódio, só têm ódio para oferecer, quando as pessoas precisariam de solidariedade e de amor. É isso. Ou seja, nós estamos num impasse profundo. E veja que, nessas manifestações, há pessoas negras, há pessoas brancas. E por quê? Nós chegamos num estágio que é aquilo que Achille Mbembe[4] fala: "Nós estamos vivendo o devir negro no mundo." O que significa isso? Que as coisas no mundo estão ficando tão precárias – do ponto de vista econômico, social, cultural – que todo mundo vai ter seu dia de preto, mesmo os brancos vão aprender o que é viver nas piores condições possíveis. Por isso, esse movimento não é só antirracista. É um movimento que está tomando a cara de um movimento antissistema que produz o racismo e que se alimenta dele.

PB: David, nos últimos anos, vimos movimentos que surgiram de forma espontânea, sem uma liderança clara: no Brasil, em 2013; a própria Primavera Árabe; Wall Street. Foram movimentos que se dissiparam, até por essa falta de liderança. Espontaneamente teve a combustão, mas aquilo não teve uma consequência política de mais longo prazo. Você acha que é cedo para pensar nos desdobramentos futuros do que a gente está vendo agora?

DW: Acho que haverá muitas consequências. E muito efeito na política. Temos que pensar que estamos no ano de eleição nos Estados Unidos. O que estamos vendo, no momento, são pessoas cansadas. Muito disso tem a ver com Donald Trump e o atual governo na Casa Branca. As pessoas estão reagindo aos últimos anos, nos quais vimos um movimento conservador muito forte, que não foi bom para muita gente da base econômica da sociedade. Isso inclui os negros. Acho que terá um impacto grande. Falta pouco para novembro, e os Estados Unidos terão uma eleição presidencial. As pessoas estão entendendo o impacto que pessoas negras, em particular, podem ter globalmente. Isso vai levar a um realinhamento, de muitas formas, política e financeiramente. Os protestos continuarão por muito tempo. Acredito que vão durar até setembro. Não é algo que vai se dissipar em duas semanas. E acredito que ter um presidente na Casa Branca que está determinado a botar mais lenha na fogueira pode fazer isso se arrastar até o fim do ano e durante as eleições. Acho que os protestos vão provocar um impacto duradouro. Estou vendo coisas, nesses protestos, que nunca vi antes. Nunca vi tanta união, particularmente entre os afrodescendentes, quando vemos o que está acontecendo na França e em outros lugares. As pessoas estão começando a se identificar umas com as outras. Afrodescendentes estão notando que enfrentam os mesmos problemas, que todos estamos sob o mesmo sistema. Estamos começando a ver esses protestos acontecendo sem coordenação. Não é como nos anos 1960, em que havia Martin Luther King organizando os protestos. São protestos não coordenados, que surgem nas redes sociais, porque as pessoas estão sentindo a mesma coisa. Eles entendem que estão no mesmo sistema opressor. Não importa de que país elas venham. Acho que isso terá um efeito a longo prazo.

PB: A gente falou sobre a violência em resposta à violência. Há um discurso que teve um grande impacto e repercussão que falava dessa, entre aspas, revanche. Foi da ativista Tamika Mallory.

[Trecho do discurso da ativista norte-americana]

TAMIKA MALLORY: ... quando os jovens e outras pessoas estão frustradas e instigadas pelas pessoas que vocês pagam. Vocês estão pagando instigadores para estar entre a gente nas ruas, jogando pedras, quebrando janelas, queimando prédios. Os jovens estão respondendo a isso, estão enfurecidos. E há um jeito fácil de parar isso: prendendo os policiais, indiciando todos os policiais e não apenas alguns deles. Não apenas aqui em Minneapolis. Indicie-os em todas as cidades dos Estados Unidos onde o nosso povo está sendo assassinado. Indicie-os em todo lugar. Esse é o ponto de partida. Indicie os policiais. Façam o seu trabalho. Façam valer o que vocês dizem sobre esse país ser uma terra livre para todos. Não tem sido uma terra livre para os negros. E nós estamos cansados. Não nos fale nada sobre saqueio. Vocês são os saqueadores. Os Estados Unidos vêm saqueando pessoas negras. Os Estados Unidos saquearam os indígenas quando chegaram aqui. Saquear é o que vocês fazem. Nós aprendemos isso com vocês. Nós aprendemos violência com vocês.

PB: Eliane, a gente viu aí, e se tornou uma das palavras de ordem dos protestos: "Estamos cansados, estamos cansados." Que cansaço é esse?

ED: Bial, esse é o cansaço de uma vida inteira, dos nossos pais, avós, de todos os negros... A gente está chegando a um estágio muito perigoso. Quando você lida com pessoas que não têm nada a perder, o que você vai falar que ela vai perder? A liberdade? Não, nós não somos livres. Vamos perder o emprego? Não, nós não temos emprego. Vamos perder a oportunidade de entrar numa faculdade? Não, nós já não entramos numa faculdade. Então é esse o cansaço. Como você faz uma pessoa refletir para ela não fazer qualquer coisa que vá prejudicá-la, se tudo que ela vê à sua volta lhe prejudica? Nós, negros, estamos cansados disso. Nós estamos cansados. É instintivo. Nós entramos nos lugares, e, se a gente não se vê, de forma instintiva a gente já não quer mais. A gente já não quer mais entrar num restaurante onde não tenha pessoas negras, onde não tenha funcionários negros. A gente não quer entrar numa loja onde não vê negros. A gente já não quer mais gastar o nosso dinheiro que não seja com o nosso povo. Porque temos consciência, e já estamos cansados de dar o nosso suor para pessoas racistas. Esse é um cansaço de 400 anos, ou mais. Só vai ter um jeito de a gente reparar isso. É reparar com reconhecimento de que o racismo é prejudicial. É pedir desculpas. É contratar negros para trabalhar. Não adianta fazer movimentos, e a gente chegar nos espaços e não se ver. Se não me vejo, não consumo. Não quero mais consumir um programa de TV onde não vejo a minha cara preta. Não quero mais isso. Então este é o cansaço. Mesmo a pessoa que não é uma ativista negra, por instinto, já fala: "Cansei de ser maltratada." Cansamos de ser maltratados. Não queremos mais isso. Queremos ter oportunidade. Não me submeto mais a ter que passar por assédio no trabalho. Em lugar nenhum. Todo mundo deveria pensar: "Poxa vida, não consigo mais." Tem muito negro aí que está independente, que está estudando, trabalhando, está na sua própria empresa, não quer mais. Esse é o cansaço de mais de 400 anos que precisa ser reparado. E só tem um jeito de se reparar, não é? Rompendo com o racismo estrutural, é se autopoliciando, se corrigindo, respeitando o próximo, ensinando as crianças a não serem racistas. Pelo amor de Deus, é o fim da picada: um pai ensinar para o filho ser racista. A criança não nasce racista, ela se torna racista. E hoje nós temos aí na rede social um áudio de uma criança xingando outra pelo Instagram, chamando de "macaca". Como pode? Torço para que, no Brasil, as coisas ainda não cheguem no ponto dos Estados Unidos. Porque estamos esgotados. Se alguém acender o estopim, essa bomba vai explodir. Não vou deixar um irmão meu apanhar da polícia. Vou lá intervir. E assim será com muitas outras pessoas que já estão cansadas.

PB: No Brasil, isso também vale? Quer dizer, temos um governo e um momento político no Brasil que estimula a violência policial? Isso nunca mudou, sempre foi assim?

SA: Não, sem dúvida, temos um governo, hoje, no plano federal, e também governadores, no plano estadual, que estimulam e são coniventes com a violência policial. E obviamente que isso passa um recado péssimo para a sociedade. Porque a gente também não pode ser contra fatos. Obviamente, você tem um democrata no poder, as instituições continuam funcionando como sempre funcionaram – ou seja, de maneira a reproduzir a desigualdade racial e a violência racial –, só que você tem uma autoridade que procura, de alguma forma, inserir uma dinâmica de confronto em relação a esse modo da máquina funcionar de maneira racista. Hoje, não. Hoje nós temos no poder pessoas que estão sentadas na máquina do Estado, que é uma máquina que funciona também pelo uso da violência, pelo uso da força, para manter certa ordem. E essas pessoas não têm o mínimo compromisso com o que a gente poderia chamar de democracia. Agora, Bial, uma coisa que acho muito importante: a gente não é o que a gente quer. Por isso que o racismo é estrutural. A gente é atravessado por uma série de condições que nos antecedem. Eu, quando nasci, Eliane, quando nasceu, David, e você mesmo, Bial. Nós não tínhamos um significado prévio para a nossa existência no mundo. Fomos jogados num emaranhado de significados que se colocou para nós. Ou seja, lembro exatamente do dia em que descobri que eu era um menino negro. E sabe como descobri? No dia em que sofri discriminação da professora na escola. Cheguei em casa e contei para a minha mãe. Ela ficou tão revoltada que foi lá na escola para correr atrás da professora. Não entendi aquilo, e ela me explicou o que estava acontecendo. Costumo dizer o seguinte: nós, negros, costumamos ter duas certidões de nascimento, a fornecida pelo Estado, e a outra, do dia em que a gente se descobre negro, como alvo de discriminação racial. Porque a diferença do mundo se coloca de maneira fenomênica em relação a nós. E uma pessoa branca também descobre, um dia, que tem que se pensar enquanto branca. Só que ser branco é justamente nunca ter que pensar a respeito disso. Todo negro um dia será confrontado com essa questão, de uma forma ou de outra. Quero lembrar de Steve Biko,[5] o grande lutador pela liberdade na África do Sul, seu colega, jornalista, né, Pedro? Steve Biko dizia: "Eu me tornei mais perigoso no dia em que descobri que minha vida não valia nada." É o que a Eliane está falando. No dia em que as pessoas acham que a vida delas não vale nada e que elas têm que decidir entre morrer de fome, de doença e de tiro, obviamente que vão se levantar. Não pensem que a miséria não se levanta. Não pensem que a pobreza não se levanta. Não pensem que a indignidade não se levanta para se tornar digna. E se levanta. Nós estamos vendo isso. Só espero também, como a Eliane, que nós consigamos estabelecer mínimas possibilidades de diálogo e de propostas concretas para uma transformação social, política e econômica. Sabe por quê? Porque a polícia do Brasil não é como a polícia dos Estados Unidos, e que vai inclusive se ajoelhar diante dos manifestantes, vai também ficar constrangida diante do fato de que a força policial cometeu um erro. A polícia do Brasil vai dobrar a aposta. E vai haver um massacre. É isso que pode acontecer. Vai atirar contra os jovens negros. Parte da sociedade vai aplaudir e falar assim: "É isso mesmo, tem que fazer isso." Você tem o policial. Mas não vamos focar só no policial, não. É o sistema de Justiça: é juiz, é promotor, é advogado. Sem essas pessoas, você não tem condição de fazer com que um policial se ache no direito de ajoelhar no pescoço de um homem negro. Se não houver conivência do sistema de Justiça, da imprensa, de parte da sociedade aplaudindo... O Brasil tinha que ter parado no dia em que um garoto de 14 anos foi assassinado dentro de casa, fazendo o que todo mundo tem que fazer – ou que, pelo menos, deveria estar fazendo e não consegue fazer, inclusive –, que é ficar dentro de casa. O menino estava em casa e tomou um tiro. O Brasil tinha que parar nesse momento. O Brasil parou? O Brasil não parou. Que é isso? Isso é o racismo estrutural. Nós temos dois problemas para resolver. O problema da legitimidade e o da desigualdade social. Vai ser a discussão pós-pandemia. Você, como jornalista, está vendo isso, né? A falta de legitimidade inclusive da imprensa. As pessoas não estão acreditando mais na informação, no sistema de Justiça. Sou advogado. Não estão acreditando mais na ciência. Vamos ter que dar um jeito nisso. Como vamos resolver isso? E outro problema: desigualdade, que tem como base subterrânea o racismo. Então a gente vai ter que resolver isso para poder fazer uma sociedade boa para mim, para você e para todo mundo que vem por aí.

PB: E vários desses fatores que você indicou foram escancarados pela epidemia, né? Se alguém não via, não teve como deixar de ver. Vamos aos dados. Nos Estados Unidos, a polícia mata cerca de 1.000 pessoas por ano, o que dá em torno de três por milhão de habitantes. No Brasil, são 30 por milhão. Dez vezes mais. Nas maiores cidades americanas, o número de pessoas que a polícia mata não tem nenhuma relação com os índices de crimes violentos. No Rio, a polícia, durante a pandemia, está matando mais, embora a taxa de criminalidade tenha caído.

DW: Sempre tento lembrar as pessoas sobre a situação do Brasil. Muito do que acontece no Brasil, no Rio e em outros lugares, é um *apartheid*. Não usamos essa palavra ao falar do Brasil, e muita gente não entende isso, mas realmente é. É uma crise. Mas quero falar alguns pontos positivos que os negros brasileiros têm e que muitos afro-americanos gostariam de ter. Aí está o potencial. A Eliane falou sobre a brutalidade policial, sobre o medo de protestar, e como a polícia pode começar a atirar em jovens negros. Entendo esse medo. Mas há outras formas de protestar. Quando os negros brasileiros entenderem essas táticas, eles estarão numa posição muito forte. Por exemplo, eles são 56% da população. Temos um movimento nos Estados Unidos chamado *Buying Black*, que significa que apoiamos negócios de pessoas negras, mantendo o dinheiro dentro da comunidade. É uma forma de aumentar a riqueza da comunidade. Outra coisa que muitos americanos adorariam é ser 56% da população. Nos Estados Unidos, somos só 14%. Os negros brasileiros precisam entender que têm a maioria eleitoral. Se entenderem de verdade que isso acontece a eles porque são negros, e que devem se mobilizar com outros negros no Brasil, eles podem criar planos para si mesmos e mudar a situação. É a maioria eleitoral. Nos Estados Unidos, tivemos que lutar pelo direito de votar. Conseguimos esse direito em 1965. E até hoje esse direito está sob ataque e sendo reduzido a cada dia. É importante pensar nisso. Nós, negros, não queremos vingança. Queremos justiça, igualdade. A maior parte da sociedade branca precisa entender que, no fundo, não queremos vingança pelas centenas de anos de escravidão. Nós só queremos igualdade. Porque amamos os Estados Unidos, amamos o Brasil, queremos torná-los sociedades melhores para todos. Acreditamos no sonho americano, no sonho brasileiro. Todos temos que começar a analisar isso. E reconhecer que há a oportunidade, dentro dessas comunidades, de fazer uma mudança significativa.

PB: Muito importante você dizer isso, David, porque é claro que um sistema injusto, nessa inequidade que reina no Brasil, fere a todos. Não vou aqui comparar níveis de sofrimento, mas interessa aos brancos que haja justiça racial, interessa ao projeto de nação. Eliane, você é empresária do mais emblemático e importante grupo de hip hop – de rap, chame como quiser – do Brasil, os Racionais MC's.[6] Diante do que está acontecendo agora no mundo, que versos dos Racionais te ocorrem? Possivelmente, deve ser um verso antigo, porque as letras e músicas dos Racionais pouco perderam em atualidade, sei lá, 30 anos, 20 anos depois.

ED: Tem uma frase da banda que acordo pensando nela nos últimos dias: "Sou da selva/ Sou leão/ Sou demais pro seu quintal."[7] Venho acordando todos os dias pensando nisso. Porque tenho que olhar a vida dessa forma. Tenho que ver que sou leão, que sou demais para o racista me aniquilar, que sou demais para ficar preso num lugar. Abro os olhos e já penso nessa frase.

PB: Silvio, você acha que será um antes e depois, ou é ingênuo pensar que isso realmente vai ser um corte histórico?

SA: É ingenuidade achar que as coisas vão mudar? É ingenuidade achar que as coisas não vão mudar. É justamente isso, porque elas vão... Agora, a direção para onde elas vão rumar... Não vai ser geração espontânea. As coisas não se tornam melhores apenas se a gente ficar sentado, num mundo que é feito de tanta iniquidade. E nós – brancos, negros, eu, você, Eliane, todo mundo – não vamos sair dessa se não estivermos dispostos a sair da "grande noite", como diz Frantz Fanon.[8] Estamos na grande noite da humanidade. Só que a gente só sai da grande noite se você e eu, o homem negro e o homem branco, se nós dermos as mãos, para que possamos construir algo que não está completo. Sabe o que não está completo? A humanidade. A humanidade não está completa. A humanidade é algo por fazer. E temos que fazer a humanidade, de tal sorte que nós acabemos não com o racismo, porque o racismo é o processo, mas nós temos que debelar a ideia de raça. A raça tem que deixar de ser um modo de classificação dos seres humanos. Só que isso é um projeto político, de mudança da vida social.

PB: Muito obrigado, Silvio. David, com esse olhar de estrangeiro, vendo o Brasil, as suas misérias, e as suas belezas, e os seus horrores, e as suas maravilhas, que qualidade, que característica brasileira você citaria para nos fazer acreditar que podemos aproveitar esse momento para avançar? Não só começar, mas avançar numa grande mudança.

DW: Sempre digo que acredito que o Brasil tem muito potencial. E atingir esse potencial depende de atingir o potencial dos 56% da população que é negra, que ainda não percebeu o potencial que tem, por causa do racismo e da opressão. Se atingirmos esse potencial, o Brasil tem toda a chance de se tornar uma potência global, como os Estados Unidos e a China. Mas, primeiro, precisa superar isso. E acho que um dia vai superar. Acredito muito no potencial do Brasil. Senão eu não estaria aqui. Amo morar aqui, amo a Bahia. E sempre digo que Salvador é a Nova Orleans da América Latina. E estou sendo muito generoso com Nova Orleans quando digo isso. Eu amo este lugar. E estou aqui porque quero ajudar a garantir que o país alcance seu potencial completo. E acho que muitos americanos acham o mesmo do Brasil.

PB: Muito obrigado, David Wilson. Muito obrigado, Silvio Almeida. Muito obrigado, Eliane Dias. Estamos aqui, estamos juntos, de mãos dadas.

Notas

1. George Floyd (1973-2020), homem negro norte-americano que foi abordado e morto por um policial branco na cidade de Minneapolis, em 25 de maio de 2020. Seu assassinato gerou uma onda de protestos nos Estados Unidos e em outros países do mundo, inclusive no Brasil.
2. Cornel West (1953-), filósofo, ator e ativista dos direitos humanos norte-americano.
3. Martin Luther King Jr. (1929-1968), líder pacifista do movimento dos direitos civis dos negros nos Estados Unidos.
4. Joseph-Achille Mbembe (1957-), teórico e pensador camaronês que investiga o pós-colonialismo africano.
5. Stephen Bantu Biko (1946-1977), ativista que lutou contra o *apartheid* na África do Sul nas décadas de 1960 e 1970.
6. Racionais MC's, grupo brasileiro de *rap*, fundado em 1989. É formado por Mano Brown, Edi Rock, Ice Blue e KL Jay.
7. Versos da música "Negro Drama", do álbum *Nada como um dia após o outro,* de 2002.
8. Frantz Fanon (1925-1961), psiquiatra martinicano, cuja obra refletiu, entre outros temas, sobre a constituição do racismo institucional.

LUIZA BRUNET
Símbolo, do sexo ao gênero

PEDRO BIAL: Em meio à pandemia da covid-19, uma praga endêmica prolifera no Brasil. Endemia é quando uma epidemia se torna permanente, quando a doença passa a fazer parte da vida, do dia a dia, das pessoas. A nossa endemia é brutal; porém, silenciosa. O número de vítimas e casos subnotificados nos destacam entre os países mais afetados em todo o mundo. No ano passado, a violência contra a mulher foi contabilizada em 22 milhões de mulheres que sofreram assédio e 1,6 milhão que foram espancadas no Brasil. O confinamento forçado fez crescer ainda mais esses números. Vítimas e agressores compartilham o mesmo lar, vivem sob o mesmo teto. Portanto, só para ter a ideia de um estado: em São Paulo, o aumento dos casos de violência doméstica passou de 44%. Nossa convidada de hoje sofreu abuso sexual na adolescência e agressão física já adulta, aos 54 anos de idade. Ela, de símbolo sexual, passou a ser símbolo da luta contra a violência doméstica, ao denunciar um ex-companheiro que a espancou brutalmente. Hoje, nós recebemos, com muito orgulho, e acolhemos Luiza Brunet. Olá, minha linda.

LUIZA BRUNET: Oi, Pedro. Tudo bom? Eu falei que eu estou tão nervosa. Estou muito emocionada de falar com você. Fala para a Maria Prata que é amor antigo. [Risos] Como todas as brasileiras.

PB: Como é que você está lidando com esta quarentena? Já vamos para 100 dias de isolamento. Você está cumprindo direitinho, disciplinadamente?

LB: Eu estava em São Paulo, no apartamento do meu filho. Fiquei um pouco preocupada, porque os meninos não acreditam muito nessa questão... "Ah, mãe, eu não vou ficar o tempo inteiro em casa." Mas ele acabou ficando. É muito tranquilo. E voltei para casa, no Rio, e estou cumprindo 100% esse isolamento. Foi bom, porque consegui fazer uma revisitação da minha história. Comecei a arrumar muitos arquivos, desde 1979, da minha primeira foto. Comecei a reler entrevistas que fiz ao longo dessa jornada toda. Foi muito interessante poder reavaliar. Foi muito bom, porque não me senti sozinha. Fiquei comigo mesma, e lendo, fazendo uma pesquisa sobre um tema que a gente vai falar, que é violência.

PB: Você virou uma referência nesse assunto. Fez do seu amargo limão uma limonada muito bacana. Você certamente está mais informada que a gente. Já se sabe com alguma certeza, próximo disso, como a pandemia afetou o quadro de agressões domésticas? Porque a maioria das agressões ocorre dentro do casamento. E fico pensando: com todo mundo confinado dentro do lar, para usar essa palavra, o que aconteceu? Você sabe?

LB: Gosto muito de estar antenada com o Instituto Patrícia Galvão, que é um instituto superimportante. Ele trabalha, geralmente, com outros institutos. E eu estava vendo que, por exemplo, a importunação sexual... O boletim de ocorrência em São Paulo, entre janeiro e abril desse ano, subiu 28%. O feminicídio, o levantamento da violência doméstica durante a pandemia foi de 195 assassinatos no Brasil.

PB: Durante a pandemia?

LB: Exatamente. É muita coisa, né? E a violência doméstica, no número 180, subiu 14% nos primeiros meses de 2020. Bastante. É considerável 14%. No mês de abril, teve um aumento de 37,6%. É muita coisa.

PB: É muita coisa. E deixa eu entender. Porque, como as pessoas não estão saindo de casa, está dando para verificar que menos mulheres tem ido à delegacia? Mais mulheres recorrem ao 190?

LB: Exatamente, Bial. Então essa aplicação dos canais que elas têm a oportunidade de fazer, que é ligar no 180, que é a Central de Atendimento à Mulher. O 190, a Polícia Militar. E, agora, com o 100, Direitos Humanos, e com o boletim de ocorrência feito online, ela não precisa sair de casa. E ela pode, inclusive, obter a medida protetiva, que é muito importante. Essa Lei Maria da Penha[1] veio para dar um respiro para a gente. Mas precisa de mais. Uso as minhas redes sociais basicamente para falar sobre esse assunto. De vez em quando, coloco uma foto minha bonita – vou colocar logicamente a nossa entrevista, com um orgulho enorme... Então, tenho vários grupos de WhatsApp que me pedem ajuda de alguém que está em sofrimento, no Brasil e fora do Brasil. Ontem, por exemplo, recebi um pedido de ajuda de alguém que mora em Portugal, de uma brasileira casada com um português, sofrendo violência doméstica pesada. Veio uma da Bahia, de uma moça que levou duas pauladas na cabeça, abriu a cabeça, quebrou o braço, escoriações pelo corpo, enfim. O filho de 11 anos está extremamente fragilizado. E ela me pediu ajuda. Como é na Bahia, eu me reconecto com a promotora de justiça do estado e peço ajuda: "Pelo amor de Deus, o que você precisar eu vou aí fazer." Fico me oferecendo, para se precisar. Porque quero que ela faça alguma coisa. Então eu reconecto essas mulheres, tanto no Brasil quanto no exterior, através das redes sociais, que é no Instagram, no direct, e nos grupos de WhatsApp que tenho também.

PB: Então as suas redes sociais já viraram um centro de atendimento informal e muito eficaz, porque você tem um poder de gravidade que, muitas vezes, as instituições não têm. As pessoas que ficam sabendo dessas notícias, mas como a gente pode ajudar as mulheres que sofrem agressão e permanecem confinadas com os seus agressores?

LB: É muito importante quando você tem alguma amiga, algum parente próximo que percebe que já vem de um sofrimento de violência, você tem que estender um canal de sororidade. Você tem que ter uma empatia por essa mulher. Ligando de vez em quando para ela, para ver se está tudo bem, se ela precisa de ajuda, se precisa que faça uma denúncia. Precisa existir um olhar e uma escuta muito importante para essas mulheres que a gente já sabe que sofrem. Porque, no nosso meio, a gente sabe. A gente tem amigas que [a gente] sabe que têm problemas no casamento e não estão bem. Têm essa questão da violência. É muito importante que a gente tenha esse cuidado. Não só na pandemia, sempre. E, se você perceber que está acontecendo alguma coisa extraordinária, fora do normal, pode fazer uma denúncia no 180, anonimamente ou não. Ou no 190, ou no 100. Então é muito importante que a sociedade tenha essa consciência, Bial, de que o problema da violência doméstica atinge a família, mas atinge a sociedade também. Na questão da saúde, na questão da economia.

PB: Você tem algo que é muito valioso, nesse caso, que não é só o conhecimento dos livros, tem a sua vivência. O que a gente vive na pele é um tipo de conhecimento que supera qualquer outro. Você, ainda criança, conheceu a violência doméstica testemunhando a relação entre seus pais. O que era? Como se dava essa relação?

LB: Eles se casaram muito jovens e foram morar no interior do Mato Grosso do Sul, na roça. Meu pai era lavrador, a minha mãe era dona de casa. E minha mãe teve todos os filhos... Começou com 19 anos. Com trinta e poucos anos, ela já tinha tido 6 filhos, de parteira. E, quando começou o ano letivo, a gente foi morar numa cidade muito pequena, um vilarejo chamado Itaporã. E, quando chegamos lá, o meu pai teve dificuldades de arranjar emprego e começou a beber regularmente. E, com isso, veio a violência contra a minha mãe. E a violência se dava de uma forma muito agressiva. Porque ele era extremamente amoroso, um pai maravilhoso. Tenho excelentes lembranças do meu pai. Mas ele era extremamente ciumento, e, quando bebia, potencializava essa agressão. Ele usava arma. E apontava a arma para a minha mãe, dizia que ia matá-la. Os filhos ficavam todos gritando, aquele pânico. A gente morava em casa de madeira. Ele atirava na parede, do lado dela. Ele matava animais de estimação com tiro. Na época, era uma coisa horrorosa, mas, no dia seguinte, ele era amoroso, e a gente fingia que nada tinha acontecido no dia anterior. A minha mãe, principalmente, abafava isso, fazendo um almoço gostoso. Ela tinha preocupação com a gente, mas era intuitivo, porque não se falava sobre violência doméstica naquela época, não existia essa nomenclatura. A mulher era obrigada a se submeter a todos os caprichos do homem, inclusive a agressão física. E os vizinhos não se metiam, porque: "Ah, é assim mesmo. Amanhã vai estar melhor. É seu marido, tem que aguentar." Mas, quando eu tinha 12 anos, a minha mãe resolveu pegar os filhos, botar dentro de um ônibus e vir do Mato Grosso do Sul para o Rio de Janeiro. E aí eu fui morar no subúrbio do Rio de Janeiro. E meu pai, no meio do caminho, entrou no ônibus – porque ela pretendia vir sozinha. E me lembro que quando ele entrou no ônibus, fiquei muito feliz. Quando eles brigavam, eu entrava no meio. Eu já era uma ativista quando era pequena. E vejo isso hoje, revendo, com lembranças muito nítidas. Porque eu ficava: "Não, pai. Não, mãe." Aquela coisa. Com 5, 6 anos de idade. Com 7, com 8, com 9. E, aí, a gente veio morar no subúrbio do Rio de Janeiro. Comecei a sofrer uma série de abusos. Fui trabalhar numa casa de família, porque era muito importante o valor que eu recebia para ajudar a família. Eu e mais duas irmãs. E, aos 13 anos de idade, sofri um abuso sexual, de que nunca falei para ninguém. Simplesmente peguei as poucas coisas que eu tinha, e voltei para a minha casa, dizendo que queria voltar para casa, que eu estava com saudades, que ia rapidamente arranjar um emprego. E guardei esse abuso durante anos. Só vim a falar dele na idade madura, pós-agressão física, com 54 anos. Mas percebi também que sofri vários tipos de violência. Aí se fala de importunação sexual. Em coletivo, em ônibus, em trem, era regular. E sempre ficava muito brava. Eu descia do ônibus e ficava brava.

PB: Como isso marcou a sua vida e a maneira de você levar a sua vida? Sua saúde. Teve consequências?

LB: Não sei, porque iniciei a vida de mulher casada aos 16 anos de idade. Casei com 16 anos, achando que, tendo um marido, poderia ter uma vida mais tranquila, um protetor, tudo mais. Mas, como entrei na carreira de modelo muito cedo, com 17, todos os abusos que a gente podia sofrer naquela época, como modelo... Certos homens acharem que você, por ser modelo, está disponível para sexo também. Então tinha que me posicionar o tempo inteiro. Sempre fui muito batalhadora no que diz respeito à minha idoneidade. "Eu sou uma mulher casada, uma mulher séria, você está equivocado." Eu chamava a atenção das pessoas. E, às vezes, eu saía, ia embora, nem trabalhava. Foi uma luta contínua de me colocar como mulher. Como mulher autônoma. "Eu não preciso de certas coisas", "É um mal-entendido". Ter que me colocar o tempo inteiro é muito chato. Quando vejo esses movimentos agora – *Mee too* –,[2] que as pessoas podem falar abertamente sobre abuso sexual no trabalho, acho maravilhoso. Porque, constantemente, assim como eu, muitas mulheres são e foram abusadas no trabalho. Não só dentro de casa. E a gente tem que falar mesmo, porque ninguém merece esse tipo de tratamento, de julgamento, ou ser abusada dessa forma.

PB: O que era uma coisa de dia a dia, no meio da moda, como modelo, que hoje seria escandaloso? Você lembra? Tem algum exemplo?

LB: Por exemplo, a própria campanha que eu fazia para a Dijon.[3] Eu era uma mulher com os seios de fora e um homem, em cima de mim, como se fosse o meu dono, praticamente botando o pé em cima das minhas costas. É uma atitude tão machista, tão impossível, tão irreal de acontecer hoje que seria um absurdo. As campanhas que eu fazia, sempre com cunho sexual, com apelo sexual, eram uma coisa naturalizada na época. A gente não questionava a forma como era feita. Achava legal, porque não existia uma fala dessa forma. Então isso também liberava para que todo mundo achasse que a gente era um produto que podia ser tocado, podia ser levado, podia ser comprado, apalpado, usado. Então esses movimentos são maravilhosos.

PB: Naquele momento, era a morena e a loira. Era a Luiza e a Xuxa. A imprensa explorava uma possível rivalidade entre vocês duas, uma competição. Era só para vender jornal e revista?

LB: A gente tem quase a mesma idade, somos as duas meninas. A diferença de idade é de meio ano. E a gente fazia uma dupla, porque as mulheres daquela época, as modelos, eram modelos de um metro e oitenta, eram branquinhas, clarinhas, muito magras. Tinham um perfil, realmente, de manequim. Falava manequim. E eu e a Xuxa, a gente chegou com o corpo super curvilíneo, bronzeadas. A gente fazia muita fotografia de *lingerie*, e decidiu que era legal não ter marca de sutiã e calcinha, então a gente ia para a laje da casa dela, em Coroa Grande, tomar banho de sol pelada, e estava sempre bronzeada. Chamou atenção... A gente acabou aparecendo mais do que as modelos esquálidas por conta dessa coisa jovial, *fresh*. Gostosa, bronzeada. Então era complicado. E aí tinha que ter um rival para incendiar o parquinho. A gente fez várias capas juntas para a *Manchete*, por exemplo. Estava tudo ok. Era interessante. Superamigas.

PB: A Xuxa, também, até desabafar, teve que se tornar mulher adulta, lidar com essas memórias de alguma forma. Até que ela veio a público e falou sobre os abusos que sofreu quando criança. Por que é tão difícil conseguir falar?

LB: Primeiro, tem a vergonha. Violar o corpo de uma adolescente, de uma criança causa danos irreversíveis – a gente está nessa plataforma e nessa pauta sobre a questão da violência contra a criança, a pedofilia – e vergonha que você tem de falar... Para quem você vai falar que não vai te julgar? Acho que são os dois fatores que mais impedem de falar uma pessoa, uma criança, uma pré-adolescente e uma mulher adulta, quando ela apanha ou quando ela sofre qualquer tipo de violação: a vergonha e o julgamento. Isso impede muito que ela denuncie. Por exemplo, esse documentário que vai ter sobre o João de Deus agora, que vejo mulheres se abraçando, numa união. [Isso serve] para que elas chancelem outras mulheres, de que podemos falar, sim, do nosso sofrimento. Não precisamos ter vergonha. Quem tem que ter vergonha é o agressor. Porque o agressor é um covarde. Ele é um homem que deveria ser exposto. Se a gente colocasse a fotografia de todos os agressores exposta, não haveria espaço para colocar, porque são muitos. Que elas entendam que a vergonha que a gente sentia, no passado, não precisa ser sentida mais. E que os julgamentos que virão, a gente não leva em consideração. Por isso passei tanto tempo não falando sobre isso. E outras coisas. Todos os abusos pelos quais passei, eu vim falar agora. Porque acho que tem que falar mesmo. É importante abrir uma pauta, abrir uma fala. E não é porque é legal falar, é porque é bom falar, para que outras possam, no futuro, não passar por isso. Eu tenho filha. Vou ter, provavelmente, uma neta. E não gostaria que os meus netos, os meus filhos também, viessem a passar por isso na fase adulta.

PB: É. A gente percebeu esse efeito, que quando uma mulher arruma uma forma de ter a coragem, de abrir a voz, aí vem mais uma voz, e mais uma voz. No final de 2018, a gente fez aquele programa que expôs o João de Deus e deu espaço para as mulheres falarem. A equipe da *Conversa com Bial* produziu e dirigiu a série documental *Em nome de Deus*, que já está disponível no Globoplay. Agora vamos ouvir a Xuxa, o depoimento poderoso que ela dá no documentário *Em nome de Deus*, transmitindo uma mensagem para as mulheres vítimas de abuso.

[Mostram o depoimento de Xuxa Meneghel.]

XUXA MENEGHEL: Eu gostaria só de dizer que essas pessoas não estão sozinhas. Isso eu acho que é o mais importante: elas não estão sozinhas. E, por mais duro que pareça, por mais difícil que pareça, elas têm que falar. Nem que seja para o seu amigo, para a sua amiga, para o seu pastor, para o padre, tem que falar. Quanto mais a gente se ouve, quanto mais a gente bota para fora... Não é que melhore, mas você fica um pouco mais forte. Quanto mais eu puder falar, mesmo algumas pessoas não acreditando ou não querendo ouvir, eu vou fazer. Porque preciso dessa força e preciso que alguém receba essa força também. Então a gente precisa disso, para se fortalecer e... É como se fosse quase que uma corrente, que uma vai encaixando na outra. Essa tribo precisa se unir. Essa tribo precisa saber que ela existe. Essa tribo precisa saber que ela não pode ser quebrada nem arrebentada nem sufocada nem calada.

PB: Parece até que ela estava ouvindo você falar. Um discurso meio que complementou o da outra.

LB: Mas você vê que ela está visivelmente abatida. Porque, quando você vai buscar ajuda de uma pessoa que você confia, na parte espiritual – qual seja a facção, vamos dizer assim, de entidade –, e você sofre essa decepção, é constrangedor. Porque você vai acreditando piamente que ele vai te ajudar, que vai te dar uma luz, que vai te curar. E, ao contrário, ele te destrói, ele te machuca, ele te fere.

PB: Você conheceu?

LB: Não, nunca tive interesse em ir lá. Apesar de ter sido convidada algumas vezes. Porque tenho uma doença de pele que se chama vitiligo. Apareceu quando eu era menina. E acho que essa doença apareceu, inclusive, por conta das violências a que eu assisti. A minha imunidade é baixa. Acho que isso tudo reflete também em algum lugar, no corpo. Então alguém me sugeriu de ir lá e tal. E acabei não indo. Hoje em dia, eu falo: "Graças a Deus." Porque acho que não suportaria.

PB: Você já tinha ouvido falar alguma coisa a respeito dele? Porque o que a gente sabe é que tinha rumores, mas ninguém ousava abrir o jogo.

LB: Não, nunca tinha ouvido falar. Mas, logo depois que apareceu a denúncia... Uma amiga muito próxima minha foi justamente lá para buscar conforto, e ele também a machucou. Então eu fiquei: "Nossa, mas será possível que isso possa acontecer?" Mas, quando você vê... Aquela coisa, quando tem alguém muito próximo de você que te conta uma história, você fala: "É, realmente, esse cara foi longe demais."

PB: Luiza, como a Xuxa falou, parece que são elos de uma corrente, essa corrente vai se tornando mais forte. É o caso que a gente vai ver agora, de quando o documentário promoveu um encontro de sete vítimas do médium.

> [Depoimento da advogada Camila Correia Ribeiro no documentário *Em nome de Deus*.]
>
> CAMILA CORREIA RIBEIRO: [Muito emocionada] Ele rezava, falava baixinho, e eu não conseguia entender o que ele estava falando. Ele colocou a mão na minha cabeça, e foi quando ele passou as mãos nos meus seios. Pegava a minha mão, colocava nele. Eu tinha nojo da minha mão, sabe? Eu queria lavar ela. Esfregava, esfregava, de nojo. Quando acabou, ele falou que eu tinha que tomar uns remédios, a água, e meu pai saiu da sala [e disse]: "Filha, eu estou sentindo que você vai ser curada." E, quando eu saí, tinha uma mulher com uma menina pequena na porta, e eu tentei falar para não entrar, e eu não consegui.

LB: [Enxuga as lágrimas.]

PB: Ai, ai. É duríssimo mesmo ouvir isso.

LB: [Ainda emocionada] Desculpa, Bial.

PB: Não, eu também peço desculpas. Luiza, e o caso da Camila, essa advogada que contou essa história, é particularmente cruel, porque ela denunciou, o caso dela foi para a Justiça, a juíza reconheceu que o abuso tinha ocorrido e, mesmo assim, absolveu o criminoso. Para quem sofre violência, quais são as consequências de ser desamparado pela Justiça, pelo polícia, pelas pessoas?

LB: É terrível, Pedro. Porque, quando você vê um depoimento tão verdadeiro que nem esse, e se encoraja para buscar justiça – seja onde for, uma denúncia na delegacia, com uma promotora de justiça, no Ministério Público –, e se depara com uma pessoa que não reconhece essa denúncia importante que você está fazendo e absolve o agressor, é andar para trás. Fico muito constrangida com esse tipo de atitude. Porque, quando fiz a minha denúncia, tive o amparo do Ministério Público. Quem colheu a minha denúncia foi um homem. Com todos os dados que eu tinha e todo o material que eu tinha, ele não teve nenhuma dúvida da questão da violência que sofri. Mas a revitimização é terrível, porque tanto o agressor quanto um grupo de mulheres me constrangeram, dizendo que a culpa era minha, que eu era golpista, que eu estava atrás de dinheiro, que isso não era verdade, que a justiça ia prevalecer. E, de fato, prevaleceu, ele foi condenado.

PB: A condenação, nesse caso, foi superimportante. Mas não foi meramente simbólica, não? Foi um ano de serviço social. Ele não chegou a passar nem um dia na prisão. Você acha que essa pena está correspondente? O castigo está correspondente ao crime?

LB: Eu acho que a pena para o agressor de mulheres, para qualquer tipo de violação de mulheres ou crianças, é muito pequena. Não é justo que uma pessoa sofra uma agressão física da magnitude que sofri, com quatro costelas fraturadas, escoriações no corpo, o famoso olho roxo, que é o símbolo da mulher que apanha, a parte emocional e psicológica, os xingamentos verbais... Tudo isso vale uma cesta básica? Não vale.

PB: Não. É pouco, né?

LB: É muito pouco. Deveria se fazer uma avaliação, porque, enquanto o homem agressor, seja qual for ele, não for punido de uma forma correta, em que ele seja inibido e envergonhado, ele vai continuar batendo. A OMS [Organização Mundial da Saúde] diz que de cada três mulheres, uma já sofreu algum tipo de violência no mundo, e que é considerada a maior pandemia global. Não é a covid-19, é a violência contra o ser humano, contra as mulheres e as crianças. Então precisa existir, Pedro, uma atenção para isso. E a única forma de coibir esse tipo de coisa é a sociedade se manifestar. Como a gente tem visto, por exemplo, nos movimentos que aconteceram nos Estados Unidos, no mundo inteiro. Essas passeatas com jovens na frente, pedindo por respeito, justiça e "não ao racismo". Esse tipo de movimento é extremamente importante. Porque a sociedade consciente vai cobrar. Você não pode ficar em cima do muro. Sai de cima do muro, se manifeste. Mas com educação, com respeito. E vai falar o que quer. Então eu acho que as punições deveriam ser contundentes, para que a gente pudesse parar um pouco com essa violência contra o ser humano no Brasil e no mundo. Só dessa forma.

PB: É, tem que ser exemplar. Você fez um retrato muito claro do assédio, da violência disseminada no Brasil. No geral, quais você acha que são os maiores desafios para começar a transformar de vez esse estado de coisas? Porque as coisas estão em movimento. Estão mudando. Isso a gente está percebendo.

LB: A gente precisa de uma política pública bem-contundente, de uma educação de qualidade – que a gente não tem no Brasil, infelizmente. Desde pequenas, as crianças deveriam aprender o que é sororidade, o que é respeitar o próximo, aprender sobre o que é ativismo, direitos humanos. Quando incluírem isso numa pauta séria, as próximas gerações vão estar com uma consciência melhor. Acredito muito que através da educação, a gente pode minimizar muitas coisas.

PB: Com a sua filha, Yasmin, que inclusive tem a mesma profissão sua, é modelo, como você a preparou, educou? Para, primeiro pressentir, evitar, e, quando não possível, se defender de situações de assédio ou violência.

LB: A Yasmin é pior do que eu. Ela não suporta nenhum tipo de assédio. Acho que ela aprendeu comigo. Porque, desde muito pequenininha.... A Yasmin nasceu, eu tinha 26 anos. E meu segundo filho, eu tinha 36. São 10 anos de diferença. Então a Yasmin teve a oportunidade, como foi o auge da minha carreira, de me acompanhar e me ver muitas vezes tendo que me posicionar. Então acho que ela ficou pior do que eu, o que acho ótimo, porque ela não tolera nenhum tipo de abuso, fica furiosa, faz escândalo. Vários homens já sofreram vários micos por conta de assédio, e ela se posiciona em voz alta. E é isso que tem que fazer mesmo. Mas acho que a educação que a gente deu para ela, eu e o Armando [Fernandez], foi de ter um diálogo muito aberto. Não teve nenhum tipo de assunto que tivesse tabu. Para que ela tivesse uma compreensão mesmo da realidade que a gente vive. E o Antônio [Fernandez], igual.

PB: Tão importante quanto educar a mulher é educar o homem. Qual foi a diferença para a Yasmin e para o Antônio? Foi a mesma coisa? Como você encaminhou?

LB: Uma educação básica, de qualidade, tem que ser igual para os dois. Um pouco porque a gente vive num mundo machista, onde estão tão naturalizados todos os tipos de violência, ele precisou de um entendimento maior. E aí veio a mãe ativista. Ele já sabe de tudo. Ele vê, ele percebe. Está com 21 anos. De 4 anos para cá, sabe exatamente como a lei funciona, como tem que agir. E ele sempre foi muito doce.

PB: Ah, Luiza, muito obrigado pela sua generosidade, por tudo que você vem fazendo pelas mulheres e pelo Brasil. Porque todo mundo se beneficia disso. Não são apenas as mulheres, os homens também. Todo mundo vai poder conviver numa sociedade melhor.

LB: Obrigada. E quero dizer o seguinte, que não sou contra os homens, sou contra os homens agressores. Sou super a favor da família. De um relacionamento, de um relacionamento estável com uma pessoa com quem você tenha uma cumplicidade. Um respeito. Não é contra os homens. Feminista não é contra os homens, é contra agressão.

PB: É pela humanidade, seja homem ou mulher.

LB: Exatamente.

PB: Te cuida, meu amor. Muito obrigado.

LB: Um beijo. Obrigada.

Notas

[1] A Lei Maria da Penha criminaliza os casos de violência doméstica e intrafamiliar.
[2] *Me too* é um movimento contra a violência sexual que surgiu com base em denúncias de mulheres dentro da indústria de Hollywood.
[3] Dijon, marca carioca de jeans, muito famosa nos anos 1980.

RUY CASTRO
Depois da espanhola

PEDRO BIAL: Diante dos médicos e jornalistas presentes, a autoridade disse: "A doença é benigna, um resfriadinho. Trata-se de *influenza*, pura e simples." "Mas", retorquiram os repórteres, "e as 20 mil pessoas já contaminadas só no Rio de Janeiro?" "Sensacionalismo da imprensa, em seu vil afã de vender jornais, amplificando o pânico irresponsavelmente, com números infundados, sem comprovação", insistiu Carlos Seidl, que, naquele 1918, era Diretor-geral de Saúde Pública, o equivalente ao Ministro da Saúde nos dias de hoje. "A melhor forma de acabar com essa epidemia no Brasil é fazer calar a imprensa sensacionalista", afirmou Seidl, antes de ser demitido e entrar para a história nacional da infâmia. A pandemia da gripe espanhola foi devastadora. Calcula-se que um terço da população mundial tenha sido infectado e cerca de 50 milhões de pessoas tenham morrido. Na época, a cidade brasileira que mais sofreu foi a capital, o Rio de Janeiro, cidade portuária, onde metade da população teria sido atingida, perdendo 15 mil vidas. Depois da tragédia, aconteceu o de todo fevereiro, veio o carnaval. Mas não foi qualquer carnaval. O carnaval de 1919 entrou para a história como o mais louco de todos os tempos. E, fechando o desfile, mais festa: a versão tropical dos extraordinários anos 1920, a década que inaugurou a modernidade. Essa história de tristeza e alegria está admiravelmente bem-contada no livro *Metrópole à beira-mar: O Rio moderno dos anos 20*,[1] do escritor e jornalista Ruy Castro, com quem a gente conversa agora. Salve, Ruy.

RUY CASTRO: Oi, Pedro. Tudo bem?

PB: E aí? Tudo certo e nada em ordem na Cidade Maravilhosa?

RC: Por esses dias, estamos completando três meses de quarentena, 90 dias. A porta do elevador foi o lugar mais longe a que a gente foi. Nem descer na portaria, nada, nada, nada. E sem conversar com um ser humano, né? Tem 90 dias que não pego em uma nota de dinheiro. É impressionante. E, aí, eu olho aqui pela sacada, e a rua está cheia de gente, andando, caminhando, pedalando. Eu moro aqui no Leblon. Estou vendo aqui de cima. Está todo mundo na praia, no calçadão, levando carrinho de bebê etc. e tal. Esse deve ser um país paralelo. Agora, a minha preocupação é a seguinte: se algum desses dois países existe. Este que nós estamos vivendo aqui só existiu, talvez, no nosso sonho. O outro, em que está acontecendo isso, deve ser o país do pesadelo.

PB: Poxa, e aí você, nesse seu belo livro, mostra uma cidade que tinha um projeto de país, né? Não era um projeto de país, assim, pomposo. Mas tinha tanto talento, tanta beleza na produção, no conhecimento. Tem exatos 100 anos.

RC: É, estava tudo acontecendo aqui, naquela época. Por que aconteceu aqui? Por que tinha que ser aqui? Quer dizer, a única cidade com mais de um milhão de habitantes, a cidade para a qual todo mundo vinha, onde as coisas eram resolvidas. E a cidade atraía uma quantidade de pessoas impressionante. Pessoas de muito talento, de muita capacidade criativa. Em tudo. Não só na parte da estética, como também na ciência, na matemática, na arquitetura, no comportamento, no sexo. Era tudo aqui.

PB: Ruy, eu fui um dos primeiros a correr para a livraria. Devorei o livro. Talvez seja um dos seus livros mais bem-realizados. A sacada de abrir o livro com a pandemia... E olha que, nisso aí, o coronavírus estava lá com os morcegos. Enfim, no mundo animal, nem tinha chegado à nossa espécie. E você teve aquela sacada brilhante. O que você está vendo nesta pandemia se repetir no que ocorreu naquela de 1918?

RC: É o prólogo do livro. Dos 35 mil mortos da gripe espanhola no Brasil, 15 mil foram no Rio, impressionante. E isso durou menos de um mês. Ou seja, o Rio teve quase mil mortos por dia durante menos de um mês. É impressionante, você imaginar a calamidade que é tudo isso. E, aí, assim que a gripe foi embora, por volta de novembro de 1918, tão inesperadamente como começou, no dia 1º de janeiro de 1919, você já tinha o carnaval às portas. E o carnaval, naquele ano, começou no dia 1º de março. Então o Rio teve, nos primeiros dois meses do ano, seus anos loucos, os anos 1920, antes mesmo do resto do mundo. Ele teve a prévia dos seus anos loucos, que foi o carnaval de 1919, que podia, na cabeça das pessoas, ser o último carnaval da vida delas. Porque, hoje, a gente sabe que a gripe chegou na casa delas e foi embora. Mas, se você era carioca vivendo no dia 1º de janeiro de 1919, acabado de sair da gripe, você não tinha certeza de que a gripe tinha ido embora. Aquele carnaval que ia chegar podia ser o último da minha vida, então eu tinha que aproveitar. E aquele momento foi uma preparação para toda a efervescência criativa e de modernidade que o Rio ia conhecer, também, durante os anos 1920.

PB: Esses versos aqui: "Quem não morreu na espanhola/ Quem dela pôde escapar/ Não dá mais tratos à bola/ Toca a rir/ Toca a brincar..." Você atribuiu a [Manuel] Bastos Tigre,[2] né? Aposta que é dele. Mas isso nunca teve melodia? Não virou marchinha?

RC: Não, esse não. A quantidade de versos que se produzia naquela época... Os maridos e mulheres brigavam através de sonetos, um xingava o outro fazendo um poema, um soneto. Então nem todos os versos eram musicados. Agora, o carnaval de 1919 teve marchinha falando da espanhola. Por incrível que pareça. Isso é, também, uma demonstração do espírito de deboche e de criatividade do Rio daquela época. Que não foi aquela coisa engravatada... A nossa ideia de modernismo, que passaram para nós durante 100 anos, é que era aquela coisa engravatada, aquela coisa muito séria. Porque é como se o Brasil fosse um grande atraso que tivesse que ser salvo por aquela meia dúzia de modernistas, que vieram nos ensinar o que era moderno. O Rio já era moderno. O

Rio não precisou ser modernista, porque ele já era moderno. Como você pode explicar a existência, durante dez anos, de pessoas como Manuel Bandeira, Pixinguinha, Gilka Machado, J. Carlos, Roquette-Pinto?[3]

PB: Di Cavalcanti.

RC: Di Cavalcanti, Villa-Lobos... Toda essa gente vivendo na mesma cidade, na mesma época, todos na idade de produzir, todos produzindo muito, em revistas, em música, em artes plásticas. O Ismael Nery, né? Impressionante. Vicente do Rego Monteiro, Oswaldo Goeldi,[4] o próprio Di Cavalcanti. Se o J. Carlos não é o máximo do modernismo, eu não sei o que é modernismo.

PB: Você falou do J. Carlos, que maravilhosamente faz a capa. Isso aconteceu, para usar um anglicismo, por uma *serendipidade*, né? Você queria usar o J. Carlos, mas não tinha como chegar nele. O que aconteceu?

RC: Eu me apaixonei por essa capa há anos. Eu falei assim: "Eu quero fazer a capa desse livro com essa imagem", que era a capa de uma revista *Paratodos*. E, aí, eu estava preocupado, porque a família do J. Carlos é muito ciosa, com toda a razão, do uso da obra dele. Todos abusam muito, publicam coisa sem pedir autorização, sem nada. E eu me preparei durante anos para, quando tivesse certeza de que aquela seria a capa, eu procurar alguém da família. E eu ia dizer que queria usar e perguntar em que condições isso poderia ser feito. E estava contando isso para a Heloísa [Seixas], no quiosque, no calçadão, aonde a gente ia todos os dias tomar água de coco. E aí eu me virei... Eu não usava relógio, não uso relógio, e vi que estava passando uma pessoa perto de nós. Eu me virei casualmente: "Por favor, tem horas?" Aí a pessoa que estava passando disse assim: "Olha, Ruy, eu tenho o prazer de lhe informar que são dez horas, são dez e vinte da manhã, e que eu sou seu leitor e da Heloísa, sou seu grande admirador, sabe? E leio tudo que você escreve, não sei o quê e tarará, tarará, e eu sou o neto do J. Carlos." [Risos] Aí eu quase caí para trás, a Heloísa quase caiu para trás. "Estou querendo conversar com um de vocês há anos já, para pedir permissão para usar uma imagem do J. Carlos na capa de um livro que estou fazendo, sobre o Rio dos anos 1920." Aí ele disse assim: "Olha, o J. Carlos é seu. O que você quiser usar, pode usar." Ou seja, caímos nos braços um do outro. É impressionante isso, né?

PB: Era um excelente sinal.

RC: Como diz o Nelson Rodrigues: "Sem sorte, você não chupa nem um Chicabon. Porque você pode se engasgar com o palito e ser atropelado pela carrocinha."

PB: Só para a gente ir adiante, deixar a pandemia de 1918 para trás, porque esta daqui, pelo jeito, ainda vai durar um bocado, aqui no Brasil principalmente. A gente conseguiu localizar uma sobrevivente da gripe espanhola, Dona Elba Corrêa Alves Rolim, que nasceu no dia 26 de abril de 1910. Agora, portanto, ela tem admiráveis 110 anos, enfrentando a sua segunda pandemia. Na primeira, ela vivia numa fazenda no Rio Grande do Sul, quando a mãe dela pegou a gripe de 1918. A Dona Elba tinha 8 aninhos. Olha a Dona Elba falando.

[Mostram depoimento de Dona Elba]

DONA ELBA: Nós éramos sete irmãos. A última tinha nascido no fim da espanhola, no ano 1918. Dois de maio de 1918. Minha mãe ficou muito mal, desenganada dos médicos. Então minha avó materna, mãe da minha mãe, deu uma xícara de leite quente para ela, para ela se reanimar, porque ela estava morta. E ela ficou ali, muito mal, muito mal. E o recurso que tinha na campanha era a medicina homeopata. Esse era o recurso da campanha. Eu morava no campo. Homeopata. Tinha um senhor que aplicava muito bem essa coisa. Então ficavam dando remédios para a mamãe, homeopatia. Porque o que ela tinha verdadeiramente era uma pneumonia, que chamavam de congestão pulmonar.

RC: Espetacular.

PB: O leite quente e a homeopatia pelo menos não eram tão arriscados como a cloroquina, por exemplo.

RC: Exatamente. Você podia não se salvar com leite quente, mas você não ia morrer do leite quente, o que pode acontecer com a cloroquina. Agora, tem várias diferenças entre a espanhola e a nossa de hoje. Uma delas é que a espanhola viajava de navio. E a nossa vem de avião.

Agora, você imagina o grau de contágio, multiplicado por milhares, da pandemia atual. A nossa vantagem é a ciência. Quer dizer, a ciência em 1918 não tinha condições de identificar nem o vírus. Não tinha nenhum instrumento.

PB: Nem se sabia o que era vírus.

RC: Nem sabia, exatamente. E não só esse tipo de conhecimento, como também o tipo de meio de comunicação capaz de alertar a toda uma população para tomar certas providências. Isso também não existia. Você não tinha rádio, não tinha televisão, não tinha nada. Você tinha os jornais, que podiam tirar três, quatro edições diárias. Mas esses jornais tinham o alcance limitado. Além disso, muitos passaram a circular menos, por causa da doença, porque os profissionais estavam morrendo. Então as pessoas só tomavam iniciativa de usar máscara ou de ficar em casa porque uma dizia para a outra. Embora, muitas vezes, o inimigo, que era o vírus, já estivesse também dentro da casa. Hoje a gente tem muito mais condições de enfrentar o inimigo. Embora esse inimigo me pareça muito pior do que aquele de 100 anos atrás.

PB: O que tinha de parecido com os dias de hoje eram os negacionistas. Como o Carlos Seidl, que era o Secretário de Saúde, que disse que a culpa era do sensacionalismo da imprensa. Isso em 1918.

RC: É, isso é uma tendência suicida do ser humano, que é uma coisa impressionante. Se você não enxerga uma realidade, ela deixa de existir. Agora, você coloca o poder na mão de uma figura dessas e nós sabemos o que acontece.

PB: "Não há poder como o poder de negação", como dizem os ingleses. Mas, olha só, vamos falar mais sobre o livro. Para entender o título – *Metrópole à beira-mar* –, é preciso entender que tipo de cidade que era o Rio de Janeiro de 1920. Então eu te pergunto: por que Albert Einstein,[5] depois de conhecer o Rio, disse que os brasileiros mataram a noite?

RC: Porque ele veio aqui em 1925, e foi levado para andar pela cidade, principalmente à noite. E o Rio era talvez a cidade mais bem-iluminada do mundo naquela época, mais até do que Paris, que era chamada de "Cidade Luz". Um dos motivos pode ser que Paris sofreu na Primeira Guerra Mundial. Talvez não tivesse se recuperado ainda. O fato é que, em 1920, o Rio de Janeiro era mais bem-iluminado do que Paris. E por que era uma metrópole? O Rio não era só uma metrópole, era a única metrópole brasileira. A única cidade com mais de um milhão de habitantes. Um milhão e quase duzentos mil habitantes. Uma cidade de prédios altos, prédios com dez, doze, quinze andares. Prédios com elevador. Uma cidade que, por ser iluminada, ficava acordada a noite toda. Tinha instituições que funcionavam a noite toda. Tinha 30 ou 40 representações diplomáticas. Todos os embaixadores e cônsules, com suas famílias, moravam no Rio. Isso quer dizer que aquelas filhas dos embaixadores e dos cônsules, que estudavam nos colégios do Rio, tinham suas colegas cariocas, já traziam toda uma bagagem da Europa, de modernidade, de novos costumes até, em relação à postura da mulher, que elas iam passando para as suas amiguinhas do Rio. Esse tipo de efervescência fazia do Rio a única cidade realmente moderna no Brasil.

PB: Os bondes elétricos – também aprendi com o seu livro – eram o meio de transporte de 84% da população. Era realmente uma metrópole à beira-mar pujante, né?

RC: Até o pessoal do governo andava de bonde. Eu cito vários no livro. Homens importantes, influentes, conselheiros da República. Eles iam para o trabalho de bonde, não aceitavam o transporte oficial que lhes era oferecido. Eu conto isso.

PB: Tem mais uma surpresa para você assistir. Um símbolo da modernidade foi a exposição do centenário da Independência, no Centro do Rio, em 1922. Era uma espécie de internet da hora, porque 14 países participaram, ficou de 1922 a 1923, três milhões de visitantes. Era uma coisa. Pois é, a nossa incansável pesquisadora, Mônica Cleophas, localizou imagens dessa exposição. São poucas, mas olha que coisa linda.

[Mostram as imagens, e entrevista continua, em off.]

PB: Eu imagino que o impacto disso na cabeça dos cariocas é assim: "Tudo que tem de mais avançado no mundo está aqui."

RC: Pois é, porque a gente sempre foi muito mal-informado a respeito dessa exposição. Na minha própria cabeça, no passado, era uma espécie de grande mafuá, com roda-gigante, gente comendo maçã do amor, açúcar queimado. Não era nada disso. Teve isso também, mas teve uma quantidade gigantesca de congressos e de reuniões. De troca de informações, congressos científicos, apresentações de novas tecnologias, apresentação do rádio, troca de informações entre pessoas da ciência, trocas comerciais. Acordos comerciais até então inexistentes foram feitos. Ou seja, foi quase que uma entrada do Brasil... Porque não foi só do Rio, evidentemente. A Exposição Internacional de 1922 foi uma coisa que abriu o Brasil para a verdadeira modernidade. Estou dizendo isso porque essa exposição aconteceu no ano de 1922. E, quando se fala em 22, só se fala em Semana de Arte Moderna. Ninguém fala na Exposição de 1922, que foi a verdadeira modernização no Brasil, porque não ficou só tratando de estética, de derrubar o soneto ou de derrubar a colocação de pronomes. Não. Foi a entrada do Brasil no mundo moderno, por meio da ciência, do pensamento e da discussão. E também até mesmo da literatura e da estética. Porque também teve congresso sobre literatura e estética na Exposição.

PB: Ruy, daqui a pouco eu queria falar mais sobre a questão da Semana de Arte Moderna, mas, antes, [eu queria] falar das mulheres que são retratadas no seu livro. Pode ser muito surpreendente para certo tipo de leitor hoje em dia, que impõe uma imagem de submissão àquelas mulheres. E o que a gente vê, o que elas fizeram, contraria essa visão. Primeiro, por que as melindrosas, como a melindrosa da capa do livro, eram chamadas assim?

RC: Esse foi o nome que se deu àquele tipo de moça moderna, que estava surgindo em toda parte do mundo. Aquela mulher mais arrojada, que saía na rua sem dar satisfações, que começou a trabalhar fora, que fumava em público, que não chamava o namorado de "senhor". Ou seja, esse tipo de mulher moderna que surgiu no mundo inteiro logo depois do fim da Primeira Guerra tinha talvez uma capacidade de melindrar as pessoas mais velhas, que não estavam preparadas para a chegada daquele ser. Estranho e tão moderno. Às vezes ela estava saindo da sua própria casa. Ou seja, melindrando o seu próprio pai, ou avô. Então ela passou a ser chamada de melindrosa.

PB: São mulheres independentes, escrevem, vendem, são lidas. E é crônica, é poesia, é romance. São várias mulheres extraordinárias. Mas a gente percebe que você tem, talvez, um xodó pela Eugênia Moreyra. Por quê?

RC: É verdade. Fico até arrepiado de falar de Eugênia Moreyra.[6] Lamentavelmente, eu não conheci. Ela morreu quando eu estava inclusive nascendo, praticamente. A Gilka Machado era uma grande poetisa, a própria Rosalina Coelho Lisboa fazia umas coisas, a Bidu Sayão era uma grande cantora.[7] Enfim, você tinha diversas mulheres que eram notáveis porque produziam coisas concretas, palpáveis: poesia, música etc. A Eugênia Moreyra não escrevia, não era uma escritora profissional, não era poeta, não cantava. Ela era extraordinária por ela ser ela, da maneira como ela era. Não era só a maneira de se vestir, inteiramente de forma extravagante; umas roupas, uns ternos até meio masculinos, ou coisa parecida, ela fumava cigarrilhas, quase que charutos numa certa época. Ela era uma mulher que, para a época, era muito alta. Devia ter mais de um metro e setenta, o que era muita coisa. E o Álvaro Moreyra, o marido dela, por acaso era mais baixinho. Então formavam um casal que contrastava muito. Mas a Eugênia era sensacional nem só por isso, era pelo fato de que ela impunha um respeito e uma admiração que emanavam da figura dela. Foi, talvez, a primeira mulher moderna brasileira que, pode-se dizer, não tinha satisfações a dar a ninguém. Isso era uma coisa que nasceu com ela e veio com ela, porque, quando o Álvaro Moreyra a conheceu, e ela tinha 16 anos, ela já era exatamente aquilo. Foi isso, aliás, que o atraiu para ela.

PB: O Álvaro escreveu para ela um romance chamado *Cocaína*. A cocaína foi a droga da década de 1920? Ela era socialmente aceita?

RC: Era aceita. Na verdade, já era proibida a partir de 1922. Todo esse tipo de droga já era proibido, mas conseguia-se com muita facilidade, comprava-se na farmácia. Quem fabricava cocaína, além da morfina, eram os grandes laboratórios internacionais. Aquilo era feito para fins medicinais. Quando foi proibido o uso pelos leigos, só foi proibido *pro forma*, porque você podia conseguir receita com o seu médico, ir à farmácia e comprar. E, se você não tivesse a receita, você dizia uma palavra, o farmacêutico entendia e lhe vendia do mesmo jeito. Ou então lhe vendia por baixo do pano. Em último caso, você podia comprar ou no traficante normal, ou nas prostitutas – pois todas vendiam, infelizmente, e usavam também. Até as manicures vendiam cocaína. Então sabia-se que era usado, não havia uma repressão policial. E era uma coisa considerada charmosa, a ponto de ser um tema da poesia, da literatura, da crônica.

PB: Você falou de Gilka Machado. Eu queria ler esses versos aqui: "Deixa-me espreguiçar o corpo esguio/ Sobre o teu corpo/ Que é como um frouxel macio/ Eis-me, lânguida e nua/ Para volúpia tua/ Faze a tua carícia umectante e emoliente/ Que no meu corpo me põe coleios de serpente/ E indolências de verme."[8] Nossa, é de uma ousadia, né?

RC: E ela tinha 16 anos quando escreveu isso. Impressionante.

PB: [Risos] Quem foi o leitor que reagiu a esses versos eróticos de Gilka Machado escrevendo em seu exemplar do livro: "E ainda diz essa senhora que lhe foi a mãe a melhor das amigas. Inimiga, e das piores, deve ter sido. Pois que não lhe ensinou sequer moral?" Quem fez esse sermão?

RC: Foi uma pessoa que tinha exatamente a idade dela quando esse livro saiu, 22 anos, embora ela tenha escrito com 16. E esse leitor com 22 anos ficou horrorizado, chocado: "Como essa mulher me escreve isso? E ainda dedica o livro à própria mãe? Essa mulher não deveria nem ter mãe." Quem era esse escritor? O Mário de Andrade,[9] pô. Agora, eu fico impressionado com isso. Esse tipo de atitude tão moralista, tão caipira, na verdade, tão atrasado. Era uma menina que estava escrevendo, e com aquela qualidade. Porque não é só o fato de se tratar de um tema ousado. É a qualidade poética dela. Quer dizer, não foi enxergada por ele essa qualidade. Ele preferiu só se concentrar no lado imoral da pobre da autora.

PB: Que condições Villa-Lobos impôs para participar da Semana?

RC: Entre outras coisas, ele exigiu dinheiro. Não ia lá tocar de graça. Ele já era o Villa-Lobos. Podia não ser famoso, mas o [Arthur] Rubinstein[10] já tinha tocado Villa-Lobos no Theatro Municipal. Então ele não precisava fazer uma viagem, levando sete ou oito músicos, para tocar de graça, só pela glória de ser ouvido.

PB: Manuel Bandeira – como você disse – e Di Cavalcanti moravam no Rio, mas eles tiveram uma participação na Semana de Arte Moderna, em São Paulo. Qual foi?

RC: Primeiro que o Bandeira já era tão moderno em 1920, tinha publicado os primeiros livros dele com tal grau de modernismo naquilo que escrevia, deixando de usar rima, em alguns casos, ou métrica – usando versos livres –, e também o tipo de ousadia temática etc. No final de 1921, o Mário de Andrade, que tinha acabado de escrever *Pauliceia desvairada*, veio ao Rio para visitar o Manuel Bandeira na casa do Ronald de Carvalho.[11] Essa intermediação foi feita por um poeta de São Paulo que já morava no Rio, que era o Ribeiro Couto. Então o Mário de Andrade foi à casa do Ronald de Carvalho ler o livro dele para o Ronald e para o Manuel Bandeira. Como se estivesse pedindo um aval. "Olha, fiz isso aqui, o que vocês acham?" E eles gostaram muito, deram o aval ao *Pauliceia desvairada*. E, por exemplo, quem teve a ideia de fazer a Semana de Arte Moderna? Foi o Di Cavalcanti. Isso está na história, não estou falando uma coisa no vazio. É só lerem a história da Semana de Arte Moderna para verem que o Di Cavalcanti teve essa ideia de fazer uma espécie de festival de artes plásticas e poesia que congregasse aquilo que o pessoal estava fazendo de diferente, não só em São Paulo como também no Rio. E, como ele estava morando em São Paulo, teve essa ideia em São Paulo. Foi ao Paulo Prado, e ele: "Ah, tudo bem, claro. Agora, tem que fazer esse festival em São Paulo, não pode ser no Rio." "Por que não?" "Porque no Rio não vai fazer diferença, né?" Ou seja, o Paulo Prado teve essa visão. A Semana de Arte Moderna no Rio passaria despercebida. O Rio não precisava de uma semana de arte moderna; São Paulo precisava. Essa é a diferença.

PB: Ruy, vou pedir licença para citá-lo, para a gente concluir esta conversa. Você disse: "Eu me contentaria apenas com a possibilidade de sair à rua, abraçar os amigos e sentir o cheiro do mar. Não haveria nada mais moderno do que simplesmente viver." Eu assino embaixo, Ruy.

RC: [Risos] Digo de novo.

PB: [Risos] Diga de novo. Muito obrigado, Ruy. Cuide-se. Dá um beijo na Heloísa. Eu espero que esse livro agora tenha a repercussão que não teve até agora. Porque é um livro de grande importância, não só para o Rio de Janeiro, mas para a compreensão do Brasil. Que venda como bolinhos quentes.

Notas

1. Castro, Ruy. *Metrópole à beira-mar: O Rio moderno dos anos 20*. São Paulo: Companhia das Letras, 2019.
2. Manuel Bastos Tigre (1982-1957) foi um jornalista, humorista, compositor, bibliotecário e publicitário. Como jornalista, colaborou com jornais e revistas como *Tagarela, A noite, Gazeta de notícias, Careta* e *O Malho*. Foi também poeta e parceiro de músicos como Ary Barroso.
3. Manuel Bandeira (1886-1968) foi escritor, professor, crítico de arte e poeta modernista. Era um defensor do verso livre, da língua coloquial e da irreverência. Alfredo da Rocha Vianna Filho (1897-1973), mais conhecido como Pixinguinha, foi maestro, flautista, saxofonista e arranjador, considerado um dos maiores compositores da música brasileira, sua modernidade estava em sua inovação melódica e harmônica. Gilka Machado (1893-1980) foi uma poeta simbolista – uma das primeiras mulheres a escrever poesia erótica – e também uma das fundadoras do Partido Republicano Feminino, que defendia o direito de voto das mulheres. J. Carlos (1984-1950) foi um cartunista, ilustrador e designer gráfico. Colaborou com revistas como *O Malho, Fon-Fon, Careta* e *A Cigarr*a, entre outras. Também foi escultor, autor de teatro de revista, letrista de samba. Edgar Roquette-Pinto (1884-1954) foi um escritor, etnólogo e médico, membro da Academia Brasileira de Letras. É considerado o pai da radiodifusão no Brasil.
4. Emiliano Di Cavalcanti (1897-1976) foi um artista modernista que retratava tipos brasileiros, em pinturas de cores vibrantes e temas populares. Villa-Lobos (1887-1959) foi um maestro, compositor e músico brasileiro. Considerado o maior expoente da música do modernismo no Brasil, tendo concebido obras que referenciam nuances da brasilidade com elementos do cancioneiro popular. Ismael Nery (1900-1934) foi um artista e poeta modernista brasileiro que absorvia influências do surrealismo e do expressionismo europeu. Vicente do Rego Monteiro (1899-1970) foi pintor e esteve na Semana de Arte Moderna de 1922 ao lado de Di Cavalcanti e Villa-Lobos, as lendas e costumes da Amazônia foram tema e inspiração para grande parte de suas obras. Oswaldo Goeldi (1895-1961) artista, fez da xilogravura seu principal meio de expressão poética.
5. Albert Einstein (1879-1955) foi um físico alemão, desenvolveu a teoria da relatividade, um dos pilares da física moderna, foi vencedor do prêmio Nobel de física em 1921.
6. Eugênia Moreyra (1898-1948) foi jornalista, atriz e diretora de teatro, uma das pioneiras do feminismo e uma das líderes da campanha sufragista no Brasil.
7. Rosalina Coelho Lisboa (1900-1975) foi uma jornalista, poetisa e ativista política. Escreveu também para revistas como *Careta, Fon-Fon*, e diversos jornais. Bidu Sayão (1902-1999) foi uma das maiores intérpretes de canto lírico do Brasil.
8. Versos do poema "Invocação ao sono", do livro *Cristais partidos*, publicado em 1915.
9. Mário de Andrade (1893-1945) foi escritor, poeta, crítico, ensaísta e musicólogo. Foi uma figura central no modernismo paulista e principal articulador da Semana de Arte Moderna de 1922.
10. Arthur Rubinstein (1887-1982) foi um pianista americano de origem polonesa, um dos mais virtuosos de seu tempo.
11. Ronald de Carvalho (1893-1935) foi um poeta, ensaísta, político e diplomata. Defensor do verso livre, participou da Semana de Arte Moderna de 1922.

BRUNO MAZZEO E ANTONIO PRATA

Graça na desgraça

PEDRO BIAL: Pesadelo não é gênero de ficção. Aliás, para o brasileiro de 2020, nada mais real que o pesadelo. Mas e se a realidade que nós estamos vivendo fosse um gênero de ficção? Qual seria? Filme-catástrofe, ficção científica, tragédia, melodrama, terror, terrir, bangue-bangue, *soft porn*? Talvez a gente esteja vivendo uma mistura meio caótica de vários gêneros diferentes. Mas, agora, começam a surgir os primeiros produtos audiovisuais feitos de acordo com os protocolos da quarentena. E, aí, o nosso retrato nas telas aparece como se fosse um *reality-show* ridículo, o que muitos diriam que é um pleonasmo, uma redundância. Então está bom: uma comédia-*reality*. A gente vai conversar agora com dois mestres do humor brasileiro que encararam esse desafio de fazer ficção, de fazer audiovisual de qualidade, com esses recursos esparsos que hoje a gente tem que usar. É o que tem na mão. Então o que a gente pode dizer é que um olhou para dentro, com doçura, viu o lirismo amargo do confinamento; o outro olhou pela janela, para fora, com certo amargor, e viu o absurdo azedo do cenário político nacional. O primeiro apresenta *Diário de um confinado*; o outro, *Sala de roteiro*, revelando os autores secretos do triste pastelão nacional, estrelado por "queirozes", "bolsonaros", "weintraubs". Vamos conversar com Bruno Mazzeo e Antonio Prata. Ô, alegria.

BRUNO MAZZEO: Que honra e que onda.

ANTONIO PRATA: Queria ser o que olhou para dentro e viu lirismo. Não queria ser o que olhou pela janela e viu a podridão. Bruno, troca de lugar comigo. "Eu sou Bruno Mazzeo."

BM: "Eu sou Antonio Prata."

PB: Tarde demais. Primeiro, vamos falar assim: o que de melhor o confinamento trouxe para vocês? Não só profissionalmente, mas pessoalmente.

BM: No meu caso, uma união da família que a gente nunca tinha tido tanto. Nunca as crianças tinham ficado 24 horas por dia, 7 dias por semana, com os pais. E nem a gente só com eles. Acho que isso foi a coisa que estou tirando de mais positivo, né?

AP: E mais negativo também. [Risos]

BM: [Risos] Em alguns momentos.

AP: O lado bom é que a gente fica o tempo inteiro com a família. O lado ruim é que a gente fica o tempo inteiro com a família.

PB: Mas, vem cá, quando é que bateu o bichinho-carpinteiro da criação para você, Bruno? "Pô, tenho que me mexer, tenho que fazer alguma coisa."

BM: No caso do *Confinado*, foi Joana que trouxe essa pilha.

PB: Joana Jabace, mulher do Bruno e diretora de *Diário de um confinado*.

BM: Isso. E nós dois tivemos trabalhos interrompidos. Eu estava fazendo o *Fim*, série baseada no livro da Nanda Torres.[1] Joana, no meio da segunda temporada do *Segunda chamada*,[2] a série que ela dirige. Quando tudo parou de repente, ela chegou para mim um dia e falou: "Poxa, nós, em casa, somos uma diretora e um autor-ator. Por que a gente não pensa em alguma coisa para retratar este momento? Alguma coisa naquele estilo de crônica e tal?" E a gente começou a pensar sobre isso.

PB: É, mas aí você responderia: "Mas como vou fazer, se não tem câmera, se a gente está limitada a essa linguagem de videoconferência? Como a gente vai fazer algo de excelência profissional para botar no ar, na TV Globo, no Globoplay?" Como, de fato, vocês fizeram.

BM: Claro que a gente não pensou, em nenhum momento, em um horário nobre de TV Globo. Nada disso. A gente pensou em fazer. E sabia que ia ser uma coisa caseira, então que a gente teria um espaço na internet talvez. Só que Joana jamais faria uma coisa amadora. Caseira, mas nunca amadora. O desafio, para mim, foi a dramaturgia. Cheguei a conversar com o Antonio um dia, bater papo. O desafio, para mim, era criar uma trama com uma única pessoa num único cenário. Tudo o que eu pensava vinha coisa de casal. E aí eu ficava tentando achar soluções: um casal que não se vê na casa, sei lá, fiquei tentando... Isso foi o que mais demorou. Até que a gente chegou no que teoricamente é o mais simples.

PB: Um solteiro solitário. É, um homem solitário. E começa sempre com ele acordando, né?

BM: Sempre acordando. Mais um dia marcando [os dias de quarentena]. Eu marco. Desde que começou [a quarentena], escrevo no quadro do meu escritório.

PB: Está aí uma coisa que você emprestou para o personagem, para a história.

> [Mostram trecho de *Diário de um confinado*. Renata Sorrah (mãe) e Bruno Mazzeo (Murilo) se falam por vídeo conferência]
>
> RENATA SORRAH: Como assim pegou na caixa de papelão sem luva?
>
> BM: Eu fui pego de surpresa, mãe. Peguei na caixa sem pensar.
>
> RS: Como pego de surpresa? Você pediu a pizza.
>
> BM: Mãe, eu fui pego de surpresa pela vizinha, não pela pizza, né?

RS: Murilo, você convidou a vizinha para comer pizza?

BM: Não, mãe, a vizinha... Mãe, esquece a vizinha, eu estou, no momento, com um pedaço de papelão na mão. O que eu faço com isso?

RS: Solta isso, Murilo. Solta isso, Murilo.

BM: Acho que é mérito, mesmo, dela [da Joana]. Tanto a realização ter ficado num padrão Globo, de horário nobre, parecendo uma locação escolhida, com uma equipe. Nem parecia que eram três pessoas no set.

PB: Três pessoas? Então vocês botaram alguém para dentro de casa. O Ricardão entrou aí para ajudar?

BM: É, formamos um "trisal". O Glauco Firpo, que é um diretor de fotografia que trabalhava com a Joana no *Segunda chamada*, se mudou aqui para casa. Ele ficou um mês. Ele ocupou o quarto do João, meu filho mais velho. E éramos nós três, então, fazendo todas as funções que existem num set. E aprendendo a valorizar mais ainda cada uma delas.

PB: Daqui a pouco, a gente vai mostrar um pouco como isso foi feito. Mas, antes, vamos pensar assim: se você, olhando para dentro, espelhou o que está acontecendo aqui fora e dentro da casa de todo mundo... Antonio, quando você olhou para fora – alguns achando bárbaro o espetáculo –, o que você viu?

AP: A ideia é antiga, que está rolando por aí: os roteiristas do Brasil perderam a mão faz tempo. A dramaturgia foi ficando cada vez mais confusa e cada vez pior. Então eu fiz uma crônica como se fosse isso, uma reunião de uma sala de roteiro, com os roteiristas decidindo... Porque, quando teve a prisão do [Fabrício] Queiroz, aquilo era muito primário. É uma ideia de alguém que não entende nada. A gente vai esconder a prova do crime na casa do advogado do acusado. É uma ideia que, se surge num roteiro – né, Bruno e Pedro? –, falam assim: "Não, gente."

BM: "Não."

[Mostram trecho de *Sala de roteiro*. Cinco personagens aparecem numa videoconferência, cada um em sua casa.]

MARIANA LIMA: Está sem som.

ENRIQUE DIAZ: Estou tentando falar aqui, porque a gente tem que se concentrar. Vocês estão ouvindo? [Vamos] concentrar. Última temporada, foco. Onde o Queiroz pode estar escondido. Vamos lá?

WILLIAM COSTA: Na casa dos advogados do Bolsonaro?

ED: Bom, o advogado do [Jair] Bolsonaro não vai esconder na casa dele a prova principal contra a família que ele defende, né? Não é verossímil, né? Estamos fazendo *House of cards*, não *Detetives do Prédio Azul*.

ML: Você falou a mesma coisa quando eu sugeri a cena do Joesley [Batista] gravando o [Michel] Temer lá no estacionamento do Jaburu. E foi um puta sucesso.

WC: É, foi o episódio mais visto da temporada, viu?

ED: Mas audiência não é sinônimo de qualidade. Vamos tentar ser criativos? Agora, esquece quem está escondendo o Queiroz. Vamos tentar pensar onde, né? É um ferro-velho, é um barco abandonado, é um hotel? Vamos lá.

MARCOS PALMEIRA: Ué, num sítio em Atibaia.

ED: Tudo é Atibaia agora? Não tem outro lugar na cabeça, não? Não existe outro lugar no mundo? Tudo é Atibaia?

ANDRÉA BELTRÃO: Mas o miliciano lá, o Adriano da Nóbrega, ele também queria se mocozear no sítio de Atibaia. Não era isso?

MP: O sítio já era locação, gente. Eu só estou querendo facilitar para a produção, só isso.

PB: [Risos] Ai, um superelenco, ainda por cima. Maravilhoso. Você escreveu a crônica *Sala de roteiro*, a sua crônica dominical, a nossa alegria de todo domingo da *Folha de S.Paulo*. E, aí, quem te procurou e com que ideia?

AP: Estou num grupo, que é o #Juntos, que lançou um manifesto, faz mais ou menos um mês, de criar uma frente ampla democrática para lutar contra os arroubos autoritários de algumas pessoas que estão aí. E, nesse grupo, está o Fernando Meirelles – diretor –, está a Andréa Beltrão, vários atores. Fernando me escreveu no domingo de manhã, falando: "Vamos fazer um roteiro dessa crônica?" Eu falei: "Fernando, começo em 15 minutos. Preciso tomar um banho e [vou] fazer." E, à noite, estava pronto. Daí eu mandei. E ele ligou para a Andréa, para o Marcos Palmeira, para o Enrique Diaz, para a Mariana Lima, para o William [Costa]. Eram todos amigos dele, velhos conhecidos. E os chamou, e a gente fez. Abriu uma página no YouTube e jogou lá. Aí, agora, filmaram ontem o segundo episódio. Depois eu conto do segundo episódio, senão vou me estender muito.

PB: Daqui a pouco você conta. Vamos, primeiro, fazer uma brincadeirinha aqui? Porque o que tem em comum entre os dois produtos de vocês é que são uma tradução audiovisual da crônica. A crônica, que é o gênero literário que, por excelência, usa o pequeno, o ordinário do dia a dia. E traz lirismo, graça, por meio das coisinhas que parecem insignificantes. Vou listar algumas novidades que entraram na nossa rotina, e vocês fiquem à vontade para comentar. Reunião por videoconferência.

BM: Não sei nem há quanto tempo eu não ia a uma reunião de condomínio. Desde que começou a pandemia, já fui a três.

PB: Ela veio a você, né? [Risos]

BM: É, porque agora não tem mais aquela desculpa de que: "Pô, eu não vou estar em casa nessa hora." E achei ótimo. Acho que algumas reuniões foram uma grande descoberta.

PB: Quem sabe um talento de síndico sendo revelado aí, hein?

BM: [Risos] Deus me livre.

AP: Mas o maior problema de reunião por Zoom é que você não pode chegar atrasado. Todo mundo sabe que você estava na cozinha. Não dá para chegar 20 minutos atrasado e falar: "Estava um engarrafamento ali, na saída do banheiro com o corredor ali. Tinha uma cueca e uma meia interrompendo tudo. Eu tive que..."

PB: Mais ou menos aí, na mesma linha: educação a distância. Que era tão decantada. "O nosso futuro: *homeschooling*." Na prática, malandro...

BM: Estou, no momento, com o João, meu filho mais velho, no quarto, enlouquecido.

PB: Cara, é muito difícil.

AP: Difícil? E para você ensinar número negativo para uma criança de sete anos?

PB: Tipo vinte menos trinta?

AP: Tipo isso. Tinha essa conta, vinte menos trinta. E eu não conseguia com chocolate. Porque até a soma e a subtração, você tem: "Cinco chocolates, tira três chocolates. Quanto sobrou? Dois chocolates". Agora, você tem vinte chocolates, como é que tira trinta chocolates? Não dá. Perguntei para o amigo do mercado financeiro. Ele ficou uma semana pensando e falou: "Você tem um trampolim de vinte metros e uma piscina de dez metros de profundidade. Você mergulha do trampolim..." Mas, quando ele me mandou essa informação, eu já tinha brigado com a minha filha, ela já tinha brigado comigo, já tinha chorado.

PB: [Risos] Você descobriu algum talento novo nessa quarentena, Antonio?

AP: Não gosto muito de me exibir, Pedro. Mas poucas pessoas são tão eficientes com um borrifador de álcool como eu.

PB: Você pode demonstrar para a gente?

AP: Posso demonstrar. Inclusive, minha vida melhorou muito quando troquei o álcool em gel pelo borrifador. Porque toda vez que você está no supermercado, você mete a mão no bolso para pegar o álcool em gel, você contamina todo o álcool em gel, contamina o bolso. Tenho dois modelos de borrifador. [Pega um borrifador e mostra] Eu tenho esse daqui, que é um borrifador *pocket*, que é um borrifador de rua. Eu ando com isso.

BM: E você anda com ele na sua pochete, né?

AP: A pochete... Eu ainda não cheguei a esse grau de liberdade. Mas eu chego. Ando com isso [o borrifador] na mão. Porque a outra coisa que aprendi também é que, nas compras, você tem que ter uma mão pura. Esta mão [mostra a mão direita] não vai tocar em nada, esta mão vai ficar com o borrifador. Esta mão aqui [mostra a mão esquerda] segura o carrinho, bota os produtos no carrinho e vai já dando uma limpadinha rápida [borrifa a mão esquerda usando a mão direita]. E, quando chego em casa, tenho um borrifador litrão [mostra um recipiente maior]. Então faço a borrifação em estéreo, girando tudo. É um assunto sobre o qual tenho me dedicado, mas vou ser breve.

PB: Brunão, de que dia você é? Quando é o seu aniversário?

BM: Três de maio.

PB: Então você passou em quarentena. Como foi essa festa de arromba?

BM: Na véspera do meu aniversário, eu estava deprê, porque gosto de festa, gosto de reunir os amigos. Estaria dando uma festa, ou naquela sexta, ou naquele sábado. Fiquei meio mal, e me animei com uma live do Lulu Santos.

PB: Ah, então está explicado. O último episódio [de *Diário de um confinado*] tem a participação maravilhosa do Lulu.

BM: Exatamente. Por isso liguei para ele. E, no dia do meu aniversário, rolou uma surpresa pelo Zoom. Eu tinha falado para a Joana que não queria nada surpresa pelo Zoom, mas fiquei emocionadíssimo. Chorei ao rever os amigos. É isso que eu falo. Os amigos, sabe? Não abraçar um amigo, não tomar uma cerveja, falar besteira. Né, Antonio? Antonio é um desses.

AP: Dá uma alegria ver vocês. Acho que vai rolar suruba na hora em que acabar isso aqui. Muita, muita suruba.

PB: No *Diário de um confinado*, do Bruno, o Matheus Nachtergaele faz uma sensacional participação. O personagem Murilo está passeando na rua e encontra um amigo do amigo, que é mais ou menos amigo, e chora de emoção, por encontrar um ser humano, né? Um semelhante. Vamos lá, vamos ver um pouco do *making-of* do *Diário de um confinado*, porque, quando você assiste ao programa, à série, que, aliás, está inteirinha no Globoplay, você pensa: "Pô, mas não tem nada de tão confinado assim." Pelo menos não a realização, só o personagem. Vamos ver como é que eles conseguiram essa façanha.

[Mostram imagem de Mazzeo, Joana Jabace e Glauco Firpo]

JOANA JABACE: A ideia da série surgiu um mês e meio depois que a gente entrou em confinamento. Eu propus para o Bruno, falei: "Pô, a gente conseguiria fazer uma série aqui em casa."

BM: Eu vou atuar, estou escrevendo, mas a função de continuidade do figurino é minha.

[São exibidos flashes de vários momentos das gravações e da produção da série.]

PB: Caramba. A casa vira locação, a locação vira casa. Quantos dias foi essa loucura?

BM: De filmagem, 23.

PB: Ficava tudo montado como cenário? Quer dizer, você estava morando no cenário? Ou a casa... Enfim.

BM: A gente pegou a nossa sala de casa e transformou num loft, para ficar [como a casa] de um cara solteirão. Ali, ficou tudo espremido. Mas é onde as crianças brincam, então tivemos que remanejar as coisas das crianças e tal. E a gente não podia deixar 100% montado, porque, no dia seguinte, as crianças iam mexer nas coisas. Tinha muita coisa de quebrar, muita coisa de arte – latas amassadas, garrafinhas long neck –, os objetos da arte e tal. Todo dia, a gente recolhia tudo. Aí, no dia seguinte, [montava] de novo. Era uma coisa bem parecendo teatro até.

AP: Está lindo, Bruno. Eu te falei, né? Escrevi para você. O Bruno tem um talento de humor físico, de Buster Keaton.[3] Aquela cena da pizza, no primeiro episódio. É tão legal aquilo. O jeito que ele pega a pizza: um pé dentro de casa, aí o outro pé no ferrinho do elevador – o pé não pode entrar [no elevador] –, aí pega. E, aí, depois... Eu quase chorei naquela parte, porque é bonita aquela parte, né? É triste, é triste.

PB: É, eu li, numa crítica, alguém falando disso, do palhaço triste, do palhaço melancólico. Acho que tem isso. E a outra coisa que me chamou a atenção, uma das coisas do talento do pai[4] que o Bruno herdou, é essa voz linda que o Bruno tem. E a voz, não sei se por causa do personagem confinado, ganhou um volume, ocupou um espaço muito bonito.

BM: Pô, que legal.

PB: Vamos agora falar um pouco da *Sala de roteiro*. É uma ideia de uma simplicidade genial. E que parte desta pergunta: quem seriam os maus autores do roteiro que costura a trama política do Brasil nos últimos anos? Para você, Antonio, quando o roteiro desta história política recente do Brasil começou a desandar?

AP: Acho que foi em 2013. Não sei se o roteirista estava drogado, alguma coisa [assim], ou se eram equipes de roteiristas diferentes, cada uma escrevia um episódio. Sem respeitar a sinopse. Porque, num dia, a passeata era de esquerda. No outro dia, a passeata era de direita. Num dia, era MPL – Movimento do Passe Livre. De repente, não é mais MPL, é MBL – Movimento Brasil Livre. Alguém pegou o *p* e virou. É mais uma coisa muito ruim. Como você faz um movimento de direita com o mesmo nome de um movimento de esquerda? Vamos dar um nome diferente, para marcar. E aí o movimento que nasce pedindo democracia e mais direitos termina na eleição do [Jair] Bolsonaro.

[Mostram mais um trecho de *Sala de roteiro*.]

MP: Aí, eu vou falar aqui, tá? Assim, numa boa. A gente já perdeu a mão dessa série já tem um tempo.

AB: É, eu acho também que em 2013 a série foi bem zoada, né? Faziam meme da gente. Uma hora o [Sérgio] Moro era herói, depois ele era vilão, depois era herói de novo. Foi bem estranho.

MP: É, numa temporada, a Globo era fascista. Aí na outra, do nada, a Globo vira comunista.

ML: É, o [Alexandre] Frota também. Quando a gente escreveu que ele virou deputado, ninguém comprou.

AB: A Janaína Paschoal era a louca do *impeachment*, depois virou dalai-lama. Tipo...

MP: Tem uns personagens, também, que eu não entendo a função. O Cabo Daciolo. Em que ele ajuda a contar essa história? O Velho da Havan?

WC: É, na verdade, eu tinha entendido que o Velho da Havan era uma releitura do Zé Carioca.

AB: Como assim releitura, Borges?

WC: Ah, porque... Pensa: careca, terno verde.

PB: Antonio, o que você pode adiantar dos próximos episódios do trepidante *Sala de roteiro*? Porque, afinal, é o nosso futuro que está em jogo, né? [Risos]

AP: Não posso adiantar muito, porque o nosso roteirista-chefe está em Brasília, no Palácio da Alvorada, e a gente depende dos passos dele. O que eu posso já afirmar é que rolou uma reunião dos roteiristas com os CEOs do canal, que estão putos, porque acham que a gente perdeu a mão do protagonista. Enquanto ele era só um fascista, radical, violento, as pessoas compravam o personagem. Mas quando ele começa a fazer piada com 70 mil mortos, fica um vilão muito de folhetim, muito *cartoon*.

BM: Odete Roitman.[5]

AP: Odete Roitman. Você não compra que alguém é só mau. Ninguém é só mau. Então eles [os roteiristas] estão discutindo como é que eles dão uma humanizada no Bolsonaro.

PB: Será que ele pegar a covid talvez fosse um caminho?

AP: Não rola. Sabe por quê? A gente fez uma pesquisa com o público, e 70% do público acha que ele já pegou covid lá atrás. E mentiu, e está mentindo. Então vai parecer que ele está fazendo isso para se fazer de coitadinho. Uma ideia boa seria adotar um cachorro. Ele podia adotar um cachorro. Tem que ser um cachorro branco, obviamente. Ele não vai adotar um cachorro que não seja branco.

PB: Chamado Zeus, assim?

AP: Zeus. Pois é. Ou a gente podia fazer o Carluxo [Bolsonaro] ser diagnosticado com distúrbio mental. Mas, aí, a gente achou que ele já tem distúrbio mental desde o começo e ninguém se apieda. Aí eles resolvem desencanar dessa série e fazer um *spin-off*, um *spin-off* do [Abraham] Weintraub. É bom, porque o ator que saiu da série na semana passada, ele canta, toca gaita. Então vai ser o Weintraub nos Estados Unidos. Vai ser um musical.

BM: Com um guarda-chuva.

AP: Com um guarda-chuva.

PB: E, naturalmente, com a sanfona, né? Com o acordeom.

AP: Cara, esse sanfoneiro é foda. Ele é namorado de uma produtora, por isso que a gente tem que botar ele numas ceninhas lá, porque a produtora mandou botar. Mas, se a gente pudesse mandar nisso, jamais entraria aquele sanfoneiro, jamais. Fica claro que aquele sanfoneiro está pegando alguém da produção, né?

PB: [Risos] Vamos pensar agora, então, como a gente vai terminar essa história. Como terminaria esse roteiro do Brasil em 2020?

AP: Olha... [Risos] Vai você, Bruno. A bola está mais perto de você. [Risos]

PB: Ficção, ficção, ficção.

AP: Acho que deveria terminar de uma maneira civilizatória. Deveria ter um Tribunal de Nuremberg, um Tribunal de Haia, em que o Bolsonaro seria levado para lá e seria julgado, como Slobodan Milosevic[6] foi julgado pela morte de cento e tantas mil pessoas que serão [no futuro]. Outro dia alguém escreveu que queria que ele morresse. Não, querer que o Bolsonaro morra é o Bolsonaro vencer, né? Nós não queremos que ninguém morra por pensar diferente da gente. Nós queremos que essas pessoas se comportem de acordo com a lei. Seria um final triunfante, um final de tribunal, bonito. Drama, tragédia. E, aí, ele seria preso.

PB: É, estou achando esse seu final muito fantasioso. [Risos]

AP: É. [Risos]

PB: Bruno, a sua série, no fim, tem essa moral da história, que é, como eles falam em inglês, uma doce justiça que está se fazendo a algumas atividades humanas muito nobres que vinham sendo vilipendiadas, sacaneadas. Quer dizer, o jornalismo – falo por mim – se revelou imprescindível nesta pandemia. Ainda mais quando você não tem governo. Tem que ter algum lugar para correr. É o jornalismo, a arte, a cultura. O que as pessoas fazem da vida enquanto estão confinadas? Se não fosse por vocês...

BM: Exatamente. Você vê, citei o exemplo do Lulu, que foi uma coisa que aconteceu comigo, tanto que chamei ele para o programa, para fazer o que ele fez comigo. E os comentários que leio no meu Instagram, as pessoas postam muitos agradecimentos. Tem muita gente falando: "Poxa, estava precisando rir", "A minha mãe estava muito deprimida", "A gente, aqui em casa, estava reunido". Porque é uma coisa de cotidiano, então isso envolve o moleque mais jovem e a avó dele, que está passando pela mesma situação. Estamos todos. Estou sentindo muito essa reação, o que acho muito emocionante. Porque meio que justifica o que a gente está fazendo, o nosso ofício. E prova que a gente vai fazer. Pode vir guerra, pode vir ditatura, pode vir pandemia, e a gente vai dar um jeito de fazer.

PB: E todo mundo está experimentando, da maneira mais concreta, aquilo que o poeta Ferreira Gullar disse: "Para que a arte? Porque a vida não basta." A vida sem arte não basta.

BM: É isso aí.

PB: Obrigado. Um obrigado enorme mesmo. Só não digo *hashtag* gratidão porque o ridículo é o *hashtag, gratidão* tem que ser sussurrado assim: [fala sussurrando] "Obrigado, obrigado. Valeu. Beijo, Antonio. Beijo, Bruno. Valeu, gente."

Notas

1. Torres, Fernanda. *Fim*. São Paulo: Companhia das Letras, 2013.
2. *Segunda chamada*, série exibida pela Rede Globo que teve sua primeira temporada lançada em 2019.
3. Buster Keaton (1895-1966), ator, roteirista e diretor de comédia norte-americano do período do cinema mudo. Keaton era conhecido como "o homem que nunca ri", por manter o semblante sempre sério em suas atuações.
4. Chico Anysio (1931-2012), humorista e roteirista, criador, entre outros, da *Escolinha do Professor Raimundo*, programa humorístico que começou na Rádio Mayrink Veiga em 1952. O sucesso do programa o levou à televisão em 1957, como um quadro do programa *Noites cariocas*, na TV Rio. A Escolinha passou ainda pelas TVs Excelsior, como um quadro do programa *Times Square* e TV Tupi. Em 1973, chega à TV Globo como quadro do programa *Chico City*, e em 1988 como quadro do *Chico Anysio show*. De 1990 a 1995 — e ao longo de 2001—, tornou-se um programa autônomo, produzido e exibido pela TV Globo. Em 2015, ganhou uma nova versão exibida no Canal Viva, com seu filho, Bruno Mazzeo.
5. Odete Roitman é a vilã da novela *Vale tudo*, de Gilberto Braga, exibida pela TV Globo entre 1988 e 1989, personagem interpretada pela atriz Beatriz Segall.
6. Slobodan Milosevic (1941-2006), presidente da Sérvia entre 1989 e 1997 e da Iugoslávia de 1997 a 2000, foi julgado no Tribunal Penal Internacional de Haia pelos crimes de genocídio, assassinato, atos desumanos, extermínio, tortura, entre muitos outros cometidos durante a Guerra Civil Iugoslava (1991-2001).

LUIZA TRAJANO
Uma brasileira exemplar

PEDRO BIAL: Se isso aqui fosse uma palestra motivacional para funcionários de grandes empresas, eu iria apontar a nossa convidada de hoje como um exemplo de mulher que veio de baixo, começou trabalhando na lojinha da família como vendedora, aí virou gerente, ralou, foi encarregada, compradora, e chegou à presidência do que já não era mais uma lojinha, era uma grande empresa. E quando a gente pensou: "Uau, ela chegou no auge..." Que nada. Esse é só o começo da história. Quando ela lá chegou, mais do que fazer a empresa crescer – e fez, a empresa cresce mesmo durante as piores crises no Brasil, gerando dezenas de milhares de empregos –, queria buscar um sentido maior para o negócio, o que ela chama de "um propósito". Um propósito que vale mais que todo ouro do mundo: transformar esse mundo. Esse mundo que, no caso, se chama Brasil. Daí que, sem ser política, sem ser exatamente feminista, ela criou e lidera hoje a mais influente organização de mulheres do Brasil. Ela tem um jeito de botar gente em movimento. Ela tem um jeito com gente. E, do nome comprido – Helena Trajano Inácio Rodrigues –, ela só precisa do primeiro para se fazer apresentar: Luiza.

LUIZA TRAJANO: Ai, Bial. Falei, uma vez que a gente se encontrou, que eu amo o seu programa. Sabia tudo de cor, mas não esperava estar aqui.

Muito obrigada. Obrigada à sua equipe, que foi muito legal. Confesso que estou com um pouquinho de dor de barriga. Mas o pessoal falou: "Mas o Bial é teu amigo, não tem problema." [Risos]

PB: Sou seu amigo, seu fã. E digo: eu esperava essa oportunidade. Queria muito conversar com você, acho que você tem muito a dizer, e a gente tem muito a aprender com você. Quando a pandemia começou, você se deu conta de cara da gravidade do que estava para acontecer? Ou demorou para cair a ficha?

LT: Em fevereiro, estive numas feiras na Alemanha, fui lançar Mulheres do Brasil em Düsseldorf. Vi que as feiras estavam sem os chineses e vi alguém de máscara, sabia da epidemia. Voltei mais ou menos no dia vinte e pouco de fevereiro, mas nunca achei que, dali a quinze dias, 1.200 lojas seriam fechadas, o Brasil inteiro pararia. E eu, que estava com um monte de planos, tive que parar. Convivi com a minha impotência e, também, com a minha inconsequência de não ter percebido isso. Pela primeira vez, fiquei dois dias muito anestesiada, coisa que nunca me aconteceu. Tem um sobrinho meu: "Tia, cadê você? Você tem que ajudar a pequena e média empresa, nas medidas do governo. Porque você tem tanta paixão por isso." Acordei e pedi muito às minhas forças que descobrissem o meu propósito naquele momento tão sério.

PB: Durante a pandemia, no início, quando as pessoas começaram a se dar conta da importância vital do SUS [Sistema Único de Saúde] e dos médicos, do pessoal da saúde... Há pelo menos quatro anos, você vem falando do SUS, exaltando o SUS. E, agora, todo mundo reconheceu que temos uma ótima jabuticaba, porque não tem nada assim no mundo. Talvez o NHS [Serviço Nacional de Saúde inglês] na Inglaterra, que inspirou o SUS. Mas igual ao SUS, com a população brasileira, não tem nada no mundo. Porém, temos que reconhecer que o SUS ainda está longe de ser satisfatório. Então eu te pergunto: você, gestora, Luiza, o que se pode fazer já, imediatamente, na prática, para aperfeiçoar o Sistema Único de Saúde?

LT: Que bom que você está tocando nesse assunto. Já te falei que o Mulheres do Brasil tinha estudado, e que eu estava falando do SUS. Ele é melhor do que o da Inglaterra pelo simples fato de ser um sistema de saúde para uma comunidade pobre, para essa comunidade nossa, que foi desamparada. E na Inglaterra eles não precisam disso. Eles têm um orgulho desse sistema. Então é o melhor sistema de saúde do mundo na Constituição. Te falei isso quando nem tinha epidemia. O que Mulheres do Brasil está fazendo agora? Logo que veio a epidemia, eu te falei que a gente ia trazer um grande papel com os professores, colocá-los no palco. Não pudemos fazer isso, porque fechamos. Estamos trabalhando o SUS e entendendo, e estamos trabalhando com políticos, com todo mundo. Porque, se ele é bom na Constituição, a gente não precisa inventar moda, a gente precisa fazer que a governança funcione. Não podemos ter dez ministros da Saúde em nove anos. Não podemos ter uma governança que não seja do Estado. Ele é gratuito. E saúde para todos é um pilar para a igualdade social. Mulheres do Brasil tem trabalhado muito. Estamos com 53 mil mulheres. Temos uma força maior. Mas a gente não quer brigar. Estamos trabalhando, estamos mostrando, mas a gente quer que tenha uma governança pública à altura, porque saúde é para todos. E tem a digitalização do SUS. Porque aí você tira as filas. É só você fazer o que está na Constituição funcionar. Duvido que tenha algum pilar que esteja tão bom na Constituição. Não tem que mexer em nada. Nada, nada, nada. Se você estudar os pilares, estudar tudo, ele é perfeito. Agora, a gente tem que fazer ele funcionar.

PB: Se tiver ministro da Saúde, ajuda. Você realmente falou aí disso. É um detalhe que pode ajudar, a gente ter ministro da Saúde durante a pandemia. Sei que você prefere não entrar em questões mais partidárias. Se quiser também, entra. Queria só explicar para o público. Você falou do Mulheres do Brasil. Para quem não sabe, a Luiza não é mais a presidente da empresa, ela faz parte do conselho da Magalu. Ela criou há sete anos o grupo Mulheres do Brasil, e aí é que vai muito da energia dela. Ela não é política, mas faz política melhor do que muito político profissional. A sua última manifestação política, a mais recente, Luiza foi ser uma das signatárias da carta endereçada ao governador de São Paulo, João Doria, propondo um debate sério sobre a violência policial. Caramba, a gente está vendo nos Estados Unidos agora o que causa cada abuso policial. Aqui, talvez, infelizmente, não cause tanta revolta. Qual é a gravidade da situação e qual é a proposta da carta? Por que você se engajou?

LT: Durante a epidemia, uma coisa ficou muito clara: ou a gente se une, ou a gente não vai dar conta. Não adianta a gente acusar os policiais, os policiais acusarem as pessoas, e a gente continuar matando gente, continuar trabalhando. A gente tem que sentar num diálogo aberto para entender o que precisa ser feito. Quando tinha algum problema político durante a epidemia, os outros no outro dia falavam: "Luiza, de que razão você está?" Eu falava: "Nenhum dos dois." Porque, neste momento, a gente tem que se unir a favor de uma coisa maior, que é o bem do país. O mundo inteiro está estourando. Neste momento, a gente é a favor do diálogo. Temos que sentar para escutar um lado, escutar o outro lado, para sair num denominador comum. É o diálogo que conecta. Não tem outra forma de fazer isso se não for através de você se unir e criar parâmetros para que todos possam sair bem. Porque senão vai haver cada vez mais mortes, um vai acusar o outro, outro vai acusar outro. E estou cansada de problemas. A gente tem que trabalhar a solução. Estou cansada de diagnóstico.

PB: Esse diálogo se daria entre que interlocutores? O comandante da PM com líderes dos moradores das comunidades mais pobres?

LT: Representantes de instituições que defendem o povo e representantes. Aí não é só o maioral, pode ser o soldado mais simples que vai falar. Temos que criar um comitê muito unificado daqui e muito unificado dali, para se conversar. Porque senão vamos sempre acusar um ao outro e não vamos chegar a lugar nenhum. Quando um cliente reclama de mim – e você sabe que eles reclamam na rede social –, primeiro eu falo: "Vamos acudir, vamos resolver. Não vamos na causa da causa da causa, senão a gente vai continuar tendo o mesmo problema."

PB: Estava esperando você falar, adoro isso: "Vamos na causa da causa da causa da causa da causa." Quer dizer, não vamos negar a complexidade, mas vamos enfrentá-la. Qual é a alternativa? Quando você criou o grupo Mulheres do Brasil – lá se vão sete anos –, qual foi a reação da militância feminista mais estabelecida? Elas regiram bem? Te receberam bem? Se aproximaram? Como a iniciativa foi recebida?

LT: Bial, sou de uma administração meio caótica. Tenho um tipo de administração que é caótica. A gente começou sabendo o que a gente não queria. A gente queria ser totalmente apartidária. Nas redes sociais, em nome do Mulheres do Brasil, você não pode falar nada. Sozinha, você faz o que você quiser. Você não pode falar nem bem nem mal. Não somos contra os homens, mas a favor das mulheres. Entendemos o que é ser feminista. Ser feminista é querer igualdade entre homem e mulher. Que homem não quer isso, se tiver uma filha mulher ou uma neta mulher? Ser feminista não é ser contra nada, é ser a favor da igualdade.

PB: Vamos dar um exemplo de um trabalho do grupo e conhecer a história da Crislaine Nery Emídio – mas pode chamar de Cris. A Cris fazia marmitas para vender, mas aí ela não conseguia crescer, porque só tinha uma geladeira pequena. Ela procurou o grupo Mulheres do Brasil e, aí, a gente vai ver. O resto é história.

[Mostram o depoimento de Cris Nery]

CRIS NERY: Eu sou Cris Nery, empreendedora de sabor *fit*, comida congelada. O nosso foco de clientes é a Zona Sul do Rio. A gente trabalha eu e minha mãe, somente. Ela fazendo as marmitas, eu entregando de bicicleta – de ônibus, se for mais distante. A gente se vira. Só que a gente era limitada em questão de espaço. A gente só tinha uma geladeira, e cabiam 40 marmitas. Isso era pouquíssimo para a gente. A gente tinha que fazer e logo entregar, para ter aquele rodízio de espaço.

SÔNIA DE SOUZA: O fundo Dona de Mim nasceu dessa necessidade que eu vi que seria... Essas mulheres invisíveis, que não têm acesso a crédito. O que nós queremos, através do fundo, é dar crédito a essa mulher, capacitá-la, para que ela devolva esse dinheiro nos nove meses que ela tem aí, para se organizar, para se capacitar. Na primeira fase, nós vamos investir em 350 mulheres. E, na segunda fase, eu já quero trazer mil mulheres.

CR: E nós duas, eu e minha mãe, fomos as primeiras contempladas por esse fundo. E nós investimos 100% no freezer. Porque isso foi uma ótima saída que a gente teve da quarentena, [da] pandemia. A gente conseguiu se manter nesse tempo. Porque, de 40 marmitas, a gente passou a ter espaço para 120. Por isso que o fundo é um diferencial muito grande, porque ele realmente está aqui para ajudar.

PB: Um amor a Cris Nery. Muito legal. Você diria que, de todas as suas iniciativas, a mais revolucionária é o microcrédito? A mais transformadora?

LT: Não, a gente tem várias transformadoras. Inclusive das pessoas mesmo. A gente tem várias. Trabalhamos 20 causas. Uma das causas é a da violência contra a mulher – a gente trabalha isso há cinco anos – e uma das nossas metas era fazer furar a nuvem, era fazer com que todos os veículos falassem da violência da mulher. A gente lutou muito para isso, é uma causa muito forte. A gente tem a dos refugiados, a de educação, a de saúde. Porque a gente não cria outro instituto, a gente junta. Agora, essa iniciativa da Sônia, que foi da Dudalina... A gente viu que as políticas públicas são o que vai fazer a diferença. Mas essa pequenininha, cada um de nós que fizemos o capital doamos o primeiro capital, para quem quer comprar aquelas coisas de até 3 mil reais e não tem acesso a banco. A gente quer atingir mil mulheres. Acho muito legal. Agora, de cara, a gente quer atingir os segmentos. E temos várias causas. Tem causa pela igualdade social, pela igualdade racial. Isso já há cinco anos. Hoje, lançamos no Brasil uma aceleradora de carreiras que tem quatro anos. São meninas negras, para crescer na empresa. Temos que fazer acontecer. A gente trabalha atacado e varejo, na minha linguagem. Varejo é quando a gente faz um micro, mas todas nós temos uma meta macro. Porque você fala que não sou política. Não sou política partidária, mas todas as 50 mil mulheres são políticas. A gente cuida do Brasil e a gente quer interferir.

PB: Da sua intuição, dessa sua inteligência emocional, me admira muito a sua leitura psicológica das pessoas. Você é uma psicóloga meio inata. Então te pergunto: o problema que trava o empreendedor é o medo de errar? Perder o medo de errar é um atributo indispensável?

LT: O que trava é a fragmentação que temos em todos os setores. A gente não tem plano estratégico para o Brasil até 2030. O Mulheres do Brasil até pegou um do Japão agora. Vamos pegar todos que existirem e estudar. Tem que ter um planejamento estratégico nos pilares: da educação, do emprego, da habitação e da saúde. Tem que ter um planejamento desses quatro.

PB: Um projeto nacional.

LT: É, um projeto nacional. Na primeira vez que fui ao Japão – dar uma palestra para brasileiros –, fiquei impressionada. Agora a gente pediu para o cônsul do Japão, através da minha amiga Tieko, e traduziu e estamos com ele aqui. Pedimos para fazer isso também na China. Estamos juntando todos os planejamentos estratégicos, todos os planos que foram feitos por tanta gente no Brasil. Todas as transformações nasceram para a sociedade civil. Então se a sociedade civil propuser... Senão você faz uma coisa e entra outra. O Simples [Nacional] foi uma ótima coisa para o pequeno empreendedor. Só que, hoje, ele pode registrar apenas uma pessoa. Até os escritórios de contabilidade de muitas das cidades tiveram dificuldade de entender as medidas. A gente tem que digitalizar o Brasil. De 3% a 10% é o que a gente paga de burocracia que não vai para ninguém. Não vai para o governo, não vai para o povo, não vai para ninguém. Temos que dar limites a isso. Mas, para isso, tem que ter um projeto. Porque começa uma coisa, entra outra; tira outra coisa, entra outra. Não conheço nenhum país que se desenvolveu sem um plano junto com a sociedade civil. Olha Cingapura.

PB: Um projeto de Estado, né? Não de governo.

LT: De Estado.

PB: Porque os governos mudam. Tem que ter um projeto de Estado.

LT: É igual ao SUS.

PB: Você está falando de digitalização. Na Índia, que tem seis vezes mais população que a gente, todo mundo está inserido digitalmente. O Estado conhece cada um dos cidadãos indianos. Aqui, precisou ter a pandemia para se descobrir que tinha 30 milhões de pessoas invisíveis, sem CPF, sem nada.

LT: E não precisa inventar a roda. Há muito tempo, quando eu era do conselho do governo – quando tinha isso –, a gente descobriu que tem um cartão, já pronto, que você não precisa ter nenhum outro documento. Aquele cartão já estava criado. Não tinha nenhum ministério para fazer ele existir. Mas, com esse cartão, a pessoa teria todos os documentos num só. Você teria uma identidade no cartão e faria tudo com ele.

PB: Luiza, você era uma menina muito danada? Fico imaginando você menininha, devia ser um azougue. Você já tinha esse jeito desde pequenininha? Tinha esse jeito com pessoas, com gente? Sempre teve esse jeitinho?

LT: Ah, o pessoal fala que eu tinha, Bial. Mas tive sorte também de nascer numa família muito empreendedora. Sou filha única. Minha tia, que fundou a empresa, também não teve filho. E tive convivência com duas mulheres que tinham inteligências diferentes. A minha tia, que é viva até hoje, e fundou a empresa, nunca vi um espírito empreendedor igual ao dela. Ela fez muito sacrifício para comprar, foi vendedora em outro lugar. Nunca escutei, na minha vida: "A gente não pode, não tem dinheiro." "Vamos trabalhar que o dinheiro vem." Às vezes, quando a gente era menor, tinha alguém vendendo uma coisa, ela falava: "Marca para mim, eles ainda vão me pagar o almoço." E ela não tem um pingo de inteligência emocional. Ela queria que todo mundo fosse igual a ela. "Para que você precisa dar curso para os outros? Eles têm que saber que têm que tratar bem o cliente, que têm que fazer isso, têm que fazer aquilo." E minha mãe, que teve muita inteligência emocional. Quando eu chegava da escola reclamando alguma coisa da professora, ela falava para mim: "Mas o que você vai fazer para a professora te escutar?" Então a minha mãe nunca me deixou levar problema para casa. Sou uma pessoa que nasceu tendo que criar soluções para mim mesma. Acho que isso me ajudou muito. As minhas amigas falam. Eu era muito assim: eu estudei num colégio que nem era o melhor, era o segundo melhor de Franca, mas, quando tinha excursão para Poços de Caldas, eu estava lá liderando. Nunca tive medo de assumir algum tipo de liderança. Mas não fui nenhum tipo de pessoa excepcional, não.

PB: Você diz que a sua mãe transmitiu para você... Acho tão inteligente, tão bacana esse conselho. Ela falou: "Filha, não pega culpa. Não pode pegar culpa." De que ela estava falando? De que culpa as mulheres padecem? A que ela estava se referindo?

LT: Bial, você tem bastante filho, né? Então você sabe que filho é a coisa que mais muda a vida da gente. Tem um marco: antes e depois de ter filho. Para o homem e para a mulher, é mais ainda. Você pode casar, ficar rica, ganhar dinheiro, mas o filho é o que te faz pagar a língua, é o que te faz ser mais humilde, é o que você não terceiriza de jeito nenhum. Quando nasceu o meu primeiro filho, eu trabalhava na loja, eu trabalhava sábado. Tive três filhos em três anos e meio, e a minha mãe, muito inteligente, passou uma noite comigo. E falou: "Olha, você vai ficar acordada e eu também, então você cuida e, se precisar, me chama." E ela falou assim: "Olha, a coisa mais importante que você vai ter na sua vida é isso. Mas não tem receita, minha filha. Tem mãe que trabalha fora e tem filhos ótimos. Tem mãe que trabalha fora e tem filhos péssimos. Tem mãe que fica em casa e... É bom senso e muito amor. Você vai carregar isso para toda a vida. Mas não pegue culpa." Aí ela ainda disse: "Mas se prepara. Se o filho for bom, foi Deus que ajudou. Se for ruim, foi porque você trabalhou fora. Então não tenha expectativa de você ser elogiada como mãe."

PB: Então você foi formada para não ficar se culpando. Mas também há uma atitude, que está muito disseminada hoje em dia – nas redes sociais, nas discussões, no debate público –, de botar a culpa de tudo no outro. É tudo o outro. Aponta o dedo e aponta a culpa. Qual é a melhor maneira de quebrar esse vício?

LT: Estou numa fase em que, quando os outros começam a dar muito problema, eu falo: "Olha, gente..." E a gente já sabe: "Vamos encontrar uma solução?" Não sei te explicar. Fui criada para dar solução, não fui criada para ter problema. E não é que a solução está dentro de mim. Os outros me acham inteligente, mas eu pergunto. Vou juntando no caos. Você lembra quantas perguntas te fiz quando te vi? Vou juntando, vou juntando... E, de repente, sei somar os QIs. Ah, e também, se alguém começar: "Não, não fui eu que fiz, foi alguém que fez." Eu falo: "Então fui eu. Pode fazer certo, porque fui eu que fiz." Não acho ruim de jeito nenhum. No Mulheres do Brasil, a gente conseguiu que ninguém reclamasse, apontasse dedo, e sim que a gente aponte solução. É uma cultura que, quando entra na empresa, quando entra na família, muda. Você tira as picuinhas que existem.

PB: Mais uma coisa da personalidade do brasileiro. Você já falou muito disso, usando a expressão do Nelson Rodrigues, "o complexo de vira-latas". Mas é mais do que isso, é: ou a gente se acha o pior do mundo – o cocô do cavalo do bandido –, ou a gente se acha o melhor do mundo. A gente não vai nunca quebrar esse negócio, não? Encontrar um meio-termo? Como é que a gente faz?

LT: Enquanto a gente não enfrentar o período de escravidão que nós vivemos, entendendo a escravidão, não vamos sair disso. Vamos analisar. O Brasil teve 300 anos de escravidão. O Brasil é o que mais trouxe negro que não queria vir, diferentemente do refugiado. O Brasil teve uma péssima abolição. As pessoas foram jogadas na rua, sem comida, sem trabalho, sem estudo e sem moradia. E a gente nunca enfrentou isso. Além do efeito dessa miséria que nós estamos vendo, qual é o efeito emocional – que agora, na epidemia, eu senti muito? Ou nós somos o colonizador, ou nós somos o colonizado. Repara para você ver. A gente tem ou a China ou os Estados Unidos ou Portugal. Com todo o carinho. Tenho uma filha que é neta 50% portuguesa. Não estou aqui falando nada. Mas a gente não teve o papel de protagonista. E esse papel continuou durante todo o tempo. Na primeira vez que fui naquele Museu Afro-brasileiro, dentro do Ibirapuera, me senti muito mal. Quando você escancara a escravidão... É que enquanto a gente não assumir que isso deixou um resíduo, inclusive psicológico e de postura nossa, não tem jeito. É muito grave isso. Porque você apanhava e tinha que servir. E, depois, temos muitos anos de coronelismo. São os dois papéis de que você falou agora mesmo: um manda e o outro obedece. Temos muito pouco tempo de democracia.

PB: Você, como a gente já falou várias vezes, não faz política partidária, mas faz política para chuchu. E tem propostas claras. Por exemplo, com que reforma política você sonha?

LT: Primeiro, com a reforma administrativa. Tem que ter uma reforma do sistema, senão vamos enrolar de novo. Tem que enxugar a burocracia. Tem que unir as coisas. Tem que ter uma proposta nova, como você falou.

PB: Quando você fala em reforma administrativa, é descentralizar?

LT: Não é só isso. Da forma burocrática, do sistema do jeito que está, sem a reforma administrativa, vão fazer a reforma tributária que vai ter que jogar imposto de novo em quem tem renda. Isso não pode. Tenho me colocado – eu, Luiza Helena, não sou ligada a nenhum órgão, não dá para ter aumento de esforço na cadeia, tem que gerar emprego. Mas como o Estado vai arrecadar mais? É fazer mais com menos. O informalismo está aí, batendo. Quer dizer, quanto mais imposto, menos vai ter a pessoa que não paga imposto, menos o Estado vai tirar de quem está gerando emprego.

PB: Vou fazer um pingue-pongue. Perguntinhas, respostinhas. Qual é a primeira coisa que você faz quando você acorda, ao abrir os olhos?

LT: Falo com a minha filha em Portugal, cinco e meia da manhã. [Risos] Eu durmo quatro horas por noite.

PB: Você acorda às cinco e meia e vai dormir a uma?

LT: Durmo só quatro horas por noite há muito tempo, Bial. Isso me ajuda muito também, viu, gente?

PB: Que força. Aí você fala pelo celular e vê as notícias? Não, aí depois você fala com ela?

LT: Eu vejo as notícias constantemente. Sou muito novidadeira de notícias. [Risos] Eu sigo blogueira, sigo novela. Não tenho nenhum preconceito.

PB: De que o brasileiro mais precisa, hein?

LT: Ele precisa de rumo. Saber onde vamos chegar.

PB: E para isso, para o brasileiro ter rumo, ele precisa de um líder. Qual é o segredo de um líder?

LT: O líder é aquele que leva as pessoas mais longe do que elas acham que podem ir. E, para isso, você tem que também chegar mais longe. Mas não acho que só um líder vai resolver. A sociedade civil precisa se unir. Não acredito em nenhum líder mitificado para resolver o problema do Brasil. Eu não acho possível. Por isso, gosto de grupos iguais ao

Mulheres do Brasil, ou outros grupos, que trabalham o Brasil pensando no Brasil e querendo fazer o Brasil.

PB: Vem cá, para terminar. O que vale mais do que o dinheiro?

LT: Para mim, o dinheiro não vale tanto quanto a gente acha. O que vale mais do que o dinheiro é a saúde e o propósito das pessoas. Porque, quando você tem um propósito, você não envelhece. Se você luta só pelo dinheiro, aí você tem um avião, e você quer ter dois. De repente... Não muda muito a sua vida. Lógico, ganhar é bom, é importante. Mas sou movida a propósitos, Bial. Minha vida é de propósitos, desde que eu tinha 12 anos eu pensava assim: "Por que uma empresa ganha dinheiro, e as pessoas não são felizes? Por que são felizes e não ganham? Por que eu não posso ter uma empresa em que as pessoas são elas mesmas?" A minha mãe falava: "Para de brigar no colégio por causa de igualdade social, menina." Então, assim, sou movida a propósitos.

PB: Meu amor, muito bom falar com você. Obrigado, Luiza. Se cuida. Tudo de bom, meu amor.

LT: Obrigada, Bial. Obrigada.

WILLIAM BONNER
Um desabafo

PEDRO BIAL: Se nossa celebração aqui dos 70 anos da televisão tivesse bolinho, os seus 24 anos à frente do cinquentão *Jornal Nacional* o habilitariam a soprar as velinhas – o que certamente faria no tom certo, nem mais nem menos. Sem adoçar o brigadeiro, numa paráfrase, aqui, de João Cabral de Melo Neto.[1] William Bonner, onde está você?

WILLIAM BONNER: Bom dia, Bial. Estou aqui com você, com muita honra. E emocionado por ter sido objeto de um poema teu em prosa. Obrigado.

PB: João Cabral diz que não se deve poetizar o poema, não se deve perfumar a flor. E disso você entende muito, porque é a busca pelo tom certo de uma elocução. Você tem esse gosto pelas palavras. Sei que você é um apaixonado pela língua. Mas também recorre à intuição, como o nosso mestre Cid Moreira,[2] que era a intuição pura, né? Você reflete, respira, pensa, para encontrar o tom que vai dar para cada notícia? Ou isso vai no intuitivo?

WB: Como o nosso trabalho depende fundamentalmente de que as pessoas estabeleçam conosco empatia, temos que buscar uma forma de nos expressarmos que permita essa empatia. Se nós falarmos como robôs, não tem empatia. Se falarmos como atores, melodramáticos, também não tem, a gente cai no ridículo. Achar o equilíbrio entre uma coisa e outra... A não ser que você tenha nascido para fazer isso na sua vida. E, definitivamente, não é o meu caso. Apanhei muito, no início da minha carreira para encontrar um tom. Pedro, não estou brincando, até hoje busco esse tom. Na cobertura atual do coronavírus, estou encontrando um tom de apresentação que é diferente do que havia 4 meses atrás. E eu te diria que a diferença, tecnicamente falando, está em pausas. Estou me permitindo respirar. Não é que eu não respirasse antes, mas agora estou respirando na minha necessidade de respirar. As pausas não são pausas dramáticas, são pausas de respiro. Porque qualquer pessoa que naturalmente estivesse se dirigindo a outra para falar do que estou falando, e do que Renata[3] tem falado comigo, ao meu lado, minha parceira, precisaria de uma pausa para respirar.

PB: Bonner, por falar em pausa, preciso dizer que estou sinceramente preocupado com a segurança dos repórteres em Brasília, e não só lá. Mesmo agora, que empresas, televisões, jornais, inclusive o Grupo Globo, decidiram não mais enviar profissionais para aquele chiqueirinho, aquele cercadinho na saída do Palácio da Alvorada, onde eram diariamente xingados, insultados, ameaçados... Ainda assim, temo que um incidente mais grave ocorra a qualquer momento.

WB: Na verdade, a sensação que tenho é que se criou toda uma situação exatamente para tornar muito difícil o trabalho. Mais um passo, mais uma ação para nos dificultar, para impedir que o trabalho da imprensa seja feito. E essa intolerância que vejo ter surgido não nas ruas, mas no ambiente virtual... Foi no ambiente virtual que isso surgiu de uma maneira muito assustadora. Acompanhei de perto. Eu era um frequentador do Twitter, fui um dos primeiros, entre os colegas, a abrir uma conta de Twitter. E eu não usava a conta para trabalho, usava para me divertir. E me diverti muito lá. Só que também acompanhei, num dado momento, uma mudança de ambiente ali. O que era diversão – e diversão boba, diversão infantil mesmo, em muitos casos, e, portanto, especialmente divertida – foi se transformando no que chamo hoje de campo de batalha. Hoje muito raramente entro em rede social. Entro às vezes por dever de ofício mesmo. E ainda me assusto com a bile, com o ódio que escorre nas palavras, nas palavras mal-escritas, nas palavras cuspidas. É um ódio tão intenso que a gente não sabe a que levará. Aí a gente sai das redes sociais e vai para as ruas, e assiste a essa mesma incivilidade. Tive a oportunidade de ver e de experimentar isso, sobretudo em período eleitoral. A cada eleição, isso vai piorando.

PB: A sua quarentena começou quando? A sua quarentena pessoal, de não poder sair à rua.

WB: As minhas bochechas mostram que a minha quarentena não começou há 2 meses, né? Começou no último ano eleitoral, em 2018, quando a polarização política chegou a um ponto que a minha presença em determinados locais públicos era motivadora de tensões. E percebi isso de maneira muito ruim, dentro de farmácia, dentro de livraria, na calçada, na rua, dentro de padaria, dentro de cinema.

PB: Você era agredido?

WB: Verbalmente agredido, insultado, desafiado. Dentro de uma padaria, numa manhã de sábado, no bairro da Lagoa. Uma cidadã embriagada, às 10 horas, se viu no direito de me insultar, em público e aos brados, a um palmo e meio de distância do meu rosto. E não posso reagir a uma coisa dessa. Tudo o que posso dizer é: "Não faça isso, não faça isso." E as outras pessoas, em volta, num constrangimento atroz. Um constrangimento que não tem fim. E eu, no meu constrangimento, querendo me livrar de uma situação em que estou sendo alvo de um insulto, mas olha que maluquice isso: eu me sinto culpado de estar sendo insultado na frente de outras pessoas e, com isso, estar estragando o dia das outras pessoas. Elas estão tomando um café, estão comendo um pão na chapa. Tem gente hoje me aplaudindo, que estava dois anos atrás, três, me xingando. E pessoas que hoje estão me xingando, dois, três anos atrás, batiam palmas. E não estou falando só de mim, mas de toda uma categoria profissional. Tenho consciência de que sou um símbolo. O que, para nós, foi o nosso querido Cid Moreira, eu sou hoje para alguns tantos milhões de brasileiros. Brasileiro que tenha hoje 30 anos de idade, diria até mais, 34 anos de idade, que tinha 10 quando entrei no *JN*. Sou o *JN* para essa pessoa. E, se sou o *JN*, sou o jornalismo da Globo. Sou a Globo, sou o jornalismo, sou a mídia. Simbolizo muitas coisas para muitas pessoas que não me conhecem, não sabem quem eu sou. Uma vez me perguntaram, quando eu frequentava rede social: "Qual é o William Bonner real? É o da televisão ou é o da rede social?" Era o da televisão, o da rede social, o que não está nem na TV nem na rede social, o filho da Dona Maria Luiza e Doutor William, o pai de trigêmeos, o amigo e colega de redação, o pereba no jogo de futebol. Eu sou esse cara aí. Sou esses caras todos aí. Mas as pessoas não sabem.

PB: William, você falou dos seus pais, que os perdeu num intervalo muito pequeno de tempo. Foi o seu pai, depois foi a sua mãe. O fato de você ser o rosto de uma instituição acabou interferindo profundamente na sua vida, nesse momento pessoal de perda de pais. De que maneira? Qual foi esse preço pessoal? Você pode contar para a gente?

WB: Meu pai convalesceu de uma doença durante três anos mais ou menos. E quando percebemos que não teria jeito para ele, que estava piorando – foi no início de 2016 –, tomei a decisão de ir todos os fins de semana do Rio para São Paulo para vê-lo. Só que já era um momento muito difícil. Pegar avião naquela época já estava difícil. Você corria muito risco, sendo jornalista, de ser alvo de hostilidades e humilhações. Então passei o ano de 2016 indo para São Paulo, em todos os fins de semana, até a morte do meu pai, de carro. E, aí, minha mãe adoeceu. Teve o diagnóstico de uma doença, também muito parecida com a do meu pai, no finzinho de 2018. E passei a ir todo fim de semana para ver minha mãe, de carro, eu e Natasha.[4] E minha mãe faleceu, eu e Natasha estávamos com ela no hospital. Mas ela faleceu no finzinho de abril. Dessa forma me afeta isso tudo. Porque é como se fosse uma quarentena, você não poder pegar um avião com tranquilidade nem para ver um parente doente. E afeta os meus filhos. E afeta a todos nós. Meu filho tem sido alvo de estelionato há três anos. Quando ele sofreu um acidente de carro, alguém pegou a habilitação dele e botou na internet. Supostamente para denunciar que estava fora da validade. O problema é que aquela era a primeira habilitação dele, e ele estava com prazo para pegar a próxima, estava com prova marcada para isso e tal. Já tinha o protocolo inclusive. Mas o sujeito viu que era meu filho e resolveu prejudicá-lo. E ele prejudicou muito. Tenho advogados constituídos para ficar desfazendo empresas abertas em nome dele. Na semana passada, às cinco para as oito da noite, recebo um telefonema da comunicação da Globo alertando para o fato de que o jornal

Meia Hora tinha informações e documentos que comprovavam que meu filho teria pedido ajuda de 600 reais do auxílio emergencial, o que é obviamente uma insanidade, isso não existe. Que pude fazer? Ligar para o advogado, pedir para ele entrar em contato com o jornal, mandar toda a papelada que comprova que estamos tentando combater todo tipo de fraude com o meu filho. E alertamos a Caixa [Econômica Federal] para que não efetivasse o pagamento. O jornal, muito corretamente, não publicou na quarta, porque viu que estávamos dizendo a verdade. Mas o jornal, também muito corretamente, foi investigar em Brasília. Na quinta-feira de manhã, meu filho já estava recebendo insultos em rede social. E aí agi pelo instinto, sou um pai. E o instinto me fez escrever um texto. Voltar à rede social apenas com o objetivo de apresentar uma denúncia. E, aí, coisas estranhas aconteceram. Porque, ótimo, toda a imprensa deu visibilidade a isso. Mas circularam pela internet vídeos que o acusavam de ter feito efetivamente o pedido e de ter recebido. E cobravam isso do pai e da mãe, de William e de Fátima. E dele. Tinha um sujeito chamando o meu filho de cafajeste, ou a mim mesmo. Era algo de dar engulhos. Só posso intuir uma coisa, Bial: esse material estava pronto antes de eu vir a público. E, se o material estava pronto, tendo a achar – é uma suspeita – que quem quer que tenha escrito o nome do meu filho nesse programa pertence a um grupo, ou agiu solitariamente, fez isso para que o filho do âncora do *JN*, da apresentadora de entretenimento da Globo, aparecesse como alguém que tivesse feito algo muito feio e encurralasse essas pessoas. Eu só posso acreditar. E eu provo? Não tenho como provar.

PB: Vamos em frente. Você tem toda a nossa solidariedade, você sabe disso.

WB: Obrigado.

PB: É muito difícil se defender de ataques assim, tão covardes. Mas é evidente o caráter doloso de tudo isso. Vamos falar do que você faz tão bem: jornalismo. O comandante do Exército, Edson Pujol, disse que o coronavírus é o maior desafio de sua geração. Você diz a mesma coisa com relação ao jornalismo, né? O que te preparou para isso?

WB: A minha carreira me preparou para isso, Bial. Mas eu digo a você também, com absoluta honestidade, tem dias em que olho para o noticiário e penso: "Nossa, talvez eu precisasse de mais uns 10 anos de carreira para cobrir isso com a certeza de que estou fazendo tudo o que posso como jornalista." Porque é algo avassalador. É, fora de comparação, aquilo que de mais terrível já tive que fazer na vida profissionalmente. E já cobri coisas muito tristes. Mas não consigo encontrar nada que tenha mexido tanto com a humanidade. E, neste momento, não há. Neste momento, o maior perigo que temos são os negacionistas. Os negacionistas são um perigo porque eles têm, hoje, um poder de comunicação direta muito maior em redes sociais. Então quando se espalha fake news, informação falsa, equivocada, ela tem um efeito avassalador. E isso revela, para terminar essa digressão aqui, a infinitude das possibilidades da maldade humana. O que você diz de uma pessoa que inventa um boato dando conta de que certa vacina mata ou produz um efeito ruim? Ou o contrário. Alguém que inventa uma informação de que determinado medicamento está salvando as pessoas? O que é isso se não a maldade? Porque a pessoa sabe que aquilo não é a verdade.

PB: William, é muito difícil equilibrar um noticiário que tem uma tétrica contabilidade de mortos todos os dias. Nós, jornalistas, não podemos sonegar essa informação. E, ao mesmo tempo, equilibrar isso, dar um mínimo de leveza, para que o noticiário não se torne insuportável. E momentos de destaque de um noticiário amplo como esse, momentos marcantes, não foram necessariamente noticiosos. Aquela ideia do dia 23 de março, depois daquela escalada de notícias inicial. Vocês pararam tudo no jornal, antes de começar, para pedir calma.

[Mostram William Bonner e Renata Vasconcellos na bancada do *Jornal Nacional*.]

WB: Antes de começar a apresentar as notícias de hoje, a gente vai fazer uma pausa. Porque é muita informação, todo dia, o tempo todo, sobre o coronavírus, sobre o desafio que o coronavírus impõe ao mundo todo. Então, você já ouviu as manchetes de hoje, já sabe quais são os destaques, e a gente vai fazer essa pausa. Primeiro, para dizer simplesmente o que a gente fica repetindo um para o outro aqui também: calma. Não dá para começar o *JN* de hoje sem pedir calma.

RENATA VASCONCELLOS: É isso. Assim como não dá para deixar de repetir que o mundo e o Brasil vivem, sim, uma crise que é grave, é muito grave. E, para atravessar essa crise, as autoridades de saúde recomendam alguns cuidados especiais. E a gente precisa prestar atenção a todos esses cuidados. Não é?

WB: Isso. Mas olha o porquê dessa pausa aqui no *JN* hoje. A gente também precisa respirar, a gente precisa entender que essa crise vai ter altos e baixos, vai exigir sacrifícios. Mas, no fim, o Brasil e o mundo vão superar. Apesar da aflição, apesar da dor que muitas famílias estão enfrentando, e outras ainda vão enfrentar, a gente vai superar esse momento junto.

PB: Como foi essa decisão? Como vocês chegaram a isso?

WB: As duas grandes atitudes nossas que surpreenderam as pessoas foram ideias e demandas do Ali Kamel, nosso diretor de jornalismo. Especificamente essa do "calma". Ele enxergou a coisa e falou: "Do jeito que a coisa está indo, nós precisamos, antes de apresentar as notícias, dizer às pessoas que tenham calma, que façam uma pausa para respirar e compreendam que é grave, mas que nós vamos sair dessa." A humanidade já passou por perrengues terríveis. Esse é, sem dúvida, o maior que nós tivemos e, espero eu, que teremos oportunidade de experimentar. Espero não passar por outro perrengue desse em vida. Quem dera nunca mais acontecesse nada parecido, né? Sei lá. E aí eu redigi o texto de abertura para atender àquela demanda do Ali. E teve uma repercussão enorme.

PB: Antes da pandemia, a gente já vinha há alguns anos, no Brasil e no mundo todo, presenciando uma onda de ataques ao jornalismo, à ciência, à cultura, à própria ideia de conhecimento. E muitos agora se sentem docemente vingados. Olha só como o jornalismo, a ciência e a cultura são a base do convívio social, e, nessa hora, isso fica evidente. No meio dessa tragédia, você se permite sentir orgulho do seu trabalho?

WB: Muito. Todos nós. O jornalismo profissional experimentou algo inimaginável há quatro meses, que foi a reconquista de um público... Não que desconfiasse da gente, nada disso, mas um público que, num dado momento, pelo fato de estar sendo bombardeado hoje de informação o dia inteiro – a oferta de informação é muito grande –, se sentiu meio que desobrigado a acompanhar o jornalismo profissional. Juntando lá pedacinhos, achava que estava tudo ok. E não está tudo ok. No fim do dia, ali, no *Jornal Nacional*, a gente meio que organiza a bagunça. Tipo: "Ó, eu sei, você foi bombardeado o dia inteiro por informação. Mas duas coisas a gente vai fazer aqui para você. A primeira é: aqui não entra fake news. Aqui não entra uma porção de bobajada que andaram espalhando ao longo do dia e que você, muito humanamente, pode ter ficado em dúvida se era verdade ou não. E pode ter acreditado. Mas não... Aqui não tem isso, não tem." Então, separar joio e trigo. E depois é: organizar. Organizar de tal forma que, em casa, ao fim do dia, o espectador possa refletir sobre o encadeamento dos fatos – não dos fakes. Quando os fatos são organizados com uma lógica, fica mais fácil entender. Qualquer fato desconectado de um contexto é muito mais difícil de compreender. Essa organização tem um valor enorme, muitas pessoas redescobriram esse valor enorme. E ainda temos que considerar o papel civilizatório, digamos assim, que nós, jornalistas, achamos que temos. Será que temos mesmo? Mas nós achamos que temos. E o papel civilizatório ganhou enorme relevância, num momento em que a incivilidade começou a campear, mesmo em terrenos inimagináveis antes. Aqueles terrenos de onde você acha que só emergiria ciência, certeza, responsabilidade. Não. Desses locais começou a emergir o oposto: a irresponsabilidade, o dano, a bile, o preconceito, o revanchismo, em alguns casos. E aí você se vê como um jornalista profissional, seja lá em que veículo for da imprensa séria, profissional. Mas você se vê na obrigação de: um, cobrir os fatos; dois, desmentir os fakes; três, tentar cobrir também, com distanciamento e serenidade, as crises paralelas que vão surgindo – inclusive e sobretudo de natureza política – desta irresponsabilidade a que me referi.

PB: William, o que é patriotismo para você? Houve uma declaração, há uns dois ou três dias, do Spike Lee, aquele grande cineasta norte-americano: "Sempre fui patriota. Para mim, patriotismo é quando você diz a verdade para o poder." Você assinaria embaixo disso? Qual é o seu patriotismo?

WB: Nossa, que espetáculo. Bial, muito obrigado por me apresentar este conceito.

PB: Esta frase linda.

WB: Que frase linda, digna do Spike Lee. Concordo, claro que sim. Há alguns anos, já nem lembro mais exatamente por quê, fiz uma defesa do conceito de patriotismo, contra aquilo que considero ser uma injustiça histórica. O movimento de 1964, o golpe, a ditadura militar, esse conjunto de coisas produziu um enorme preconceito em relação ao que vem a ser o patriotismo. Porque pareceu, sobretudo à nossa geração, que patriotismo era algo ligado ao "Pra frente, Brasil",[5] "Ame-o ou deixe-o".[6] Não é? Ao militarismo. E não enxergo assim. Acho muito bonito o conceito de pátria. Nós queremos o bem da pátria. E querer o bem da pátria é querer o bem de cada um, é querer um país menos desigual, o menos desigual possível. Um país que ofereça oportunidades, que cresça, em que a gente possa estudar, trabalhar, crescer, se desenvolver, fazer família, ficar sozinho, se quiser ficar sozinho. Ter liberdades, saúde, segurança. Querer tudo isso, defender tudo isso para uma nação, acho que é uma visão patriótica. E isso não tem nada a ver com aquele conceito ruim da época dos regimes militares. Eles se apropriaram desse conceito como se fossem os donos da possibilidade de patriotismo. Mas esse conceito do Spike Lee é maravilhoso. Exatamente isso.

PB: É. Agora, antes de encerrar, vamos ver um momento bonito. Apesar de termos trabalhado cada um num canto – às vezes, eu, na Europa, você, no Brasil –, muito pouco juntos, tomamos um banho de Brasil em 2006. Você foi apresentar o *Jornal Nacional*. Acho que é Juazeiro do Norte.

[Mostram Fátima Bernardes na bancada do *Jornal Nacional*, em 2006]

FÁTIMA BERNARDES: Boa noite. O *Jornal Nacional* completa hoje mais uma etapa do projeto especial "Eleições 2006".[7] Ontem, o William Bonner apresentou o *JN* ao vivo de Petrolina, Pernambuco. E hoje, William, onde você está? Boa noite.

[Aparece William Bonner em Juazeiro. Atrás dele, uma multidão que grita com ânimo para a câmera, em torno do monumento em homenagem a Padre Cícero.]

WB: Boa noite, Fátima. Hoje nós viemos para Juazeiro do Norte, no Ceará. Um público aqui muito animado, um símbolo da fé de milhões de católicos nordestinos, que atrai peregrinos devotos do Padre Cícero, Padim Ciço, representado nessa estátua imensa, na região do Cariri. Com a gente estão aqui os colegas da TV Verdes Mares, a filiada da Rede Globo no Ceará, e, mais uma vez, claro, o comandante da *Caravana JN*, Pedro Bial. Boa noite.

PB: Boa noite, William Bonner. Este é um lugar sagrado, o maior centro de romarias do Nordeste. Por ano, passam por aqui cerca de 2 milhões de romeiros. Em vida, Padre Cícero foi cassado pela Igreja. Mas a devoção do povo só fez e só faz aumentar, crescer. Assim como a cidade que ele apadrinhou, a sofrida e altiva Juazeiro do Norte.

PB: William, quanta gente. Eu lembrava que tinha muita gente, mas não imaginava que era isso, não. São 14 anos atrás, e hoje seria impensável apresentar o *Jornal Nacional* de qualquer cidade, porque certamente não haveria paz para isso. Será que algum dia a gente vai ter isso de volta?

WB: Acho que não. Que legal vocês separarem esse trecho, porque me emocionei muito e me emocionei de novo agora de ver. De tudo o que vi, Juazeiro do Norte, para mim, foi o máximo. Não vou esquecer nunca a imagem de você erguendo o chapéu e fazendo o movimento com o chapéu, e milhares de pessoas acenando para você, Bial. Que comunhão linda, aos pés do Padre Cícero. Hoje, infelizmente, isso seria impossível. Porque, hoje, você teria grupos para hostilizar a simples presença de uma câmera de televisão, da imprensa. Poderia ser agredido fisicamente. Você, eu, todo mundo. Os tempos ficaram realmente diferentes. E não melhoraram, não. Aquele projeto me ensinou, Bial, muita coisa. Sobre o Brasil, sobre as nossas possibilidades, por intermédio das suas reportagens lindas e do seu talento. E me ensinou, nos encontros que tivemos, para a vida, como a gente deve ser grato ao carinho do público. Esses momentos de congraçamento, esse aprendizado de, com um sorriso e com um olhar nosso, carinhoso, poder dizer assim: "Muito obrigado por esse teu carinho. Muito obrigado. Eu sou grato a você." Isso é para a vida. Por isso que, hoje, quando alguém chega com um celularzinho na mão, assim: "Ah, posso te incomodar?" Eu falo: "Você não me incomoda, vamos tirar a foto."

PB: Incômodo nenhum. Mas, olha, quero acreditar que esse Brasil da tolerância, da conciliação, ainda existe. Está oculto, adormecido, chame como quiser, mas isso é o que vai nos dar força para seguir com o nosso projeto de nação, que é um projeto de todos nós. Eu queria te agradecer muito. Te agradeço, William, não só por essa conversa, mas principalmente agradecer pelo trabalho extraordinário que você e a equipe do jornalismo da Globo estão fazendo nesse momento, mostrando o quão vocês são imprescindíveis. Muito, muito obrigado, William, por tudo. Fica bem. Beijo em todos na família. Fica bem.

WB: Obrigado. Beijo. Muito obrigado.

Notas

1. João Cabral de Melo Neto (1920-1999), poeta e diplomata pernambucano.
2. Cid Moreira (1927-), jornalista, locutor e apresentador brasileiro. Foi âncora do *Jornal Nacional* de 1969 a 1996.
3. Renata Vasconcellos (1972-), âncora titular do *Jornal Nacional*, ao lado de William Bonner, desde 2014.
4. Natasha Dantas é esposa de Bonner.
5. "Pra frente, Brasil": canção composta para a Copa de 1970 que virou símbolo da ditadura militar no Brasil (1964-1985).
6. "Brasil: ame-o ou deixe-o", *slogan* ufanista criado em 1969 pelo governo militar de Emílio Garrastazu Médici.
7. Trata-se do projeto especial *Caravana JN*, que apresentou uma série de reportagens nas pré-eleições presidenciais de 2006. O projeto mostrava os desejos e necessidades da população brasileira no ano eleitoral e percorreu as cinco regiões do Brasil a bordo de um ônibus especialmente equipado. O comando ficou a cargo de Pedro Bial, que, com uma equipe de 15 pessoas, produziu a série *Desejos do Brasil*, exibida entre julho e outubro no *Jornal Nacional*.

PAULINHO DA VIOLA E ZICO

Um Maracanã de saudades

PEDRO BIAL: "Está deserto e adormecido o gigante do Maracanã." Esse era o bordão do lendário locutor – na época, dizia-se *speaker* –, Waldir Amaral. Ele encerrava as suas transmissões no estádio. E esse bordão está tão eterno quanto atual, porque está fechado desde março o Maraca.[1] A briga com um hospital de campanha e uma grande incerteza. Quando as multidões, os abraços, as multidões de abraços vão voltar? Vão voltar do jeito que eram, será? Para muitos, o velho Maraca, raiz monumental e democrática, não existe mais desde a reforma para a Copa de 2014, a Copa do sete a um. Desculpe falar nisso. O ex-maior do mundo faz, hoje, 70 anos, setentinha. E, para celebrar esse ancestral amado, que guarda tanto de nossas memórias e merece todas as nossas homenagens, a gente tem um clássico das multidões, um Vasco e Flamengo sem rivais. Com o maior artilheiro do Maracanã, Zico, e o supercraque do samba, Paulinho da Viola. Salve, salve, moçada.

PAULINHO DA VIOLA: Salve, Bial.

ZICO: Salve, salve mesmo. E você fez uma abertura dessa, aí, com Waldir do Amaral, que foi o cara que me deu o apelido de Galinho de Quintino, né?

PB: Foi ele? É, gênio é gênio, né?

Z: [Risos] E pegou. Não tem mais, não tem jeito. Boa noite, Paulinho. Prazer grande estar com você.

PV: Prazer enorme também poder estar aqui com você e o Bial. Muito prazer mesmo.

PB: O Chico Buarque, num samba maravilhoso que ele fez para o Ciro Monteiro, quando o Ciro deu uma camisa do Flamengo para a filha dele que tinha acabado de nascer, a Silvinha, falou: "Nós, separados nas arquibancadas/ Temos sido tão unidos/ Na desolação."[2] É o caso de vocês, esse laço aí entre vascaíno roxo e o maior ídolo rubro-negro? Como começou essa amizade, Paulinho?

PV: Acho que nós nos conhecemos lá no campo do Chico.[3]

Z: Estavam Paulinho, Djavan, João Nogueira. Foi um jogo meio que beneficente, e eu fui goleiro. Não lembro se o Paulinho jogou. Fui goleiro do time do Polytheama, que era o time do Chico.

PB: Mas você foi goleiro para não ser covardia, né? Tinha que botar o Zico no gol para não ser covardia, pô. [Risos]

PV: Tinha que ser goleiro mesmo. [Risos]

Z: É. Eu ia com o Fagner lá, passar final de ano. Conheço essa galera toda. [Risos]

PV: Ah, que legal que você tenha conhecido essa galera. Importante dizer o seguinte, Bial e Zico, eu tinha um amigo que era jogador profissional. Já estava assim mais em final de carreira, que era o Humberto Redes. E, ao lado do Afonsinho, do Ney Conceição e tudo, a gente estava sempre junto com os artistas, com músicos. Nós estávamos sempre juntos. Às vezes jogando uma pelada e tudo. E o Humberto estava no Flamengo. E eu me lembro de ele chegar uma vez para mim e falar assim: "Olha, tem um garoto lá no Flamengo que vocês vão ver o que que ele vai ser." E era o Zico.

PB: Você falou em música aí. O nome Maracanã. Ma-ra-ca-nã. Já é um nome... É sonoro, musical, né? Tem ritmo. Inclusive, maracanã é uma ararinha. É um projeto de arara, um periquito, que, em revoada, fazia barulho de chocalho. Aí os índios tupis chamaram de *maracanã*. Eu fiquei pensando. As nossas memórias do Maracanã são muito auditivas, né? Eu, por exemplo, adoro aquele som, quando a bola passa perto do gol e a torcida: "Uuuuuh". Aquele quase: "Uuuuuh." Para quem está dentro do gramado, Zico... Além do: "Mengooo." Além disso, de que mais que você lembra, assim, de arrepiar?

Z: Ah, cara. A música, né? Que a torcida do Flamengo cantava na nossa época: "Ó, meu Mengão, eu gosto de você." Os hinos também são bacanas. Você sabe que as minhas primeiras três idas ao Maracanã, como torcedor... A primeira foi em 1961, vendo Flamengo ganhar Rio-São Paulo, do Corinthians. A segunda, em que o Flamengo perdeu para o Botafogo, de três a zero, três gols do Garrincha. E não me deixou triste, porque o Garrincha era uma alegria, era uma coisa que todo mundo gostava. "Ah, o Garrincha fez os gols?" Ótimo, era a alegria do povo. E, aí, a outra foi o Fla-Flu, cara. A maior imagem que eu tenho do Maracanã foi desse Fla--Flu de 1963, que foi o recorde de público da história. E eu, com 10 anos. Foi zero a zero, mas o Flamengo foi campeão. E nunca mais foi batido esse recorde. Meu pai tinha duas cadeiras perpétuas, e, quando você saía do elevador e olhava aquela multidão, era a coisa mais linda. Ainda mais um Fla-Flu, né? Que você conhece bem, deve ter ido a muitos.

PB: Eu não esqueço dessa imagem do elevador abrindo, justamente nas cadeiras perpétuas. O meu pai também tinha cadeiras ali. E, no intervalo, ele ia conversar com o Nelson Rodrigues ali, na tribuna da imprensa, que era no meio das perpétuas.

Z: Algumas vezes, eu chegava mais cedo, e aí descia, ficava esperando o estádio encher, para pegar o elevador, para poder sair do elevador e ver o estádio cheio. [Risos]

PB: Era uma das sensações mais extraordinárias que eu já vivi.

Z: Exatamente. E isso é uma das coisas de que eu sinto muita falta, desse elevador. [Risos]

PB: É. Paulinho, se o Maracanã fosse um samba, seria um samba em tom maior, assim, para cima, ou em tom menor, dramático?

PV: Não, não, não. Tom maior, para cima, com certeza. Quando ia ao Maracanã, eu me divertia muito, porque, às vezes, o jogo não estava, assim, muito legal e tudo. Eu começava a prestar atenção na torcida. Aí que você descobria coisas incríveis. Era a manifestação da torcida. Não é à toa que naquele filme, *Garrincha, alegria do povo*,[4] tem algumas cenas em que a câmera se volta para os torcedores e fica neles, vendo a reação deles e tudo. Acho que isso é uma coisa, também, fantástica. Você não perdia nada no Maracanã. Você ia ao Maracanã e não perdia nada.

PB: Eu me lembro que eu levava a minha filha mais velha [ao Maracanã], mas quando ela era pequena. Ela olhava para a torcida e começava a chorar de emoção, só de ver a torcida, a beleza. Tudo bem, era a torcida do Fluminense, que é a mais bonita do mundo. Sou suspeito para dizer isso. Paulinho, quando você assistia aos jogos ao vivo, transmitidos pela TV Tupi, na televisão, qual era a vinheta musical da transmissão?

PV: Vou ver se eu me lembro Era uma coisa assim, começava assim [entoa a melodia da vinheta]. Se eu não me engano, acho que era isso.

PB: [Risos] Afinadinho.

PV: A gente, os garotos, a garotada, assim, em volta de uma televisão, da única televisão disponível. Era um monte de garotos ali, na casa da minha tia.

PB: Zico, até para lembrar da vinheta da TV Tupi o Paulinho é afinadíssimo, né? Canta no tom, afinado.

Z: [Risos] Verdade.

PB: Zico, quem foi o Zico do menino Arthur?[5] Quem foi o seu ídolo do Maracanã?

Z: Ah, o Dida.[6] E depois, meus irmãos, o Edu e o Antunes. E, no primeiro jogo que fui ao Maracanã, foi esse do Rio-São Paulo, o Flamengo ganhou do Corinthians de dois a zero, e o Dida fez um gol. Meus pais sempre disseram que, depois de pai e mãe, as primeiras palavras que eu falei, foi Dida. Porque, em 1955, o Flamengo foi tricampeão, com o Dida fazendo quatro gols. Meu pai era um flamenguista roxo. Meu pai chegou ao Brasil, o primeiro jogo a que ele assistiu – para você ver a coincidência – foi Flamengo e América. O América ganhou de quatro a um. E ele gostou da camisa do Flamengo, que era a cobra-coral lá e tal. E os filhos dele jogaram no América e no Flamengo. Cada filho que nascia, ele comprava um uniforme do Flamengo e dava para ele. E um da Seleção Brasileira também. Agora, todo mundo podia escolher. Democracia total. Podia escolher qualquer time, desde que fosse Flamengo. [Risos]

PB: [Risos] Que nem lá em casa. Democracia total, contanto que seja Fluminense. Lá em casa é ótimo, né? *Aqui* em casa.

PV: Eu tinha um amigo, já falecido, que dizia o seguinte: "Lá em casa, todo mundo é Botafogo. Nasceu, eu já ficava: 'Botafogo'. E, depois, quando entendia mais ou menos das coisas, eu dizia: 'Olha só, aqui, se não for Botafogo, não come'." Então todo mundo era Botafogo. [Risos] Na minha família, minha mãe era Flamengo; meu pai era Fluminense; meu irmão, Botafogo. Olha só, para você ver. Meu pai nunca pressionou a gente para torcer pelo Fluminense. Nem minha mãe, nem minha avó, para torcer pelo Flamengo. Nada disso. Comecei a torcer pelo Vasco porque, na época, fiquei sabendo, logo depois disso tudo, que o Vasco era um dos melhores times do Brasil. Naquela época.

PB: Vamos voltar à história do Maracanã. Porque é tudo mágico na história do Maracanã. Foi construído em cima de um dérbi, de um hipódromo, mas ali também são os vestígios arqueológicos da mítica Aldeia Campista,[7] do Nelson Rodrigues, da infância do Nelson. E, aí, depois, o Maraca ainda vai ser batizado, com a morte do irmão do Nelson, de Mário Filho. Aliás, nunca ninguém chamou o Maracanã de Mário Filho. Infelizmente, porque ele mereceria. Vocês acham que o Maracanã, aquela derrota em 1950, acabou imprimindo um caráter trágico ao Maracanã? Todo torcedor, quando sobe aquela rampa ali, já vai pronto para a guilhotina? Para a glória ou para a tragédia? Você acha que o Maracanã ganhou esse traço com aquela inauguração terrível do Maracanaço?[8]

z: Para o meu pai ganhou, Bial. Porque nunca mais ele foi ao Maracanã.

pb: [Faz cara de espanto] Sério?

z: Sério, ele foi àquele jogo e, depois, nunca mais. Ele nunca me assistiu jogar nem aos meus irmãos. Ele foi na Gávea[9] uma vez, com Edu. Aí queriam bater no Edu, ele começava a brigar. Não ia. Madureira, mesma coisa. Não me lembro do meu pai nenhuma vez no Maracanã.

pv: Ele não viu você jogar no Maracanã?

z: Não, não. Que eu saiba, não.

pv: Olha só.

z: A não ser que ele tenha ido escondido. [Risos]

pb: [Risos] Escondido ele não deve ter ido, não. Rapaz, mas que história extraordinária, Zico. Que coisa. Estou aqui com um livro aberto, com a bênção, com a cara do Nelson Rodrigues, que, quando o Zico ainda era Juvenil, disse: "Vai ser o melhor do mundo." Inclusive, por causa do Zico, ele vestiu a camisa do Flamengo.[10] Tem essa fotografia, né, Zico? De vocês dois.

z: É verdade.

pb: O que você guarda das palavras do Nelson sobre você, das crônicas dele?

z: Cara, essa daí a gente tem guardada lá como um grande troféu. Tive o prazer e a felicidade de conhecê-lo. E antes até de ele tirar a foto com a camisa do Flamengo – que não foi pedido nem nada, ele me recebeu na casa dele daquela forma, então foi um gesto muito bacana. Conheci o Mário Filho no *Jornal dos Sports*, lá, numa visita que fiz. Então, cara, o Nelson era uma pessoa extraordinária. Ele estava sempre à frente. E tinha o dom da palavra e da escrita. Para nós, do futebol, é a coisa... As crônicas. Ele, junto com o Armando Nogueira,[11] eram demais, os dois.

PB: É. Aliás, hoje eu lembrei do Armando Nogueira. Eu falei: "Vai ter um rubro-negro, um vascaíno, um tricolor. Quem é o botafoguense?" Eu falei: "Armando. Armando vai baixar para estar presente aqui, na nossa conversa." Zico, entre 1973 e 1989, você fez 334 gols, em 435 jogos. E, aí, aquela pergunta de jornalista chato, impossível de responder: "Qual é o gol que conteria a emoção desses 334?"

Z: O gol que mais me emociona nem é meu. Foi o gol do Rondinelli,[12] aquele do Campeonato Carioca, em que bati o escanteio, que muita gente lá na geral começou a me xingar, mandando eu ir para a área, em vez de bater o escanteio. [Risos] Eu vejo aquele gol, e ele sempre me emociona, porque aquilo foi a afirmação da nossa geração. Dali em diante, o Flamengo foi o que foi. Agora, gol meu, que eu tenho, assim, como um dos mais importantes, mais significativos, não foi final, não foi nada. Foi uma final, mas o primeiro jogo, contra o Grêmio, no Maracanã. A gente estava perdendo de um a zero. O segundo jogo ia ser lá em Porto Alegre. E faltavam três ou quatro minutos [para o fim da partida], o Júnior cruzou a bola, eu antecipei do Batista, bati cruzado e fiz o gol.

PB: Zico, você falou do pessoal da geral. Os famosos geraldinos, saudosos geraldinos. Qual era o perfil de um geraldino? Era desses que ficavam xingando na hora de bater o escanteio? O *corner*, como se dizia?

Z: É, o *corner*. Era aquele negócio. O cara gritava, te elogiava, mas te xingava também. E, ali, corneteava. A maioria dos caras que ficam em frente ao túnel, a maioria era para cornetear. A maioria era para fomentar algumas coisas. Já vi muito técnico ser demitido por causa daquela voz ali, atrás do banco. [Risos]

PB: [Risos] Eu estou lembrando de uma história maravilhosa, Zico. Que é a história do Tim,[13] grande Tim. Excelente técnico. Tinha um geraldino que ficava atrás dele. Eu não sei se ele estava no Fluminense e foi para o Flamengo, ou se estava no Flamengo e foi para o Fluminense – porque ele foi técnico de vários times. E tinha um geraldino atrás dele, do Fluminense: "Tim, você é burro. Tim, você é burro." Enchia o saco do Tim em todos os jogos. Aí o Tim mudou, saiu do Fluminense e foi para o Flamengo. O cara foi para trás do gol e continuou: "Tim, você é burro." "Porra, você não era Fluminense?" "Eu quero te ajudar, Tim. Eu gosto de você." [Risos] O geraldino, né?

z: Isso daí. Tem a história do Paulo Amaral, Bial. A mesma coisa.

pb: Qual?

z: Ah, o Paulo Amaral, ele saltou e foi lá querer brigar com o cara da geral. Pô, o cara chamando de burro. Ele foi jogar em Volta Redonda. Aí, ele tinha batido no cara. Quando começou o jogo, o cara, lá atrás do gol, gritou: "Paulo Amaral, eu estou aqui, hein?" [Risos]

pb: [Risos] Ó, e para a garotada que não sabe: o Paulo Amaral era totalmente careca, tipo o Yul Brynner —[14] e não era uma coisa tão comum quanto hoje, esse negócio de ficar careca –, e era um armário de forte, era forte para cacete. E vocês se sentiram traídos pela última reforma do Maracanã, antes da Copa de 2014?

z: Não é questão de ser traído. Acho que o Maracanã precisava. O Maracanã já precisava de uma reforma. Mas duas coisas, para mim, não poderiam ter acabado: a geral e o túnel, aquele que você sai para dentro do campo. Essas duas coisas poderiam ter sido mantidas. E, principalmente, pelo futebol e pelo poder aquisitivo do brasileiro. Você poderia fazer, para a Copa do Mundo, aquelas coisas que chamam de padrão fifa e tal. Mas, acabou a Copa do Mundo, aí é outra história. Porque a gente sabe que, Copa do Mundo, no Brasil, não são aqueles que assistem, não são aqueles que acompanham o futebol durante o ano inteiro. Principalmente pelo poder econômico. Então, para mim, a tristeza foi terem acabado com a saída dos jogadores, que acho que é sempre deslumbrante, e a geral, que é onde... Vários gols que eu fiz, dava vontade de pular naquele fosso e ficar por lá mesmo. [Risos]

pb: Vamos ver, agora, uma declaração de reverência ao Maracanã. Olha só, Paulinho.

[Mostram reportagem sobre o Amistoso Vasco *versus* La Coruña, de 1993.]

Repórter: Zico está vestindo a camisa do arquirrival do Flamengo, clube onde se consagrou e é um eterno ídolo.

z: Eu acho que é uma homenagem justa que o esporte brasileiro faz ao Roberto [Dinamite].[15] E eu, como amigo dele, pelo grande profissional que ele é, presto essa homenagem. Nem que fosse para jogar apenas 30 segundos. E eu acho que vestir a camisa do Vasco da Gama, um clube das tradições do Vasco, é um orgulho para qualquer jogador.

pb: Zico com a camisa do Vasco.

pv: [Risos] É. Isso foi... Acho que foi a despedida do Roberto?

pb: Foi, 1993.

pv: Eu fui também a esse jogo.

pb: Você estava lá?

pv: Estava lá, claro. E estava ao meu lado o Erasmo Carlos, que é outro vascaíno. E a coisa mais impressionante é que o Erasmo chorava. Vendo o Roberto jogar e vendo que ele não ia mais ver o Roberto jogar. E ele estava muito emocionado. Ele ficava, assim, enxugando as lágrimas. E era realmente emocionante. Nós, torcedores, tínhamos aquela reação, a do Erasmo chorando. E a gente vidrado ali no jogo, sabendo que era um jogo de despedida. Era uma coisa amistosa, não estavam disputando nada, mas era um jogo de futebol. E, para a nossa sorte, tinha o Zico jogando pela gente. [Risos]

pb: E, aí, é o seguinte: os dois Robertos da vida do Erasmo: o Carlos e o Dinamite. O Erasmo, que cantou... Na música "Pega na mentira", tem o verso: "Zico está no Vasco." A gente, agora, perdeu dois gigantes, dessa ligação entre música e futebol, entre Vasco e Flamengo e música. Moraes Moreira, grande rubro-negro, amigo de Zico, amigo de Paulinho.

pv: É, meu amigo também.

pb: E Aldir Blanc, um imenso vascaíno, né? Como era a sua relação com o Moraes, hein, Zico?

z: Ah, era fantástica. E, desde o início dos Novos Baianos. Fui assistir a muitos jogos deles com o Fagner, e fiz amizade com aquela galera toda. E, depois, o Moraes. A gente se aproximou mais quando fui vendido e ele fez aquela música maravilhosa, que toca mais, que mexe um pouco com o coração. Ele transmitiu o que o torcedor sentiu quando fui para a Itália. Que ele fala: "Agora, como é que eu fico/ Nas tardes de domingo/ Sem Zico/ No Maracanã?".[16] Então a gente criou uma amizade muito grande. Nos encontramos várias vezes. E ele era um cara realmente espetacular. E jogava essas peladas todas, aí, que o Paulinho jogava.

PB: E, Paulinho, o Aldir Blanc era um vascaíno para além da vida e da morte?

PV: Era uma coisa assim... Eu me lembro... Às vezes a gente se falava por telefone. Porque ele era uma pessoa muito reservada e muito reclusa também. E, uma vez, o Vasco estava numa situação difícil. E a gente com medo de o Vasco perder aquele jogo. Eu liguei para ele e disse: "Você é médico, me ajuda. O que eu faço? Eu preciso tomar um remédio. Você me dá um remédio aí, para ver se eu consigo ficar mais tranquilo aqui, porque estou muito nervoso. Nunca fiquei assim." A gente estava comentando sobre o futebol e eu falei isso. Aí ele falou assim: "Toma um Drurys." Aí eu não entendi muito bem o que era. "Um Drurys, um Drurys." Aí eu fui falar com a minha mulher, falei: "Olha, eu não entendi. O Aldir mandou eu tomar um remédio que eu não entendo. Liga para ele, vê se você consegue entender que remédio é esse." Ela ligou e falou: "Ele mandou você tomar um uísque Drurys." Tomar uma dose de Drurys. E achei que era um remédio. E ele era essa figura, entendeu? Uma vez ele disse para mim assim: "Olha, quer saber de uma coisa? Se o Vasco for para a segunda divisão, eu sou Vasco. Se ele for para a terceira, eu sou Vasco. Se ele for para a quarta, eu sou Vasco. Se ele acabar, eu sou Vasco." Ele era assim, esse vascaíno. [Risos]

z: Uma das grandes duplas dele, Bial, era outro rubro-negro. Era o João Bosco.

PV: Era o João Bosco. Flamengo também doente.

PB: O Clássico das Multidões sempre rende gol bonito. Falar em gol, vamos lá. Vou querer saber de vocês qual foi o gol mais significativo na história do Maracanã. Pode ser pelos quesitos de beleza, o mais bonito, ou o mais importante, ou o mais emblemático. A gente vai rodar alguns gols emblemáticos. E aí, depois, a gente diz qual é. Roda aí.

> [Mostram vídeo em que são apresentados, nesta ordem, os gols de: Pelé (Milésimo gol de Pelé, no jogo Vasco x Santos, em 1969); Roberto Dinamite (Taça Guanabara, em 1976); Zico (Taça de Ouro, em 1982); Assis (Campeonato Carioca de Futebol, em 1983).]

PB: É difícil dizer.

Z: Desses gols todos aí, é lógico que eu, não pela beleza e tal, mas pela homenagem que a gente tem que fazer ao nosso maior de todos, que é o Rei. E eu estava lá, no Maracanã, torcendo para que o gol saísse. Então a minha reverência vai para esse gol de pênalti, o milésimo gol, que eu vi ao vivo.

PB: E você, Paulinho?

PV: É, eu vi também esse gol. Eu estava um pouco assim, porque era contra o Vasco. [Risos] Agora, no Maracanã, esse gol que vocês passaram aí, agora, que foi o gol do Roberto contra o Botafogo, que ele dá um lençol no Osmar[17] e faz [o gol]. Para mim, foi um gol muito importante, que ficou marcado como uma beleza na história do futebol.

PB: Um menino de hoje em dia diria que foi um gol de videogame, um gol de *FIFA Soccer*. É, é.

Z: Você vê a coincidência. O gol que escolhi, que você me perguntou, citei esse que passou aí, do Grêmio.

PB: É isso aí. Mas acho que todos nós podemos concordar que, pelo que ele significou... Primeiro porque o Andrada[18] valorizou, foi na bola para pegar, e ficou socando a grama, depois que a bola entrou. Quer dizer, ele realmente tentou não tomar o milésimo gol.

PV: Exatamente.

PB: Se tivessem ouvido o que o Pelé disse, naquele 1969, sobre as criancinhas[19] do Brasil, talvez a nossa história tivesse sido diferente. E quero mandar aqui, também, a minha homenagem para o Pelé, dizer que, como sempre, estamos com as portas abertas. A gente, neste momento em que o país está tão carente de líderes que mereçam esse título de liderança, que o Rei falar ia ser bom para todo mundo. Mas, enfim... E, como a gente está com o nosso estádio mais amado fechado, eu queria que vocês completassem as reticências, para a gente terminar. Domingo sem Maraca é igual a...?

PV: Não sei, ainda não sei. Teria que pensar um pouquinho. Porque é tanta coisa que me vem à cabeça agora.

PB: Eu vou chutar uma bem ordinária: feijoada sem torresmo. Eu diria que, para você, um domingo sem Maraca seria um carnaval sem a Portela, né?

PV: [Risos] É verdade. Um domingo sem Maraca é um carnaval sem a Portela.

Z: Poxa, Bial, se o nosso poeta teve toda essa dificuldade para achar alguma coisa, e você teve que dar uma cola aí para ele... Para mim, é igual criança sem pirulito, pô. [Todos riem]

PB: Está muito bom. Feijoada sem torresmo, criança sem pirulito e carnaval sem Portela. [Risos] Olha, uma resenha de luxo. Muito obrigado, Zico. Muito obrigado, Paulinho. E eu queria dedicar este programa, esta resenha extraordinária a um cara que era soldado reservista e estava lá no Maraca na final de 1950, de farda e capacete, e se tornou o futebolista mais vitorioso da história do futebol em todos os tempos, nosso velho lobo Zagallo.[20] Eu gostaria de dedicar este programa ao Zagallo. E que você fique bem, Zagallo.

Z: Merecido.

PB: É isso mesmo. Obrigado, gente. Bola para frente. Vamos lá.

PV: Um grande abraço.

Z: Um grande abraço.

Notas

[1] O Maracanã foi liberado para receber de volta jogos de futebol no fim de julho de 2020, com o duelo entre Flamengo e Corinthians, mas sem plateia.
[2] Trecho de *Ilmo. Sr. Ciro Monteiro ou receita pra virar casaca de neném*, faixa do álbum *Chico Buarque de Hollanda n° 4*, de 1970.
[3] Campo de futebol localizado no Recreio dos Bandeirantes, no Rio de Janeiro.
[4] *Garrincha, alegria do povo*, documentário de Joaquim Pedro de Andrade, de 1962.
[5] Arthur Antunes Coimbra, nome de batismo de Zico.
[6] Apelido de Edivaldo Alves de Santa Rosa (1934-2002), segundo melhor artilheiro da história do Flamengo, tendo sido superado apenas por Zico.
[7] Aldeia Campista, sub-bairro da Zona Norte do Rio de Janeiro, imortalizado nas crônicas de Nelson Rodrigues, que morou no local.
[8] *Maracanaço*, termo usado em referência à partida que decidiu a Copa do Mundo de Futebol de 1950, da qual a Seleção Uruguaia saiu campeã.
[9] Referência à sede do Clube de Regatas do Flamengo.
[10] Nelson Rodrigues, como Bial já havia indicado anteriormente nesta entrevista, torcia para o Fluminense.
[11] Armando Nogueira (1927-2010), jornalista e cronista esportivo.
[12] Antônio José Rondinelli Tobias (1955-), ex-zagueiro do Flamengo, conhecido como "Deus da raça".
[13] Tim, apelido de Elba de Pádua Lima (1915-1984), jogador e técnico de futebol.
[14] Yul Brynner (1920-1985), ator russo-americano de cinema.
[15] Antônio José Rondinelli Tobias (1955-), mais conhecido como Roberto Dinamite, ex-futebolista e maior artilheiro do Vasco com 702 gols pelo time.
[16] Trecho de "Saudades do Galinho", de Moraes Moreira, do álbum *Pintando o oito*, de 1983.
[17] Osmar Guarnelli (1952-) ex-futebolista brasileiro que atuava como zagueiro e fez carreira no Botafogo.
[18] Ex-goleiro argentino.
[19] Trecho da fala de Pelé: "Pensem no Natal. Pensem nas criancinhas. [...] Volto a lembrança para as criancinhas pobres, necessitadas de uma roupa usada e de um prato de comida. Ajudem as crianças desafortunadas, que necessitam do pouco de quem tem muito. [...] Pelo amor de Deus, o povo brasileiro não pode perder mais crianças".
[20] Mário Jorge Lobo Zagallo (1931-), ex-técnico e ex-jogador de futebol, que atuava como ponta-esquerda.

EDITORA-CHEFE
Isabel Diegues

COORDENAÇÃO EDITORIAL
Fernanda Paraguassu

EDITORA-ASSISTENTE
Aïcha Barat

GERENTE DE PRODUÇÃO
Melina Bial

TRANCRIÇÃO
Feiga Fiszon

REVISÃO FINAL
Michele Paiva

PROJETO GRÁFICO E DIAGRAMAÇÃO
Ilustrarte Design e Produção Editorial

CAPA
Radiográfico

© Editora de Livros Cobogó, 2020
©Pedro Bial

Nesta edição, foi respeitado o Acordo Ortográfico da
Língua Portuguesa de 1990, que entrou em vigor no Brasil em 2009.

CIP-Brasil. Catalogação na publicação. Sindicato Nacional dos Editores de Livros, RJ

B471c Bial, Pedro, 1958-
Conversa com Bial em casa : os 70 anos da tv brasileira em tempos de internet e isolamento social / Pedro Bial. - 1. ed. - Rio de Janeiro : Cobogó, 2020.
288 p. ; 21 cm.

ISBN 978-65-5691-017-8

1. Televisão - Programas - Brasil. 2. Internet. 3. Epidemias - Aspectos sociais. 4. COVID-19 (Doenças). 5. Infecção por coronavírus. I. Título.

20-67310 CDD: 302.23450981
CDU: 316.77(81):(616.98:578.834)

Camila Donis Hartmann - Bibliotecária - CRB-7/6472

Todos os direitos em língua portuguesa reservados à
Editora Cobogó
Rua Gal. Dionísio, 53, Humaitá,
Rio de Janeiro, RJ, Brasil –22271-050
Tel. +55 21 2282-5287
www.cobogo.com.br

2020

1ª impressão

Este livro foi composto em Bembo.
Impresso pela pela Imos Gráfica sobre papel pólen soft 70g/m²
para a Editora Cobogó.